2017年河北省社会科学基金项目研究成果（HB17LJ006）

河北省港口发展史

The history of port development in Hebei province

李南　李忠华　龙和◎著

经济管理出版社
ECONOMY & MANAGEMENT PUBLISHING HOUSE

图书在版编目（CIP）数据

河北省港口发展史/李南，李忠华，龙和著 . —北京：经济管理出版社，2019.5
ISBN 978 - 7 - 5096 - 6540 - 4

Ⅰ . ①河…　　Ⅱ . ①李…　②李…　③龙…　　Ⅲ . ①港口经济—经济发展—河北　Ⅳ . ①F552. 722

中国版本图书馆 CIP 数据核字（2019）第 076349 号

组稿编辑：张巧梅
责任编辑：张巧梅　姜玉满
责任印制：黄章平
责任校对：赵天宇

出版发行：经济管理出版社
　　　　　（北京市海淀区北蜂窝 8 号中雅大厦 A 座 11 层 100038）
网　　址：www. E - mp. com. cn
电　　话：（010）51915602
印　　刷：北京晨旭印刷厂
经　　销：新华书店
开　　本：720mm × 1000mm/16
印　　张：14
字　　数：220 千字
版　　次：2019 年 8 月第 1 版　　2019 年 8 月第 1 次印刷
书　　号：ISBN 978 - 7 - 5096 - 6540 - 4
定　　价：68. 00 元

前　言

　　历史是一部生动的教科书，它不会改变已经发生的往事，却可以提醒我们如何判断和选择未来。在我国，编写港口史书的工作从 1979 年肇始，至今已经出版数十本。中国航海学会、中国航海史研究会对此项工作起到了重要的组织推动作用，上海、广州、大连等沿海枢纽港和部分内河港口先后编写了贯通各个历史时期的港史。目前已经编撰完成的港口史的体例大都是章节排期，也就是竖排横写，"以时为经，以事为纬，篇章分期，节目分事"，这已经成为港口史研究的主流范式。

　　自秦皇岛港 1898 年发轫计，河北省港口已经走过了 120 多载。河北作为一个在港口建设和沿海开发方面相对后发的省份，当前已享有三家亿吨大港，特别是唐山港货物吞吐量近几年已经位居世界港口前列。唐山、黄骅两港在 20 世纪 80 年代开建后、最近 30 多年来的河北省港口发展史，见证了河北省东部沿海地区跨越式的成长路径。河北省港口已经成为华北及西北地区连通世界的便捷门户，在国家战略中担当着重要角色。

　　2018 年河北省港口吞吐量迈过 11 亿吨关口，共计 11.56 亿吨，居国内第四位。虽属于后发行列，但河北省当前明显跻身于沿海港口大省。《河北省综合交通运输体系发展"十三五"规划》中提到，"十三五"时期港口通过能力达到12.5 亿吨，要加快完善新型综合港口群，构建北方"东出西联"桥头堡及中蒙俄大走廊的出海口。根据规划，河北省沿海港口泊位数和深水泊位数分别由 2015 年的 191 个和 168 个，增加到 2020 年的 262 个和 239 个；集装箱吞吐能力由 350

万标箱增至 580 万标箱。

河北省港口已跨越三个世纪,尤其是在改革开放以后全面发展,积累了充足的实体内容,研究空间很大。这段不寻常的发展轨迹,既覆盖着丰富史实,又蕴含着深刻的经济规律,非常值得专行考证和探究。河北省港口发展史的研究价值体现在"存史"和"资治"两个层面。存史的意思是把河北省港口发展轨迹和规律,以经济史书为载体进行描述和留存,将其行之于文、载之于史,担当知识储备、文化积累之功用。资治是指经济史学是一门致用学科,研究目的不仅在于整理历史资料,更重要的是通过研究河北省港口开建、成长、崛起的整个过程,总结历史经验,为港口长期可持续发展提供参照与借鉴。

在河北省,秦皇岛港是国内首家完整出版了古代、近代和现代三部分史书的港口,并且编印过全面反映秦皇岛港史的大事记、史话、志书、年鉴、图录等,建立了港口博物馆,设置有港史编研科,在港口史研究方面处于河北省领先地位。《唐山港京唐港区史》出版于 2009 年,对该港区 1984～2008 年的谋划、建设及经营做了完整记述。唐山港曹妃甸港区由于开发时间最晚、投资和经营主体分散等原因,在港史编撰方面尚无代表性成果。黄骅港在 2012 年建港 30 周年之际,发行过《黄骅港发展史大事记》。上述文献成果为河北省港口发展史提供了比较丰富的基础素材,但唯以叙述沿革和纪事本末为主,基本处在描绘具体事件和简单断代的水准,既缺乏深度的经济史学溯源,更缺乏扩展性的理论解析。因此,对这个具有重要研究价值而当下成果供给不足的主题开展专门工作,从浩瀚史实中提取有效的经济规律和启示,便具有显著的理论和现实意义。

本书分为三个板块。第一板块遵循经济史研究的基本框架,总体论述河北省港口发展的历时性与共时性问题,首先给出大跨度、全景式的发展图景。第二板块对河北省的秦皇岛港、唐山港、黄骅港和紧密相关的天津港各自的演进历程进行时间序列追踪。第三板块提炼河北省港口发展的驱动因素,总结河北港群体系演化规律,为河北省港口未来发展提供历史对照和学理支撑。

河北省各港口存在显著差异,港史研究工作要充分考量当地特色环境,恰当统筹总体与个性的联系。从丰富纷繁的史实资料中汲取各个港口纵向的发展经验和教训,横向比较各港口的特点,继而考察港口间相互的经济影响和整体格局演变。本书适当处理了津冀两地港口的复杂关系，一方面简要论及天津在隶属河北省期间的港口发展；另一方面讨论天津港与河北省港口在业务重叠、腹地交叉、协同发展方面的历史与现实关系。

本书采用的研究方法包括：第一，制度变迁理论。按照新制度经济学中的制度变迁理论之研究范式，考证各种强制性或者诱致性的制度变迁在河北省实施之背景、进程及效果。第二，历史地理综合。根据研究对象的特殊性（时间尺度、空间关联），综合考察历史时期的自然与人文地理特征，尤其注意强化面向河北省港口发展的跨期分区域比较。第三，史论结合研究。"深识前古，贻鉴未来"，既记叙和考证历史，又评价和借镜历史。透过经济史来汲取有益的启迪，思考如何在新常态下更好地促进河北省港口产业发展。

本书注重了关键史料的收集、核实与考证。鉴于该项研究工作对相关史实资料数量和质量的要求，广泛开展了选材工作。参涉范围包括图书馆、博物馆和档案馆，审慎地搜集筛选了文档、照片和口述史料。做到传统经验与现代技术相结合，建立了尽量完整的专题史料库和论据链。相对于已有文献，本书的意义有三点：第一，经济视角。与涉及港口各领域事项的港史研究不同，主张聚焦经济线索的梳理与发掘。第二，省域范围。与研究关注各个单体港口的发展史不同，主张增添省域港口群范围的统合。第三，独立观察。与港口企业内部人员主导编撰港史不同，主张独立研究力量的观察与评论。

向历史致敬，为未来壮行。本书基于对史实的解析来揭示河北省港口发展的经济要义，并为其未来可持续发展提供历史维度的参照借鉴，实现融历时性梳理和共时性探讨于一体之学术建构。打破各港口单独研究发展史的传统惯例，融合史料考证与理论解释，形成从经济史角度专门研究省域范围港口发展的系统成果，争取在理论层面提升港口发展史领域的研究层级和水平，在实践层面为河北省港口发展及沿海地区经济转型升级找寻可资借鉴的历史线索和路径。

目 录

第 一 章

河北省港口发展史：历时性与共时性的交汇

港口发展史的主题包括两个方面：一方面是历时性问题（Diachronic），也就是依循时间次序来描述和解析港口发展实绩和制度流变；另一方面是共时性问题（Synchronic），即所研究地域范围内各港口之间的关联、竞争与协同，从而形成历时性递进与共时性互构的集结。前一方面问题决定港口发展史的时间界限，后一方面问题决定港口发展史的空间范围，从而得以对港口发展史进行总体描述并做出历史分期。通过这两个方面的耦合，从横向与纵向的维度统筹阐释给定对象，既探寻河北省各个港口发展的历史结构，又研究域内港口之间的交互、竞争与融合的历程。

第一节 河北省港口的历时性：秦港的肇始与演进

19世纪末，清政府在当时特定的政治及经济环境下，将秦皇岛作为自行开放的对外口岸，于是这片古老的海湾由于商港的正式设立而初现繁荣景象。自此以降百廿年，秦皇岛港跟随国家兴衰而历经了巨变。中华人民共和国成立前的半个世纪，受当时国情所累，秦皇岛港的发展举步维艰。建立新中国以后，秦皇岛港呈现出了新气象①。

改革开放之后，被列入国家重点的秦皇岛港启动了崭新征程，建设投资和业务运营不断攀升。先后建设了煤炭码头一至四期工程，原油码头二期，丙、丁、戊、己杂货码头及 10 万吨级航道。秦皇岛港吞吐量从新中国成立当年的 22.7 万吨，相继于 1973 年、1978 年、1985 年突破 1000 万吨、2000 万吨和 4000 万吨的整数关口，2001 年成为亿吨大港。在新中国成立至今近 70 年中，秦皇岛港的货物吞吐量曾长期排国内港口的第二名。秦皇岛港当前拥有东、西两大港区，西港区为老港区，大多是散杂货、集装箱运输，东港区主要为煤炭运输。

从 1898 年到今天，秦皇岛港栉风沐雨。肇始于开滦煤矿，进而修建铁路和秦皇岛港，并随之诞生了秦皇岛的城市。秦皇岛港处于主导地位的集疏运方式一直是铁路，1899 年津榆铁路通达秦皇岛港，推动了港口开埠运煤的尽快实现。由于历史原因及港口区域广阔、生产作业环节多等特点，形成了港域内自备铁路由港口管理的体制。这种安排由来已久，自津榆铁路进港支线的第一条自备铁路起，到新中国成立初期，自备铁道线路总长 44 千米②。

至今拥有 121 年历史的秦皇岛港的历年吞吐量可以划分为四个阶段，这里使用的三个时间界限分别是新中国成立、开始改革开放、下放省属。图 1 - 1 ~ 图 1 - 4 分别展现了秦皇岛港在这四个阶段的吞吐量变化情况。观察其数据轨迹，先后四个阶段的吞吐量变化可以归纳成如下特征：第一阶段低位波折，第二阶段缓慢增长转大幅攀升③，第三阶段快速增长，第四阶段稳中有变。

---

① 1948 年 11 月，秦皇岛解放，设立秦榆市，此为秦皇岛市前身，辖区包括现北戴河区一部分、海港区一部分及山海关区。1949 年 3 月，秦榆市改称秦皇岛市，辖海滨区和上庄坨矿区，山海关改区设市，划归辽西省。秦皇岛成为当时河北省四大省辖市之一。1952 年，山海关市划归秦皇岛市，为山海关区。1958 年，秦皇岛降为县级市，划归唐山专区。1960 年，唐山专区改为唐山市，1961 年复设唐山专区，秦皇岛市属之。1968 年，唐山专区改称唐山地区，秦皇岛市属之。1983 年，唐山地区撤销，秦皇岛市复为省辖市，下辖原唐山地区的抚宁、昌黎、卢龙三个县和承德地区的青龙县。

② 交通部秦皇岛港务局铁路运输公司铁路史编委会. 秦皇岛港铁路运输发展史（1891 ~ 1992）[M]. 北京：海洋出版社，1993.

③ 1973 年周总理提出"要用三年时间基本改变港口面貌"。1973 ~ 1975 年，国家对秦皇岛港的累计投资达到 2.64 亿元。直接效果是，港口吞吐量从 1972 年的 514 万吨提高到 1975 年的 1557 万吨，1978 年达到 2219 万吨，第一次突破 2000 万吨，为秦皇岛港的后续发展打下了坚实基础。

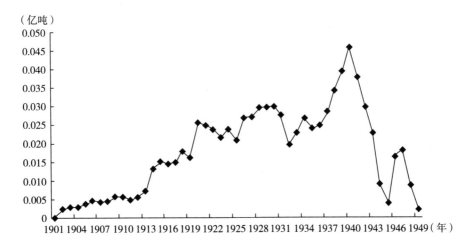

图 1-1　秦皇岛港吞吐量（1901~1949）

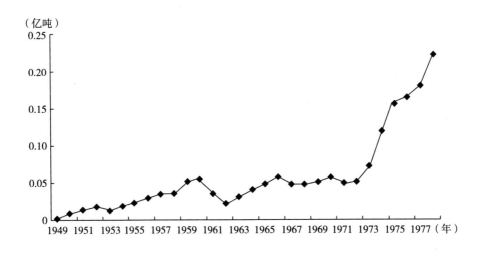

图 1-2　秦皇岛港吞吐量（1949~1978）

长期以来，煤炭是秦皇岛港的第一大货种，从最初的转运开滦煤炭到成为晋煤外运的首要门户。但是由于城市空间的扩张，港城矛盾在秦皇岛日益突出，港城关系的治理难度较大。由于港口生产场所占据了主城区岸线，港城居民接近亲水环境并不容易。特别是秦皇岛港的煤炭运量越大，所造成的环境负荷亦越强。基于津冀港口推进协同发展、河北省沿海经济带功能重构的背景，按照秦皇岛市建设一流国际旅游城市和"以城定港"的发展战略,西港区作为具有百年历史的老港区亟待转型复兴,"西港东迁"作为秦皇岛港走向新时代的战略工程而谋划实施。

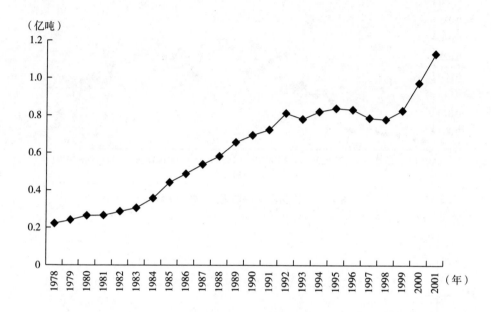

图 1-3　秦皇岛港吞吐量(1978~2001)

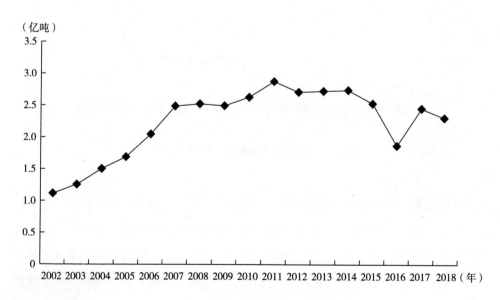

图 1-4　秦皇岛港吞吐量(2002~2018)

当然，西港搬迁并非单纯平移，恰恰是要营建出现代化的新港区及衍生产业聚集区。西港区煤炭业务全部终止，同时在煤五期以东位置，布局主营集装箱和杂货的新港区。2013年6月4日，装载煤炭的"帆顺999"号船驶离，这标志着历经115年的秦皇岛港西港区煤炭码头关停，西港东迁开始实施。西港东迁将使得秦皇岛的港城关系明显优化，进入新一阶段的港城协调共生。西港东迁之后，一百多载的港口运营史深深地刻在了城市发展的足迹上，秦皇岛港遗存的近代建筑群凸显了文保价值，正在得到保护和再生利用。秦皇岛市将针对港口赋存遗产，打造能够彰显出港城特质的文化旅游地带，通过港口遗产更新和再生，为城市注入更多的历史精华①。

作为休闲旅游城市的秦皇岛，还将进一步抓住西港东迁的契机，重点考虑邮轮母港和游艇码头建设和业务开展。在河北省第二届旅游产业发展大会上，在秦皇岛港西港区关停的煤炭码头旁边，山海旅游铁路开通运行。其中，旅游铁路的"开埠地站"就是以往的秦皇岛港自备铁路的调度室。这附近还有京奉铁路桥、南山发电厂等产业类建筑遗产。秦皇岛港口博物馆和秦皇岛港铁路遗迹改造如图1－5和图1－6所示。

图1－5　秦皇岛港口博物馆（原开滦矿务局高级员司俱乐部）

---

① 河北港口集团史志科档案室保存着1900～1952年的档案2782卷，大约90%是外文的，其中英文占80%，日文和法文共占10%。

图1-6 秦皇岛港铁路遗迹改造

资料来源:长城网。

2018年4月,第一次河北省国际规划设计邀请赛在秦皇岛举办,依照把秦皇岛港西港区建成"国际旅游港、国际邮轮港"的新定位组织方案设计。组委会邀请到六个大师团队,分别提出西港区乃至秦皇岛市转型发展的模式,以设计的力量牵动城市转型。2018年8月,依托原来秦皇岛港西港区、占地1000多亩的西港花园对游客开放,涵盖了原来的大码头、甲码头、乙码头、南栈房等,意味着刚好走过121年风雨的秦皇岛港正在揭开战略转型的序幕,老码头的功能转换已经启动。

第二节 河北省港口的共时性

20世纪80年代以来,河北省港口进入全面迅猛发展的历史时期,沿海的秦唐沧三市都有了各自的出海口,《港口法》明确要求的"一城一港,一港一政"

原则在河北省得以实现。在大跨度的时间轴线上，新近发生的港口改革发展事项将被赋予相对更大的关注权重，近30多年来三港的共时性问题是研究重点。

一、三大港口的发展轨迹浓缩

1. 秦皇岛港

秦皇岛港货物吞吐量在2001年达到1.13亿吨，成为亿吨大港，在百余载的港口发展史中具有里程碑意义。从新中国刚成立的23万吨，秦皇岛港用了52年时间增长到1亿吨；然后从1亿吨达到2亿吨，则仅仅用了6年时间。2018年，秦皇岛港的货物吞吐量完成2.22亿吨。在很长的一段时期中，国家北煤南运港口装运量的半数归于秦皇岛港，肩负着国家煤炭海铁联运走廊中的枢纽位置，被视为国民经济的晴雨表。在过去的121年中，秦皇岛港先后经历了英占、日占等波折，顽强前行，业绩显著，秦皇岛港的发展历史轴线如图1-7所示。

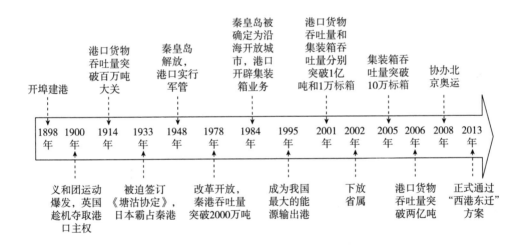

图1-7　秦皇岛港的发展历史轴线

2. 唐山港

唐山港溯源于孙中山《建国方略》中谋划之"北方大港"，于20世纪80年代正式开建。作为"北方大港"原定港址的京唐港区是唐山市港口事业的先行力量，至今仍保持着主力军位置，诞生了河北省内第一个港口类上市公司，继续不忘初心地实践着煤都唐山的蓝色梦想。

具备绝佳自然条件的曹妃甸港区经过充分的前期论证，终于在21世纪初大规模启动，与首钢搬迁共同成为一项宏大工程。2010年，习近平同志考察曹妃甸，围绕转变经济增长方式进行调研。

自正式开发曹妃甸以来，国家给予了大量政策扶持，从促成以首钢为代表的北京企业搬迁到获批河北省首家综合保税区，再到矿石码头获批接卸巴西淡水河谷40万吨级超大矿石船，曹妃甸迅速从荒无人烟的海岛发展到中国北方重要的能源原材料中转基地。唐山港的发展历史轴线如图1-8所示。

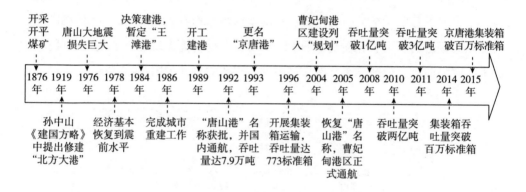

图1-8 唐山港的发展历史轴线

2017年，唐山港吞吐量为5.73亿吨，比上年增长10.12%，位居全国第四位。与70多个国家和地区的160个港口实现通航，集装箱运量为253万标箱，比上年增长30.72%。到2017年底，累计建成泊位126个，对外开放泊位68个，在建泊位18个，成为中国乃至全球成长最快的港口之一。2018年，唐山港货物吞吐量达到6.37亿吨，排全国港口第三位[①]；集装箱吞吐量295.83万标准箱、增长16.91%，以一个后来者的身份继续书写着中国港口发展史的传奇。唐山港从1992年正式通航以来的吞吐量情况及京唐和曹妃甸两个港区的各自情况如图1-9~图1-11所示。

---

① 超过了新加坡港（6.3亿吨），仅次于宁波—舟山港和上海港，位居全球第三。

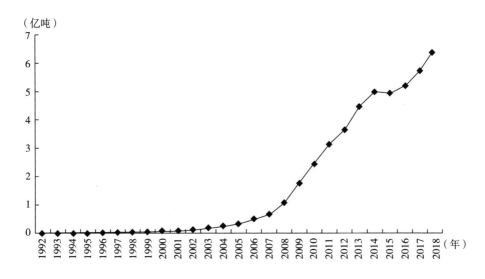

图 1-9 唐山港吞吐量

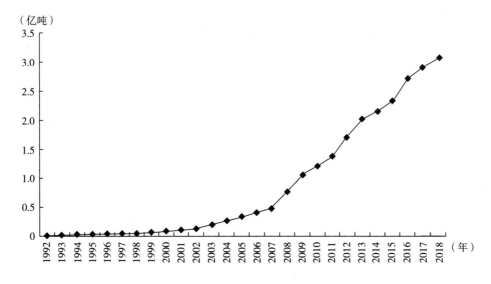

图 1-10 京唐港区吞吐量

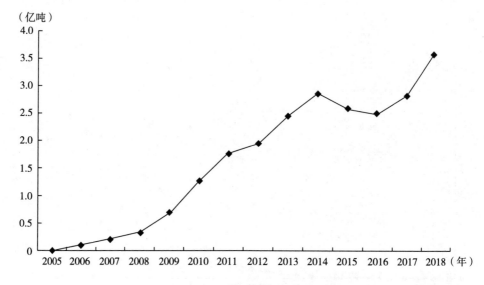

图 1 - 11　曹妃甸港区吞吐量

　　唐山港丰南港区是列入了国家和省相关规划的一个新港区。丰南港区的具体位置是丰南区黑沿子镇沙河入海口向西直到陡河入海口之间，港区西南端是黑沿子镇涧河村，与天津滨海新区接壤。建成后，唐山港将构建以京唐和曹妃甸两个港区为主体，丰南港区为辅助的总体结构。因为丰南港区尚处于谋划和初创阶段，所以在本书中不安排专章论述。

　　3. 黄骅港

　　黄骅港的真正兴起源于矿路港一体化的煤炭运输，相继建设了各期的专业化煤炭码头，至今煤炭业务仍占据主体，目前可称为与秦皇岛港比肩的国内数一数二的煤炭出海口。黄骅港的腹地范围包括本省中南部大部分地区，是河北省着重打造的沿海窗口。当下的黄骅港正在综合化方向上前行，以煤炭运输为基本支撑，全方位涉足铁矿石、原油、集装箱等主要板块，近些年取得了显著进步。2018 年，黄骅港完成吞吐量近 2.88 亿吨，比上年增长 6.45%。根据《河北雄安新区规划纲要》的相关内容，将以天津港和黄骅港为雄安新区的首要出海口。对此，黄骅港有关方面已经提早对接融入，力图为雄安新区设计最便捷的物流通道。黄骅港的发展历史轴线如图 1 - 12 所示，黄骅港的吞吐量变化情况如图 1 - 13所示。

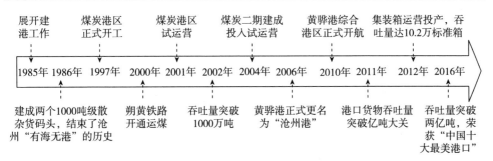

图 1 - 12 黄骅港的发展历史轴线

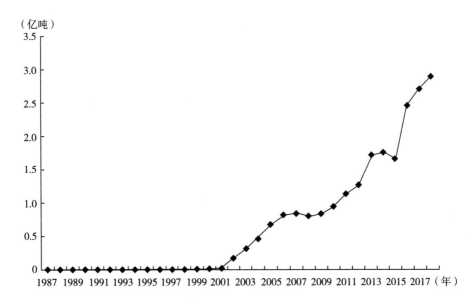

图 1 - 13 黄骅港吞吐量

作为阶段性的纪念与记载，2012 年 11 月，庆祝黄骅港建港 30 周年暨"大事记"在沧州发行。《黄骅港发展史大事记》（1977 ~ 2011 年）主要记述了黄骅港建港的谋划、论证、立项、建设等方面的历史环节与进行状况，反映了黄骅港的基本发展脉络。

二、河北省港口的格局变迁

从共时性角度来考察河北省港口发展史，可以区分为核心形态和边缘形态，从区域性港口群中具有核心作用的港口的更替可以识别历史阶段性。20 世纪 80

年代以前,唐山港和黄骅港尚未建设,河北省内仅有作为交通部直属单位的秦皇岛港,省域港口发展史在该时期的共时性极为有限。此后,这种河北港口分布之地理局限性逐渐打破。唐山港的后来居上,实现从边缘到核心的跨越,改变了河北省港口发展的空间结构。

图1-14展现的是河北省三大港口进入新世纪以来的吞吐量变化情况,秦皇岛港在高位一直处于相对稳定的状态,黄骅港增长较快并在最近有一定突破。唐山港有一段时间处于省内三港规模最小的位置却在最近10年实现逆袭,已经牢牢占据首位,体量已经超过秦皇岛港和黄骅港的总和。图1-15显示的是近几年河北省三港在全国港口中的吞吐量排名情况。

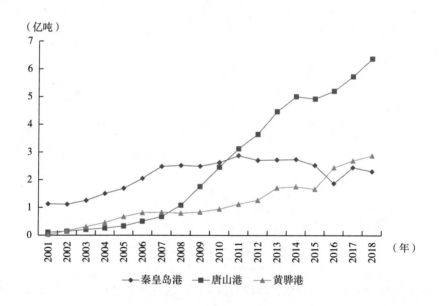

图1-14 河北省三港吞吐量比较

在交通部所做的"十一五"环渤海地区港口布局规划中,河北省三港均被列入,但是只有秦皇岛港属于主要港口,而唐山港和黄骅港均属于低一层级的地区性重要港口,规划地位落后于山东省烟台、日照两港。但是仅过了10多年时间,区域港口格局就有逆转。2017年,河北省港口吞吐量合计10.9亿吨,这是创历史纪录的水平。具体看,秦皇岛港2.5亿吨,唐山港5.7亿吨,黄骅港2.7

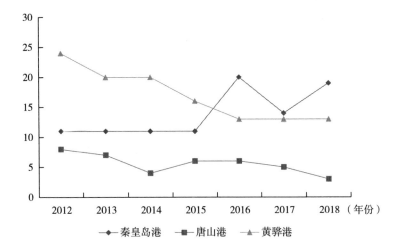

图 1－15 河北省三港吞吐量全国排名 （2012～2018）

亿吨。唐山港从省内最小港口变成最大，并成为中国北方最大港口。曾经的秦皇岛港则转变成省域范围内最小的港口。唐山港 2019 年 2 月的月度货物吞吐量首次超过上海港，排名全国第二；而秦皇岛港在 2019 年第一季度的货物吞吐量则进一步滑落至全国港口的第 21 名。由此可见，港口格局具有强烈的动态调整特性，其变化速度甚至会超出大家的估计和预期。在不同时间阶段的规划和布局安排中，港口之间的相对地位都会此消彼长①。

最近 10 多年以来，作为我国东部沿海地区的后发力量，河北省先后出台了多个专门针对港口或者以港口为重点内容的文件，包括 2007 年的《关于进一步加快沿海港口发展的意见》、2012 年的《关于促进河北省沿海港口集装箱运输发展的意见》、2012 年的《河北沿海地区发展规划实施意见》、2014 年的《河北省人民政府关于加强岸线管理促进全省港口健康发展的意见》等。从河北省各个历史时期的官方文件对省内港口的发展定位表述中，可以提炼各港口的地位变迁，有助于对港口价值进行阶段性梳理和评估。例如，在 2012 年的《河北省沿海地

---

① 在最新的国家《"十三五"现代综合交通运输体系发展规划》中的沿海港口建设部分，提到了唐山、黄骅两港的煤炭装船码头建设、黄骅港的铁矿石码头项目、唐山港的原油码头建设及秦皇岛港的邮轮码头建设。

区总体规划（2011~2020年)》中，提出将秦皇岛港和唐山港打造成国际性综合大港，将黄骅港打造成区域性综合大港，这是将唐山港列为与老牌大港秦皇岛港并立的位置，将黄骅港归为下一层级。在2014年河北省下发的《关于加快沿海港口转型升级为京津冀协同发展提供强力支撑的意见》中，提出构建围绕着唐山港这个中心，黄骅港和秦皇岛港分列两侧的现代化综合性港群体系。这就更改了河北省港口的传统格局，承认和突出了唐山港的中心位置和龙头作用。

秦皇岛港的发展覆盖了河北省港口的全部时序，而近些年成为河北省港口发展代表性力量的则是唐山港，正是唐山港两个港区的突飞猛进改变了津冀港口群的格局，乃至改变了中国北方港口的竞争与合作关系。唐山港的京唐港区在酝酿和初创时期，曾经遭受疑问，存在一些争议，认为在东西两侧的秦皇岛港和天津港的夹击之下，很难取得进展和突破，而且认为有重复建设之嫌。正是在这样的不利环境下，唐山市的港口事业艰难起步，在缺乏高层级投入和支持的情况下，主要依靠自身奋斗取得了超出绝大多数人预期的成就，这是市场化神奇力量的生动案例。图1-16是京唐港区与秦皇岛港之间的吞吐量对比关系，从最初的京唐港区的体量相对忽略不计，到现在京唐港区单体港区的运量规模就已经超过了秦皇岛全港。

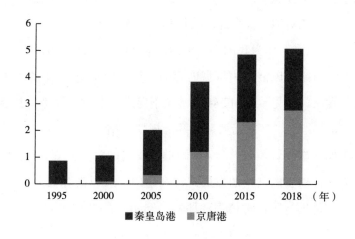

图1-16 京唐港区与秦皇岛港吞吐量对比

京唐港区是唐山港的先行者，而曹妃甸港区则是近些年推动唐山港排名大幅攀升的生力军。曹妃甸港区的正式启动应属较晚，但有了唐山市前期在京唐港区的港口建设经验和铺垫，凭借着绝佳的深水资源和各方投资者的认可，其货物吞吐量爆发式增长，在整个中国的当代港口发展史中也可以算作一大亮点。图1-17是唐山港内部京唐港区和曹妃甸港区之间的吞吐量对比关系，在短短10多年中，曹妃甸港区从零发端，转眼崛起为与京唐港区相当的地位，并且中间有个别年份曾经超越了京唐港区。展望未来，随着煤炭运输业务潜在的港际迁移及在LNG等新兴业务上的拓展，曹妃甸港区的成长空间依然较大。

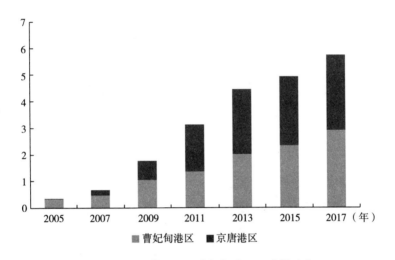

图1-17　京唐港区和曹妃甸港区吞吐量对比

在40年前，河北省只有一个归交通部建制的秦皇岛港，只有11个生产性泊位，年吞吐能力只有1955万吨。40年后，全省拥有208个生产性泊位，年吞吐能力排名国内沿海各省的第二名，拥有三个亿吨大港。正是40年改革开放的强大力量，让河北这个曾经封闭的省份，拥有了担当前沿作用的优质港口，并正在发挥着牵引省域经济发展的龙头作用。

三、河北省港口的货种结构变迁：煤炭比重的视角

河北省是煤炭资源丰富的省份，秦皇岛港作为河北省港口的老大哥亦是从煤炭运输起家，煤炭业务在河北省各个港口的货种结构中发挥着特殊作用。虽然在

不同的历史阶段，这一比重有明显起伏，但是煤炭运输的主导性一直从整体上未曾取代。

秦皇岛港在开埠初期，是服务于开滦煤炭外运的，而且由矿务局直接经营管理，这就确立了秦皇岛港煤炭运输的初始渊源。新中国成立以后，国家对秦皇岛港的定位是全国南北煤炭能源运输的主枢纽，这就进一步固化了秦皇岛港的煤炭特征，进一步将秦皇岛港锁定在煤炭运输的主业上。这期间，例如，在 20 世纪 60 年代，秦皇岛港在综合化方面有了明显进展。1964 年杂货吞吐量完成 225.4 万吨，次年又完成了 226.3 万吨，而煤炭前后完成 179.3 万吨和 251.1 万吨；杂货、煤炭两大项在总运量中基本平分秋色。可见在 20 世纪 60 年代中期以至 70 年代，秦皇岛港在一段时间中曾经并非是"性能单一"的港口，煤炭比重已经大幅下降。但是到了 20 世纪 80 年代之后，随着若干期煤炭专业化码头的大规模建设，秦皇岛港的煤炭业务再次反转上升。全面进入市场化环境及下放省属之后，秦皇岛港虽然基本脱离了原有的计划性安排，但仍然依仗前期形成的强大煤炭运输能力，在市场竞争中保持优势。

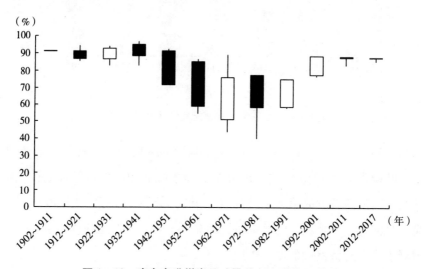

图 1-18　秦皇岛港煤炭吞吐量所占比重的 K 线图

图 1-18 是各个历史时期秦皇岛港煤炭吞吐量所占比重的 K 线图，横轴是时间区间，十年为一个阶段，纵轴为比重。每个时期的 K 线图展示的是这十年当中，煤炭比重的最高值、最低值、初始值和截止值。纵观历史，秦皇岛港在煤炭

运输上的路径形成与依赖可分为三个时间阶段：第一阶段是新中国成立前，源于建港主体的行业背景；第二阶段是新中国成立至港口下放省属，源于计划经济的统一安排；第三阶段是港口体制改革以后，源于比较优势的专门发挥。在 2018 年，秦皇岛港煤炭运量的占比仍为 91.61%。

展望将来发展，根据河北省对秦皇岛的城市定位和以城定港的原则，秦皇岛港将有序推进由煤炭大港向国际旅游港的转变，将煤炭运能逐步外迁，努力培育邮轮母港，谋划与滨海旅游相关的游艇、海上实景演艺等方向，助力秦皇岛建成著名沿海旅游城市。

唐山港的两个主力港区虽然也都将煤炭列为主要货种，但是煤炭业务在总吞吐量中的比重最高也没有达到过 50%，目前为 30% 多的水平，明显低于另两家河北省港口，意味着唐山港对煤炭业务的依赖性相对不高，如图 1-19 所示。黄骅港的大规模建设是基于神华集团的一体化煤炭项目，所以当时定位为煤炭第二通道出海口的黄骅港自然对煤炭运输非常倚重，煤炭业务的比重一度接近 100%。最近一个时期，黄骅港明确提出了要建设综合大港，要摆脱对煤炭的过度依赖，从目前看已经取得了显著进展，煤炭比重已经有了一定的下降，如图 1-20 所示。2018 年，秦皇岛港实现煤炭运量 2.034 亿吨，黄骅港则是 2.033 亿吨，两者的煤炭运量相差无几，继续位于北方煤炭输出港前两名，合计占我国北方港口煤炭一次装船量的 56%。

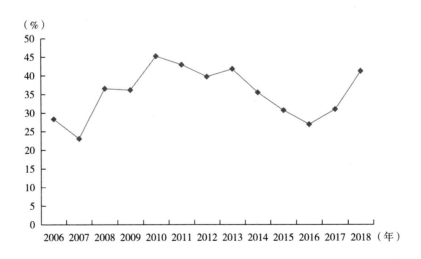

图 1-19　唐山港煤炭吞吐量占比

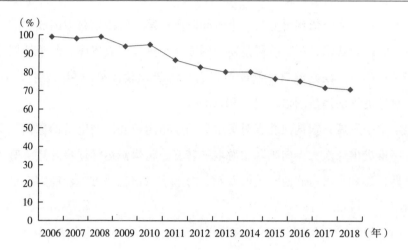

图1-20 黄骅港煤炭吞吐量占比

2012～2017年，河北港口吞吐量年均提高5.7%。此期间，河北省港口货种的组成得到了改善，煤炭从63.9%减少为55%，金属矿石的占比由23.1%增加为30.1%，钢材和石油吞吐量的占比亦有提高；集装箱吞吐量年均增长高于30%，2017年达到350万标箱，增速在国内港口领先。虽然煤炭、矿石和钢材等主要货种仍然几乎全是资源型产品，即使装箱货物也有很多是"散改集"而来，但是毕竟河北省港口在建设综合性大港的指向上已经有所进展，正在逐步地摘掉"一煤独大"的标签。

综合化是保证河北省港口可持续发展的重要抓手，因为煤炭运输的业务空间由于多方面因素的制约，必然逐渐受限或者趋于萎缩。只有坚定地打破对煤炭板块的依赖，才能有利于河北省港口的未来。当下，约束河北港口运输煤炭的事项至少包括以下内容：

第一，能源替代。由于部分产业去产能、能源消费结构调整、经济增长放缓等原因，国内对煤炭能源的需求总量有所下降。东南沿海地区投资增长正在由规模扩张型向高质量发展型转变，高耗能企业大量关闭，用电量增速回落。此外，我国清洁能源占比增加，远距离输电加速发展，沿海火电压力减轻，都导致煤炭需求下降。

第二，环保压力。随着政府和民众对环保要求的日益提高，对于以煤炭等干散货为主要吞吐货种的河北省港口来说，一方面需要在环保方面投入更多的成本以达到环境保护的要求；另一方面亦会变更港口运输煤炭的技术工艺。针对钢铁、化工、水泥、煤炭等产业的供给侧结构性改革，也会相应缩减对河北省港口的总体需求。

第三，集疏运限制。2017 年 10 月 1 日开始，河北港口禁止煤炭采用柴油卡车集疏港，这是加大京津冀空气污染防治力度的有效方式。通过河北和天津港口装船的煤炭大概为北方港口的 90%，叫停煤炭卡车运输前，秦皇岛港、唐山港曹妃甸港区和黄骅港的煤炭铁路集港比例都在 96% 以上，唐山港京唐港区有小部分煤炭是卡车集港，只有天津港的煤炭卡车运输占比较大（约 50%）。停止煤炭的卡车集港后，河北省港口都有各自配套的铁路来运输煤炭，受影响不大。天津港由于铁路运能不足，煤炭下水量下滑，分流到周围港口。

四、河北省港口集装箱运输发展历程

当前及今后一个时期是河北省实现经济发展方式根本性转变的攻坚阶段，破解港口集装箱运输发展缓慢的制约，才能充分发挥其对区域振兴、转型升级的引领效果。对于河北省港口来说，集装箱运输规模的攀升是港口转型升级的重中之重。近年来，河北省各沿海港口均将代表港口现代化水平、能够产生产业聚集能量的集装箱业务视作转型升级的突破口，将各方面资源向集装箱业务板块优先配置[①]。港口集装箱吞吐量实现快速增加，其中最突出的是唐山港京唐港区。2018年，河北省港口集装箱吞吐量超过 400 万标箱。

如果与其他港口集装箱运输做横向对比，可以发现河北省港口集装箱运输的绝对规模仍旧很小，在环渤海地区的沿海省市中排名最后。2014 年唐山港集装箱吞吐量首次突破 100 万标箱的整数关口，但与国内传统大港及新兴大港在集装箱业务方面仍然差距巨大。河北省港口受限于省域产业结构和港口功能基础，因

---

① 港口技术与它们所处的制度环境之间的匹配决定着技术如何被察觉，用什么资源来提供技术，以及这些技术被接受或被拒绝。

而在集装箱业务发展上受到抑制。2018 年上半年，唐山港吞吐量在全国排名第三位，只落后于宁波—舟山港和上海港。黄骅港和秦皇岛港则分列第 13 名和第 16 名。但同期的港口集装箱吞吐量排名显示，河北省上述三港的排名分别为第 18 名、第 28 名和第 29 名，这显示出河北省沿海港口的货种结构仍然落后、现代化水平低，更进一步地反映出区域经济的产业层级较低、不能提供充足的适箱货源。

秦皇岛港集装箱运输的起点不算高，明显落后于同处环渤海地区的天津、大连、青岛等同类的传统大港。主要归因于秦皇岛港的长期功能定位及作为直接腹地的秦皇岛市薄弱的制造业基础，秦皇岛港的集装箱业务没能充分发展。虽然近些年增长较快，但吞吐量的绝对水平仍然处于低值。即便是在省内比较，最新数据显示，秦皇岛港的集装箱吞吐量也和总吞吐量一样，位居省内三港的第三名，如图 1-21 所示。唐山港作为一个新建港口，在正式运营后很快便启动了集装箱运输，但是总量一直较小。近几年，唐山港特别是京唐港区的集装箱运输突飞猛进，连年保持高增速，成为河北省港口部门的一大亮点，如图 1-22 所示。黄骅港的集装箱运输起始很晚，然而势头很足，运量增长较快，如图 1-23 所示。从 2018 年河北省各港集装箱吞吐量占比来看，唐山港京唐港区独占半壁以上份额、独占鳌头，而秦皇岛港、曹妃甸港区和黄骅港的集装箱运输体量则大致相当，如图 1-24 所示。

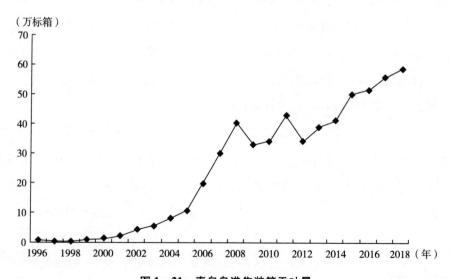

图 1-21　秦皇岛港集装箱吞吐量

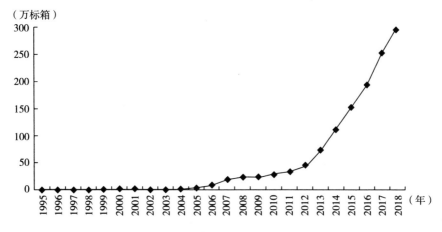

图 1－22　唐山港集装箱吞吐量

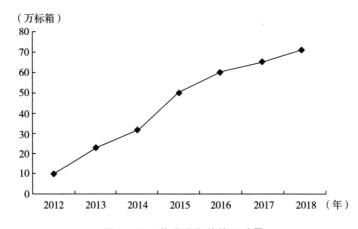

图 1－23　黄骅港集装箱吞吐量

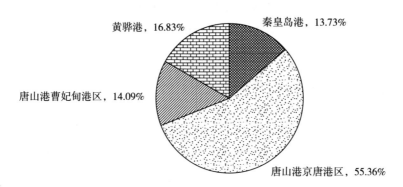

图 1－24　2018 年河北各港占全省港口集装箱吞吐量比例

河北省在集装箱运输的基础上大力推进多式联运，开通了黄骅港和唐山港的中欧集装箱班列及到山西、内蒙古等地的货运班列，吸引广大腹地的适箱货源选择从河北港口出运。2017 年 6 月，交通运输部公布了 13 个智慧港口示范工程项目，河北省申报之河港集团"京津冀协同下的'一键通'大宗干散货智慧物流示范工程"和唐山港集团股份有限公司的"港口企业危险货物智能化安全管理示范工程"两个项目成功入选。

　　今后，河北省港口应加快集装箱业务整合，重点扶持唐山港国际集装箱码头公司作为领军型本土运营商，实现集约化、规模化经营。根据船型、箱量和货种优化补贴范围，延续集卡车辆高速公路免费通行的政策亮点，进一步调动船东和货主的积极性，形成政策比较优势。吸引开通、加密河北省港口集装箱航线，打造比较优势，努力培育河北省港口的外贸航线。

　　河北省的外贸箱源目前大多数经由天津港下水，压制了河北省港口拓展集装箱运输。虽然天津港对河北省港口在发展集装箱业务方面造成压力，但也并不意味着河北省港口就没有扩大市场份额的机会。例如，宁波港与上海港、营口港与大连港这两对地理位置邻近但发展起点不同的港口样本，都在集装箱领域实现了协同发展。如果想打破津冀港口发展困局，就必须推动形成互利双赢的新型大港关系，推动缩减落差，实现协同共进。在津冀港口群，尤其是集装箱领域，必然会既有竞争又有合作。京津冀协同发展战略深入实施为港口间合作提供了宏观框架，特别是给集装箱领域的积极互动创造了机遇。本着构建新型大港关系的主旨，河北省港口集装箱运输可以在助力天津港国际航运中心建设的同时增强自身实力，实现整个港口群的可持续发展。未来需要各方进一步打破固有的行政范围认知，提升津冀港口集装箱运输的双向互通能力，合作拓展集装箱联运，更好地嵌入对外开放新框架。

第 二 章

秦皇岛港发展史

秦皇岛港在 1898 年经清光绪帝御批开埠。身为煤炭跨区调运之中枢，秦皇岛港一直属于煤运国家队。历史相对悠长的秦皇岛港曾经长期在河北省港口中处于领军位置，以秦港股份为主体建立的河北港口集团成为省内最大的港口运营商。近些年，受制于秦皇岛城市规划定位、货种结构单调、临港产业支撑等原因，秦皇岛港的规模体量趋向收缩，在港口群体系中份额下降。其百年沉浮恰好可以为港口发展史的学术发现提供典型案例。

第一节　晚清自开港

一、自行开埠的多方原委

秦皇岛被叫作"两京锁钥""畿辅咽喉"，从自然条件来看，应属于天然良港。早在战国时代的燕国，秦皇岛海域便有了碣石港（因为当地是碣石地域）当成出海口，此后出于该位置的重要性及集疏运条件的优势而逐渐加入主要港口的行列。到了明清时期，秦皇岛港的各种业务进一步增加，军事、商贸、渔业等功能都在此港汇聚。当然秦皇岛港在近代实质性成为大型港口，始于 1898 年。

清政府在 1898 年出于"兴复海军"和"振兴商务"的自主意图，欲把秦皇岛辟为口岸。此为清政府首回不是在外部直接要求的情况下主动增辟口岸，这和广州、南京、厦门等港口在欧美强国要挟之下对外开放是不一样的。清政府在并无外部强烈要求的情况下自主在秦皇岛建港开放为通商口岸。虽然后来在短期内就有外国列强的影响加持，但是该事件还是推动了当时我国的外贸活动，推动了秦皇岛当地的港口及城市兴旺，推动了华北地区的经济发展。秦皇岛虽然一直具备良好的建港特质，但其在农业时代很难得到大规模开发，后来在清朝末年才真正发展成形。

清政府当时启动在秦皇岛建港，初衷是出于军事考量，并且考虑到此地与北京相隔不远。当时的矿务大臣张翼在《奏明秦王岛自开口岸折稿》中明确解释了在秦皇岛建港的防务用途："一旦有事，匪特兵丁之征调，军火之转运，朝发夕至，呼应灵通，而且水陆相依，有一气盘旋之妙。若以后自行筹款于该岛，以北内地接修铁路，由永平遵化一带直达京师，此则妙用无方又胜于他处万万矣。"魏子初在 1954 年出版的著作中论及："当此之时，胶旅已租给他人，北洋水师无险可据，清政府便商议在秦皇岛重建军港，以'兴复海军'。"

然而因战争赔款之重压，清政府的财力已经异常紧张，很难从中拨出款项以图建港。后来，清政府议定把秦皇岛港当成商港来开辟运作，以争取有助于财政收益。张翼于奏折中着重指出，针对我国港口都为列强所占据的情形，"我惟有以秦皇岛补救之"，于秦皇岛"设关征税，使水陆转输之货物，皆可以滴滴归源"。从中能看出，清政府最终于秦皇岛建港而且自主开通成开放商埠，其核心动机变成"藉裨饷源""扩充利源"。

清政府将秦皇岛港自开口岸，其产业背景是陆海范围内工矿业的起步和发展，此为在秦皇岛修筑港埠之经济原动力。洋务派官员认识到开办开平煤矿、建设唐榆铁路①及秦皇岛港，可以成为一个大型全产业链条。在这种整体安排下，

---

① 唐榆铁路：唐山至山海关。

在秦皇岛港便集聚了一批洋务派企业，为首的即是开平煤矿。这批近代企业尽管仍有明显的封建色彩，然而初步具备了市场思维，技术比较先进，企业规模较大。实际上，这些洋务派实体崛起对港口交通、国际通商设定了更高标准，而建设港口和开放口岸亦为企业经营提供了助力，从而使得双方形成了相当紧密的互动。

开平矿务局于1878年在天津设立，所生产煤炭的大客户是上海轮船招商局、天津机器局等洋务企业。未能和煤炭产量增长相匹配的是，主要服务于开平煤炭转运的天津港能力不足。主要表现在：①天津港属于"约开口岸"，也就是列强与清政府签订条约后要求开埠的，港口事务基本上被列强把控，主要用于满足外国商船的装卸需求，几乎没有富余能力来为开平煤矿装运煤炭。②冬天大沽口和海河均有封冻停运期，一年即达数月，这样开平煤炭难免堆积拥塞。③天津大沽口一直存在严重的淤积问题，水深即便是涨潮时方为三米余，而在当时的政治经济局势下亦难以大举疏浚。并且开平煤矿的煤运主要使用吃水较深的大型船只，必须在港外锚地减载，于是显然增加了运输成本，并且会使得船期耽误，影响市场竞争。于是在此种形势下，急需考察选取一个地理区位恰当、自然环境优良的新转运枢纽，于是不淤不冻、海陆域辽阔、与开平煤矿产区不远、尚未被列强掌控的秦皇岛成为第一方案。

二、开港经过及社会反响

1895年，受开平矿督办张翼的请托，两位英国人到秦皇岛实地踏勘，并于第二年提出在秦皇岛建港的提议。1896年，时任北洋大臣的荣禄与总办张翼讨论了拟在秦皇岛建港的动议，并要求张翼速为筹划。先期进展方面，秦皇岛港在1897年5月获准在冬季时当作天津港的替补。

1898年3月26日（清光绪二十四年三月初五），总理衙门向光绪呈奏《秦皇岛自开口岸折》，称："兹查直隶抚宁县北戴河至海滨秦皇岛，隆冬不封，每年津河（海河）冻后，开平船由此运煤，邮政包封亦附此出入，与津榆铁路甚近。若将秦皇岛开作通商口岸，与津榆铁路相近，殊于商务有益。"同日，光绪皇帝朱批"依议钦此"。清光绪皇帝的批件如图2-1所示。

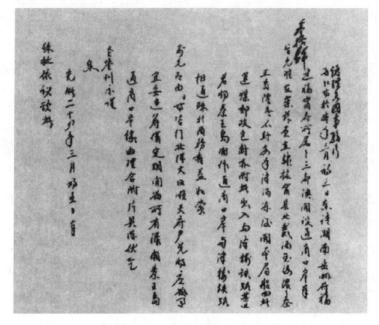

图 2 - 1　清光绪皇帝的批件

资料来源：中国第一历史档案馆。

对于清政府在秦皇岛建港并自行开埠，当时得到了广泛的社会关注。上海《时务报》在发布此消息时，所用标题是"古岛通航"。日本《经济报》和英国《泰晤士报》等海外媒体也报道了秦皇岛正式建港及开埠的消息，并介绍和论及了秦皇岛港湾的具体情况。当时在唐山开平煤矿工作、后来担任美国总统的胡佛亦专门发文做出评论。综合可知，秦皇岛建港且自行开埠在我国港口发展史中是具有很大影响的。

三、开平矿务局专营：秦港煤运缘起

1876 年 9 月，时任直隶总督兼北洋大臣的李鸿章命上海轮船招商局总办唐廷枢到唐山附近区域进行矿物考察，发现了该区域的煤炭资源。唐廷枢于是便启动募股，并制定《直隶开平矿务局章程》。1878 年 6 月，开平矿务局成立。在煤矿初创阶段，煤炭产出量一度不高，但很快就大幅增加了，那么修铁路、建港口就成了迫在眉睫的任务。1894 年 11 月，主要用于煤炭集港的唐榆铁路（唐山—山海关）通车。这之后，最需要推进的工作就成了选择和建设新的出海港口，使开平煤炭得以便捷地通过海运外销。

清政府交由时任开平煤矿督办的张翼牵头港口的选址,且令开平矿务局具体担负此举的实施。在勘察之后,终于决定选择秦皇岛。1896 年,秦皇岛港启动筹建并在次年试通航。随后在 1898 年春,清政府官宣秦皇岛港正式开埠。1898年 6 月,开平矿务局秦皇岛经理处组建,首任经理为鲍尔温,办公地点设在东盐务村,对秦皇岛港的经营原则是"实行垄断、专擅兴造、不得呈明、锐意经营、视同己有"。除了具体负责秦港建设运营之外,该经理处亦作为开平矿务局负责煤炭运销的骨干力量①。

清政府总理衙门照会美英领事:"惟秦王岛地面三面悬海,预设码头,必须建筑铁坝加以衔接铁道,平治马路,所需经费甚巨,不能不借商力。开平矿务局每年所出煤斤,运销东南各处,于该出口甚属相宜,是以此码头工程,该局当能独任……"在 1896 年到 1904 年,张翼遵照朝廷要求由开平煤矿出资建设秦皇岛港,同时也就意味着秦皇岛港从创办就是以煤炭运输为支柱。开滦在当时的历史环境下积极发展外部市场,通过利用港口航运之便利,在市场竞争中取得了优势,推动了煤炭生产,同时也推动了秦皇岛港的兴起,这就是秦皇岛港逐渐打造运煤特色之先声。

秦皇岛港自 1899 年起,进入了大规模开发阶段。开平矿务局聘请了英国白利工程公司的工程师休兹前来主持建港工程。经过仔细的勘测,休兹将工程分为两期,先行扩建已有的运煤矿及客货码头,投资估计百余万银元;其次全面动工建设军、商兼用港口,投资估计 600 万银元。1899 年 4 月,秦皇岛建港工程启动。至 1900 年上半年,新修防波堤 300 米,码头 200 米,在码头上铺设了轻铁路,港区内修建了车站一座,接运往来客货。堆场、栈房、灯塔、机车车辆相继建立和添置。在当年的秦皇岛南山头建设了两座突堤码头,类似蟹螯伸到海中,分别唤作大码头和小码头(见图 2 - 2)。各类航运辅助设施也逐渐完善,图 2 - 3

① 这就意味着 100 多年来,商贸功能一直是和港口装卸功能密不可分的,商流和物流的组织者往往是空间汇聚的。我们发现,在秦皇岛港后来长期作为世界最大煤炭输出港的时期,在秦皇岛集中了大量围绕煤炭资源的贸易商和各类代理商,每年的贸易交易额巨大,对市场价格的发现和反应能力也很强。最近随着秦皇岛港煤炭运输能力向曹妃甸港区的迁移已经起步,相关的贸易商也已经着手将业务重心向曹妃甸靠拢了。

所示是秦皇岛港南山灯塔。此为秦皇岛最初建港之处，即为目前的西港。至此秦皇岛港的雏形已基本形成。

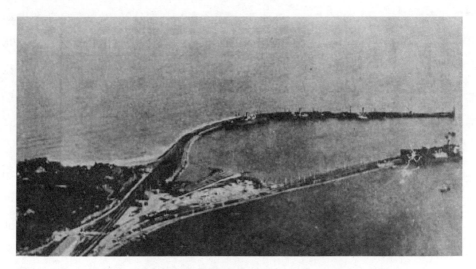

图 2 - 2　秦皇岛港大码头、小码头

资料来源：彭德清．中国航海史（近代航海史），人民交通出版社，1989 年。

图 2 - 3　秦皇岛港南山灯塔

资料来源：彭德清．中国航海史（近代航海史），人民交通出版社，1989 年。

秦皇岛港开埠初期主要装卸的货物包括开平煤炭、唐山启新水泥、秦皇岛耀华玻璃等，另有当地出产的无烟煤和农产品等小货种。1901 年，秦皇岛港小码头的 1 号泊位建成运营，同年秦港正式对外开放，可以从事国际贸易活动。1904年大码头完工，1905 年首座能储煤 3 万吨的堆场完工。1910 年，2000 吨晋煤从秦皇岛港下水，运到美国圣弗朗西斯科。后来，考虑到煤炭生产销售规模的扩大及自己可以控制煤炭输出的港口，开平煤矿便渐渐从轮船招商局负责承运变成自行从事运输业务。秦皇岛港初建时，开平矿务局已有六艘自备商船用于自采煤炭的运送，1910 年后增加了船舶租赁数量以满足煤炭运输需求的增加。进入 20 世纪第一个 10 年，秦皇岛港蹒跚前行，建成的码头岸线长度达到 1920 英尺，港池之最大吃水 −18.8 英尺，能适用 4500 吨级商船靠泊。

1917 年，秦皇岛的城市街区逐渐出现，围绕着为港口用工的各种服务，设立了邮政局、西医医院等，建成了洋房别墅、水泥马路，为外籍员司修筑了网球场、舞厅、高尔夫球场等娱乐休闲设施。秦皇岛市当时的五大企业（秦皇岛港、耀华玻璃厂、山海关桥梁厂、秦皇岛铁路、南山发电厂）日渐成为城市支柱，这一新兴港口城市逐渐步入成长状态。

四、英商骗占矿港

英国的毕威克—墨林公司（Bewiek and Moreingco.）曾长期窥视着开平煤矿的资源。他们对开平煤矿及秦皇岛地区进行了多次调查，充当调查员的便是后来成为美国第 31 任总统的胡佛。胡佛是被天津海关德籍税务司德璀琳推荐给张翼的，他以开平煤矿矿师之名收集了大量开平矿务局所属企业的情报。在给毕威克—墨林公司的《关于中国天津开平煤矿之调查报告》中，胡佛认为："这项产业肯定值得投资一百万镑，这个企业决不是一种投资事业，而是一个会产生非常高的盈利的实业企业。"报告同时也对秦皇岛港口进行了分析，说它是"形成公司的一个独立的深水不冻港口"。胡佛之调查更加坚定了外国列强攫取煤矿及港口之决心。

开平矿务局由于置地以建筑港口，资金一时困难。于是，毕威克—墨林公司借给开平局 20 万英镑（约 140 万两白银）作为修建秦皇岛港码头的资金，毕威克—墨林公司还答应经办一笔为修筑港口码头而发行的 20 万英镑债券的工程借款，总办张翼则同意抵押矿务局全部资产。这笔工程借款占开平全部资产的 36%，加上外国资本收购了不少开平的股票，开平矿务局实际上已经被外国资本控制。

1900 年，八国联军侵占北京，俄军侵占开平煤矿。张翼在天津英租界被拘押，顾问德璀琳建议把开平煤矿归于英国庇护，于是张翼签了德璀琳提前准备的"保矿手据"。这样在所谓合办的名头下，开平矿务局的诸多主权及秦皇岛港都被骗占到英国商人手里。此后在舆论压力下，时任直隶总督的袁世凯多次上书清政府，声称"复我疆土，保全利权"。1904 年，袁世凯安排张翼到英国，拟通过法律手段收回煤矿和港口，但没有成功。随后，袁世凯在 1906 年启动"以滦制开""以滦收开"的行动，安排担任长芦盐运史的周学熙负责兴办滦州煤矿，旨在依靠两矿之间的竞争压力来回收开平煤矿及秦皇岛港。然而几经周折的"收矿收港"计划，却是以开平煤矿兼并了滦州煤矿而结束。开平煤矿和滦州煤矿在 1912 年整合之后，开滦矿务局直接管辖作为自备口岸的秦皇岛港，"开平秦皇岛经理处"的机构名称亦相应改成"开滦秦皇岛经理处"。可见，因当时清朝的腐败无能、实力匮乏，对于作为首个自行开埠口岸的秦皇岛港，并不能实行有效的、独立的运营管理，致使外国列强迅速掌控了秦皇岛港并统治近半个世纪之久。

第二节　民国时期的秦皇岛港

一、帝国主义长期盘踞

在 1901～1932 年，英国商人长期盘踞和控制着秦皇岛港。民国初期，秦皇岛港缓慢发展。1912 年，孙中山先生到秦皇岛港考察，并提出建设京秦铁路。1914 年秦皇岛港吞吐量达到 132.4 万吨，这是第一年超过 100 万吨的关口。1915 年，7 号泊位投产，能够满足 8500 吨级船舶的靠泊需求。1917 年，秦皇岛港码头前沿水深为 26 英尺，每天的煤炭下水量可以达到 1.2 万吨，在世界范围内来看，是当时苏伊士运河东部最大之煤炭港口。正是在这种历史背景下，秦皇岛港的货源结构便稳定和固化了。1916～1932 年，秦皇岛港的基本建设活动主要定位于对原有码头的更新改造，把码头从木结构改造为钢混结构，同时扩建了前沿岸线。煤炭堆存容量达到了 60 万吨，专用铁路线的长度为 40.2 千米。

20 世纪 30 年代后，日本侵略者在中国逐步渗透，英国因为要保护其在远东地区的利益存在，选择了对日绥靖，在开滦煤矿实行了英日共管，聘用了日方的监管人员，并且向日本出口大量煤炭资源。1933 年 4 月，日军开始了对秦皇岛港的侵扰，随后很多军需物资和人员经秦皇岛港转运。1937 年全面抗战爆发以后，秦皇岛港便处于日本侵略者的控制之下了。在日占阶段，秦皇岛港在码头、堆场和铁路专用线方面都进行了密集建设，港口吞吐量规模明显加大，这实际上是侵略者在掠夺煤炭资源。1940 年，秦皇岛港的吞吐量达到 459.4 万吨，煤炭占到 403.4 万吨。

1941 年 12 月，发生太平洋战争后，日本排挤英商利益、完全占据秦皇岛港，实行军事管制。1942 年 1 月，开滦秦皇岛经理处对内改称"军管理秦皇岛经理处"，对外称"军管理开滦炭矿港务局"。秦皇岛港的工人阶级一直在努力与敌斗争，尽量压缩日本人从秦皇岛港抢夺煤炭的数量。1945 年 8 月 15 日，日本宣布投降。1945 年 11 月 20 日，国民党政府将开滦煤矿及秦皇岛港"发还"开滦矿务局，由中英共同经营，并通告要求日本军管期间所定规则一律废止，本年度港口吞吐量下降到 39.4 万吨，仅及 1940 年的 9%。

解放战争时期，国民党通过秦皇岛港运送军需物资和兵员。1948 年，冀东、辽西即将解放，抗战胜利后重新把控开滦煤矿和秦皇岛港的英国人在这种形势下，在开滦煤矿压减煤炭产量、中止采购物资设备，还将资金调往英国，意图给新政权留下一个烂摊子。在开滦掌权的英国商人的这种心态和行为，为开滦煤矿和秦皇岛港正常经营和长期发展造成了困难。1948 年底到 1949 年初，开滦煤矿和秦皇岛港的各项生产活动明显萎缩，港口生产大幅下降，严重影响了职工的生计（当时煤矿用工约 53000 人，港口用工约 7000 人）。

1948 年 11 月 27 日秦皇岛获得解放，大港迎来新生。鉴于开滦及秦皇岛港面临的困境，中国共产党和人民政府从大局出发，积极扶持煤炭生产，解决内外贸易和运输问题，适当安排好职工生活，开滦及港口的生产经营有了明显的好转。鉴于山海关、秦皇岛地理位置的重要和不冻良港的作用，华北人民政府决定设置秦（秦皇岛）榆（临榆县原治所在山海关）市，以后改称秦皇岛市。

二、南北通航易货

1949 年初，解放军取得三大战役的胜利后直指江南。于是，南京国民政府封锁正常的交通运输活动，不允许南北通航、通邮等往来，造成华北解放区和上海国统区的经济状况都普遍很差。因为长期以来，上海工商业对开滦煤炭的依存度很高，而在南北方向的各类交通均中止后，上海企业经营异常艰难，民生亦很困难。同样，华北解放区的经济活动亟待恢复和稳定，群众生活亦较为困苦，因为南北之间的通航被堵，开滦煤矿经营活动面临着窘境。1947 年，开滦煤矿的煤炭产量是 497.11 万吨，从秦皇岛港出海运到南方的煤炭是 129.54 万吨；但是1948 年的煤炭产量减为 427 万吨，经秦皇岛港输出的煤炭运量进一步减至 72.6万吨。另外，当时开滦煤矿的资方已经拖欠职工 50 万袋面，但上海的面粉却难以运到开滦，给开滦职工及各自家庭的正常生活带来了很大困难。

当时战火稍歇，为恢复秦申之间南北通航易货创造了良好气氛。上海是我国最大工商业城市和南北往来贸易集散中心，但它已被人为隔绝并堵塞了南北间的物资交流和贸易联系的渠道。同时，开滦煤矿和煤炭输出专用的秦皇岛港，出现了"现在之经济危机为开滦有史以来之未经"的困境。于是，不管是处在新解放区的开滦还是处在国统区的上海，都热切地盼望着能够实现南北通航及易货贸易的实施。在全国船联的呼吁下，国民政府行政院在 1949 年 1 月 28 日原则同意恢复华北航运，用"大上海"号和"唐山"号船开行秦皇岛港与上海港之间的航运和煤面易货贸易。中共方面复电上海航商界，对此明确支持。

1949 年 2 月，正式启动了秦申之间的通航易货，在全国船联、开滦矿务局和秦皇岛港的密切协同下，"唐山"号和"大上海"号商船满载面粉，从上海港的开滦码头开向秦皇岛港，然后从秦皇岛港运输煤炭回上海。到 1949 年 4 月 23 日南京解放，秦皇岛港共计靠泊装卸易货商船 11 艘、90 个航次，累积接卸近 30 万袋面粉，输出煤炭超过 11 万吨。同时，为南北两地人民传递了数以万计的邮袋。2 月 25 日的《商报》记载道："华北及其他各地共区邮件，均发往秦皇岛转达，同时兼收寄平津两地之商民挂快邮件及私人用之衣服小包裹邮件……"当然，虽在 1949 年 2～4 月间的国共和谈时期出现了南北通航易货之举，但秦皇岛港全年吞吐量只完成 23 万吨，降至 20 年以来最低点。

第三节　新中国成立初期至改革开放

一、新中国成立初期的恢复发展和体制调整

从开埠至 1949 年的半个世纪里，秦皇岛港仅修建了两座码头，共有 7 个小型简易泊位，机械化程度极低，装卸作业全靠人抬肩扛，劳动工具是大筐、杠棒和铁锹。对于秦皇岛港来说，曾经点燃国人自强希望的"自开口岸"沦为了帝国主义专用煤炭输出港。据统计仅开滦煤炭一项，1949 年前英国就掠走了 1.7 亿吨，秦皇岛港的遭遇只是当时半封建半殖民地的中国无数主权丧失事件中的一个。1952 年初，开滦英方总经理裴利耶经日本携外汇潜逃伦敦，开滦中方总经理余明德呈请人民政府派员管理开滦煤矿和秦皇岛港。同年 5 月 17 日，由中央同意，决定由国家燃料工业部代管。至此，被帝国主义盘踞 50 年的秦皇岛港回到了中国人民的手中。

在新中国成立前后 3 年多的时间里，秦皇岛港随着我国国民经济的恢复与发展，也逐步摆脱了困难境地，并取得了初步发展。1950 年春以后，开滦矿务局及所属秦皇岛港为了解救自己的经济危机，在华北人民政府的支持下，首批与日本签订了第一期开滦煤炭出口合同，并且出现继续签订和扩大对东亚地区出口的乐观形势。特别是 1951 年国家经济建设的准备工作已经开始，国内沿海航线逐渐打通，进出口贸易有了初步发展，秦皇岛港的运营开始出现生机。

从 1951 年开始，在扩大煤炭等物资出口的同时，启动局部翻修大码头 6 号、

7 号泊位，修建新仓库，开辟煤炭新堆场，加固防潮坝等。原有大小码头两座共7 个泊位，全长 839.95 米，靠泊有效长度为 822.76 米。其中 1 号、2 号、3 号、4 号泊位水深 6 米以上，能适用 3000～7000 吨级商船；5 号、6 号、7 号泊位为深水泊位，前沿水深 9 米；进港航道 1128 米。自 1932 年大小码头陆续改为钢筋水泥框架式（栈桥）结构以后，长期得不到维修。自 1941 年以后，港口航道没进行过疏浚。新中国成立初期，开滦英国人无意进行修缮，致使码头设施破损不堪，港池淤浅严重，已不适应较大型船舶靠泊。为迅速恢复生产，秦皇岛港以自筹资金方式，择要地保证了 6 号、7 号深水泊位优先翻修工程的需要。秦皇岛港因为水域宽阔、浪小、水深、不淤之优点，因此航道港池疏浚需求少，可以节省很多疏浚费用。新中国成立初期有 4 艘工作船，其中有"辅平"（660 马力）、"没凌"（318 马力）2 艘拖轮，1 艘驳船，1 艘挖泥船。

新中国成立初期的秦皇岛港在促进当时国民经济的恢复及对外贸易的发展上是占重要地位的。仅以 1952 年为例，秦皇岛港完成的吞吐量占当时沿海主要港口总吞吐量 1440 万吨的 12.6%，位于上海港之后，排第二位。特别是秦皇岛港在煤炭运输中一直保持着优势地位，1952 年下水煤炭约占北方沿海主要港口（大连、营口、秦皇岛、天津、青岛、连云港）煤炭下水总量的 40% 以上。

在秦皇岛开港后的几十年间，卸货量占吞吐量的比重平均不足 10%，使秦皇岛港变成了几乎专门为输出开滦煤炭的单一功能的港口，长期限制了朝着多功能及综合利用方向发展。新中国成立后，秦皇岛港不断改进企业的经营管理，合理利用各种有利条件广开货源，促求进出口贸易平衡发展。1951 年，杂货的吞吐量为 38.9 万吨，占比 28%，是新中国成立以后恢复时期的最佳水平，这是从过去单一煤炭输出转向综合性运输的一大进步。这几年，秦皇岛港开辟了国际不定期航线 13 条，同波兰、捷克斯洛伐克、东德等东欧社会主义国家建立了贸易关系。

港口管理体制方面，在新中国成立初期，秦皇岛港由于历史的原因而仍然属开滦矿务总局及秦皇岛经理处管理。特别是碍于开滦及秦皇岛港所谓"中英合资"的私营企业性质，涉及的"中外资产"问题及国家对其采取的特殊政策规定等，交通部一时未能完全实行对秦皇岛港的统一领导。直到 1952 年 5 月 17

日，中央人民政府决定由燃料工业部代管开滦时，才为开滦办理移交和交通部接管秦皇岛港铺平了道路。1952 年 8 月 11 日，开滦煤矿接燃料工业部函：根据政务院财经委员会关于统一航务管理的指示，秦皇岛港整体交由交通部管理。自1953 年 1 月 1 日起，原中央人民政府燃料工业部及原开滦煤矿总管理处代管的秦皇岛港，归交通部统一领导和正式接管。1953 年 3 月 10 日，开滦煤矿宣布撤销其开滦秦皇岛经理处，设置驻港开滦办事处。4 月 9 日，奉交通部命令，成立天津区港务局秦皇岛分局。开滦煤矿总管理处向交通部移交港口时，天津区港务局秦皇岛分局接管下来的在册职工总数 6142 人。

港口的涉外服务单位也同步发展起来，秦皇岛外轮代理公司是 1953 年交通部接管秦皇岛时成立的，受交通部中国外代总公司和秦皇岛港务管理局的双重领导。其他如秦皇岛外轮理货公司、秦皇岛船舶燃料供应公司也相继成立。秦皇岛港开埠之初，天津海关在此设立秦皇岛分关，1901 年底正式设立秦皇岛海关。新中国成立后，秦皇岛海关曾隶属天津海关领导。随着秦皇岛港进出口的发展，海关业务不断扩大，1962 年由分关改为秦皇岛海关至今。

秦皇岛开口岸权益自 1900 年丧失以来，所有港务、航务及海关自主权，基本都被英、日帝国主义所控制，致使新中国成立前后的港口生产一度陷入困境。随着港口隶属关系出现的历史性变化，港口生产日益表现出巨大潜力。针对秦皇岛港的优越地理条件和经济地位，以及港口生产业务的实际需要和今后发展的可能性，交通部提出应将秦皇岛港作为独立的、以煤炭输出为主的沿海重要港口之一，撤销与天津区港务管理局的隶属关系。从 1955 年 5 月 1 日起，成立了交通部秦皇岛港务管理局。至此，秦皇岛港所有过去的隶属关系和企业性质都发生了根本性的变化。港口内部逐步建立起一整套以生产资料公有制为基础的崭新的管理体制，港口生产建设已被纳入国民经济发展的第一个五年计划。1954 年 4 月21 日，毛主席视察了秦皇岛港，极大鼓舞了广大港口职工。

秦皇岛港在新中国成立后 3 年经济恢复的基础上，顺利完成了"一五"计划国家规定的各项经济技术指标，超额完成任务，如表 2 - 1 所示。1956 年、1957年吞吐量分别完成 285 万吨和 283 万吨，在国内 6 个主要港口中（上海、大连、天津、青岛、秦皇岛、广州）居第五位。

表 2 - 1 "一五" 期间秦皇岛港主要经济技术指标完成情况

年度	货物吞吐量（万吨）	装卸工班效率（吨/工班）	船舶在港停时（天）	火车在港停时（小时）	利润（万元）	全员劳动生产率（吨/人）
1953	125.5	10.59	1.56	4.76	394.9	284
1954	191.0	17.65	1.49	4.00	439.6	484
1955	229.6	22.35	1.41	4.38	432.8	739
1956	285.0	26.44	1.60	4.69	395.4	898
1957	283.1	25.40	2.47	6.80	457.3	816

资料来源：秦皇岛港《港口统计资料汇编》。

20 世纪 50 年代初期，由于朝鲜战争和美国对我国实行封锁禁运政策，直接干扰和影响了秦皇岛港的正常发展。随着抗美援朝的胜利及国际形势出现转机，我国对外贸易开始有了发展，外贸进出口物资的数量及品种显著增加。"一五"期间，秦皇岛港外贸进出口累计完成 350.2 万吨，占港口吞吐量的 31%，同 45 个国家和地区建立起广泛的贸易关系。煤炭出口主要运往苏联、朝鲜、日本、锡兰、阿根廷、巴基斯坦、埃及 7 个国家；船舶方面，则以苏联、英国、日本 3 个国家进出港艘次最多。"一五"计划期间，进出秦皇岛港的外籍船舶占比接近 40%。

秦皇岛港自近代开埠以来长期是我国首要的煤炭能源下水港。"一五"期间，国民经济发展已受到能源运输紧张的制约，特别是由于运力紧张，使华北、东北煤炭大量积压。一方面，"以运定产"束缚了煤炭工业前进；另一方面，国内外煤炭需求又渐进增多。所以，秦皇岛港的煤炭运输，不仅仅是促进自身发展的保证，更是对国民经济建设具有深远影响。为了挖掘运输潜力，秦皇岛港千方百计压缩车点和船期，使煤炭运输在"一五"期间内以年均 14% 的速度增长。这段时间，从青岛、连云港和秦皇岛 3 个港口运到上海的煤炭数量约占输往上海各类货物水运总量的 80%，这其中秦皇岛港又占北方三港煤炭总运量的 70%。

二、宏观环境剧烈变化下的波折

煤炭运输是秦皇岛港的绝对主业，铁路是秦皇岛港主导性的集港方式，而港口和铁路归于不同的行政管理系统，因此如何协调港口与铁路之间的关系、实现密切合作，是秦皇岛港长期的核心工作之一。1959 年，秦皇岛港和秦皇岛火车站一起实践和总结了"一条龙"运输大协作的先进经验，并在全国交通战线上得到推广。为满足经济快速发展的需要和解决运力缺口，由秦皇岛港和天津铁路管理局秦皇岛站（以下简称"路港"）开创的路港"一条龙"运输大协作，对挖掘港口、铁路等各方面的运输潜力，以及缓解我国交通运输业高度紧张形势，取得了明显的成效。

秦皇岛港自开滦移交给交通部统一领导经营以后，每年都有百余万吨以上的煤炭经由这里南运，东南沿海及长江中下流域北运杂货、粮食、矿砂等亦有部分经由这里转运东北、华北和内蒙古等地；而经由这里出口国外的煤炭、粮油、玻璃、矿产品、土特产品等数量也相当可观。随着我国工农业生产"大跃进"形势的出现和国际贸易的日益发展，港口货物吞吐量和铁路货运量的增长幅度已经超出了正常的增长水平，尤其是煤炭需求量激增，给港口和铁路运输造成紧张。港口是车船两种运输工具之连结点，担负铁路和海运的换装界面。路港之间有着广泛密切关系，铁路秦皇岛站到发货物的90%以上要通过港口吞吐，而港口货物集疏运方式主要依靠铁路来完成。另外，车与船两个方面对港口都有不同的要求，但车船运行又都具有很大的不平衡性。因此，路港之间、港航之间，在车、船装卸作业上，长期存在着车点、船期难以兼顾的复杂矛盾，特别是由于港口直接统一负责车、船的装卸作业，因而也就成了矛盾的集中点。

路港"一条龙"运输协作关系经历了"合同制约""初级协作"和"一条龙"全面大协作三个阶段。路港最初的"合同制约"关系是发展协作关系的雏形。早在1956年时，路港之间为共同完成国民经济发展的"一五"运输计划，曾以双方签订合同方式来达到相互约束、相互促进的目的。由于双方过分强调和依赖合同制约，而又缺乏积极协作的指导思想，往往是在执行合同时不从整体利益需要考虑问题。1958年，港口货物吞吐量和铁路货运量出现急剧增长，要求煤炭等国家重点运输物资必须适应国民经济超常发展需要。经过共同努力，路港双方在过去的"合同制约"基础上，初步建立起"统一计划、统一班次、统一指标、统一竞赛"的协同关系，加强调度指挥。路港之间的"一条龙"初级协作关系，使双方的煤炭运输都完成了"跃进"计划，港口吞吐量实际完成345.6万吨，比上年增长22%，其中煤炭为284.7万吨，比上年增长49.9%。

路港之间在不断摸索、总结的基础上，认识到路港作业指挥调度系统分立、作业过程复杂，明显制约了水陆换装运输枢纽作用的充分释放。路港协作虽然逐步完善起来，然而车、船运行不能衔接的矛盾仍然突出，特别是货物托运部门不能及时供货和接货，影响了换装作业及车船的周转。因此为扭转运输部门的被动局面，将路港之间的内部协作关系，扩大到矿、货、路、港、航、贸等各环节的全面大协作。如1959年4月开始实行的"红旗直达列车"和"船舶定班定线"等，使水陆运输全程形成了一个首尾相连的协作网络。

这是路港协作关系史上的一次重大发展，"一条龙"运输大协作组织形式的出现，为我国交通运输业及产供销部门采用联合运输提供了先例，已经具有了现代供应链管理（SCM）的意味。秦皇岛港和铁路秦皇岛车站共创的运输大协作，受到了中央的重视和推广。交通部、铁道部和河北省人民委员会，为总结、交流和推广"一条龙"运输协作经验，1959年9月在秦皇岛举办全国路港协作会。秦皇岛路港"一条龙"运输组织工作，为后来铁道部和交通部补充发展运输协作关系，制定新的"联运规则"提供了较为科学的依据。

1959年5月1日起，在路港联合办公的基础上，成立秦皇岛港站调度室，受双方行政的双重领导。调度室由秦皇岛站站长和港口调度室主任分别担任正副主任，其他成员按照港站双方劳动力和车、船、货物各个调度环节的不同分工组成。秦皇岛铁路和港口在调度作业中实行合署办公在全国是第一次。1959年、1960年连续两年突破500万吨，分别为510.6万吨和542.8万吨，创港口自开埠以来的最高纪录，在沿海主要港口中居第四位，如表2-2所示。其他各项财务指标，如营业收入、利润总额和装卸成本等都达到新中国成立后的最佳水平。

表2-2 沿海主要港口吞吐量比较   单位：万吨

年度	上海	大连	青岛	秦皇岛			天津
				吞吐量	其中：煤炭	其中：杂货	
1952	656	151	175	180.8	153.6	27.2	74
1957	1649	588	221	283.1	190.0	93.0	284
1958	2739	819	383	345.6	284.7	60.9	362
1959	3697	1044	556	510.6	414.3	96.3	452
1960	4267	1124	683	542.8	468.0	74.8	522

资料来源：黄景海.秦皇岛港史（现代部分）[M].北京：人民交通出版社，1987.

旧开滦经营时期，特别是由于英、日帝国主义的霸占和掠夺政策，在港口建设上往往因陋就简，只想用廉价劳动力榨取高额利润。因而原有港区（指大小码头及后方场地）的平面布置存在着缺陷，设备陈旧落后，装卸作业操作程序多，装卸工具原始，严重影响了装卸生产。大码头5号、6号、7号泊位原是旧开滦时期的煤炭专用泊位，作业面铺设有铁路线，船舶靠泊能力的上限是7000吨级3艘或者万吨级以上2艘。当时随着国家海运事业发展及外贸进出口增多，一般到港船舶都在万吨级以上，船长在125～155米，显然由于深水泊位长度不够而造成泊位能力的浪费。经测算，在7号泊位端部接长82米后，5号、6号、7号3个深水泊位的平均长度可由原来的124.2米增加到151.5米，这样不仅能同时停靠3艘万吨级以上船舶，而且能保证安全。7号泊位扩建工程在1958年6月动工，造价164.8万元。随后由于国民经济出现严重困难，港口吞吐量大幅度下降，生产技术改造的步伐开始放慢，港口装卸生产还是以人工为主。整个"一五"期间，国家向秦皇岛港的投资额只有837.7万元，而1958～1960年投资总额高达2487万元，是"一五"计划期间投资的7倍多，几乎相当于秦皇岛港自开埠建港至交通部接管港口前投资的总和。

　　我国经济在1959～1961年发生严重困难，1961年后全国贯彻执行调整方针。5年调整期间，秦皇岛港按照交通部的统一部署，对港口进行全面整顿，按照"填平补齐"的原则，加快主要装卸作业线的机械化步伐和基本建设工程进度，克服3年自然灾害给职工生活带来的困难，使港口生产和建设在调整中继续前进。在"大跃进""以钢为纲"的导向下，曾不科学地谋求重工业的高速增长，秦皇岛港为适应这种形势，职工人数剧增，先后招收新工人近3000人。1961年末，在册职工总数5392人，比1957年增长52%，同当年生产任务比较，出现严重超编。于是在1961～1963年分批分期进行"退工还农"和下放城市职工工作，先后裁员2418人。

　　在5年调整期，年均吞吐量357.8万吨，同"一五"期间比较，提高60.6%；同1958～1960年比较下降23.3%。但是情况又有所不同，根据国家调整计划要求及秦皇岛港5年的发展形势，大幅度地增加了外贸进出口的任务，压缩煤炭输出任务，从而提高了杂货比重。1964年，杂货吞吐量首次超过了煤炭吞吐量，占比分别为 55.7% 和 44.3%，从而使秦皇岛港单一煤炭输出的传统形象得到了阶段性改变。

由于煤炭运输停滞，秦皇岛港开始转向综合化发展。但是由于该港长期专业性强，对突然增加的外贸新货种，缺乏相应的工艺技术设备，给习惯于煤炭作业的泊位、人力、机力等方面带来了一系列问题。例如，在 1961 年 6 月间，外轮在港停泊时间比 5 月延长了 74.75%；铁路车辆在港停留时间延长了 24.64%。可见在外贸任务增加的情况下，一时还难以适应变化了的运输形势，因而压船、压车、压货问题突出。

由于国民经济调整，港口运输生产结构发生了急剧变化，沿海各港生产任务"吃不饱"，秦皇岛港的生产任务减少幅度较大。在这种情况下，秦皇岛港千方百计扩大货源组织，加强在唐山、锦州两地的商务营业所工作，组织大清河原盐出口。经过努力，1961 年以后，申秦之间杂货运量有所增加，同时承揽了原盐出口任务，开辟了大清河至秦皇岛的盐运新航线。1961 年 4 月 1 日，河北省航运局"河北 401 号"拖轮，首次拖带 7 艘盐船抵达秦皇岛港。从此，大清河原盐通过秦皇岛港中转华东及对外出口。

1964 年，轻工业部、铁道部、交通部为了从宏观上调整货物运输流向，对原盐、煤炭两大货种合理运输的基本流向进行修订，要求津、秦两港"必须黑白分家"（即煤和盐的运输不能同时混在一个港口）。根据两个港口的传统运输习惯和装卸优势，确定从 1965 年初起，原由天津港承运的部分山西大同煤炭改由秦皇岛港换装；根据原盐的集运能力及调拨计划，秦皇岛港承运的部分大清河盐场的原盐改由天津港出口。这样，秦皇岛港自 1965 年以后专门承接开滦、大同、阜新等煤炭输出任务，为今后形成以能源运输为主的大港确立了基础。在计划经济时代，这次由上级政府部门对邻近港口做出的业务划分，基本中止了秦皇岛港在货种类型多样化方向上的探索和转型，将其继续锁定在煤炭运输的单一门类上，使得秦皇岛港维持其对煤炭运输的长期的、高强度的路径依赖。

为把秦皇岛港建设成为具有现代化水平的港口，早在 1956 年，总工程师办公室对港口未来的发展做了充分酝酿和大量准备。1958 年开始进行全面的经济调查和地质钻探工作，分析研究港口各方面有利条件及存在的缺陷。苏联海岸地貌专家申克维奇和港航工程专家伏尔洛夫及国内铁道、水工专家等，通过科学论证后指出："秦皇岛港腹地辽阔，与天津、大连成鼎足之势，特别是该港沿海地带是渤海湾内最理想最适宜的设港地段，无论如何布置海岸均能稳定，并不受任何泥沙回淤等威胁。"这些论证为秦皇岛港的大规模建设提供了可靠依据。

在国民经济3年恢复和"一五"阶段，港口基本建设投资不多。新中国成立后的恢复时期，年吞吐量平均只有107.6万吨；"一五"计划时期有所发展，年吞吐量平均222.8万吨；除去"大跃进"时期平均吞吐量较高的特殊情况外，国民经济调整时期吞吐量年平均为357.7万吨，基本适应了国民经济发展。1959年开始对大码头7号泊位进行技术改造，增加了运能。在拟订港口"二五""三五"建设规划的同时，在老港区西侧开辟了新港区（即西港区，包括原大、小码头和乙码头等）建设乙码头8号、9号两个通用深水泊位，这是新中国成立后首次进行的大型基本建设工程。"二五""三五"期间，秦皇岛港建设投资概算为1.7亿元，包括"二五"期间的6775万元和"三五"期间的10251万元。"二五"期间开工修建了乙码头，准备再建甲码头，共四个深水泊位（其中两个煤炭泊位、两个杂货泊位），年通过能力计划新增1400万吨。但由于"大跃进"的失误，国民经济出现暂时困难，港口投资只能压缩。

1962年8月，朱德委员长视察了新竣工的乙码头。乙码头两个泊位和甲码头两个泊位的建设是"二五"期间基本建设的主体，其中甲码头工程因国家财力情况改为缓建项目。乙码头建设工程是秦皇岛港历史发展过程中投资较大、采用新技术的一项国家重点工程，从1959年开工到1965年完工投产。

三、港口在1966~1976年的缓慢前行

在20世纪60年代中期到70年代中期，秦皇岛港的运输生产和基本建设缓慢地前进着。1967~1972年的6年间，在人员、设备增加，通过能力提高的情况下，货物吞吐量年平均只有524万吨，而且生产形势起伏不定。港口腹地的生产、运输、供销等都陷入混乱，秦皇岛港正常的生产秩序也陷入混乱，对车船货物不能合理组织，压车和压船情况比较突出。在1972~1976年，经过整顿，秦

皇岛港的生产及管理秩序有了好转，经济效益提高，全员劳动生产率平均每年增长 25.3%。1973 年秦皇岛港吞吐量达 727.3 万吨，特别是煤炭输出了 530 万吨，初步缓解了上海等地的短缺问题。1974 年，货物吞吐量突破了千万吨大关，达1192.3 万吨，跃居为全国沿海第三大港。全国交通运输系统为确保上海市海运煤炭需要，丰沙、京山铁路运煤列车基本做到安全正点、均衡到港，提升了秦皇岛港煤炭运量。1975 年，秦皇岛港煤炭下水量高达 859.5 万吨，是新中国成立以来的最高水平。

在 1966～1976 的 10 年中，秦皇岛港亦经受了多次自然灾害的袭击，其中自然灾害最严重的是 1969 年之罕见冰封和 1976 年唐山大地震。1969 年冬，辽东湾和渤海湾发生了 50 多年未遇的严重冰封，堵塞了渤海港口通往黄海的航线，阻隔了环渤海诸港之间的联系，严重威胁码头建筑及船舶安全。秦皇岛港专门成立了破冰指挥部，经过 1 个多月的奋力抢险，共安全引领了进出港船舶 70 余艘次。待冰层解冻后，立即组织快装快卸，迅速消除了压船、压车、压货现象。1976 年7 月 28 日，唐山大地震在秦皇岛海域内基本没有造成重大损失和人员伤亡，港域内遭受地震破坏的建筑物总面积 8.5 万平方米，大概占到港域建筑面积的25%。震情发生后，京山铁路、公路及主要大桥遭受了严重损失，其中唐秦段铁路滦河大桥受损严重。这一年，由于地震灾害及主要运输物资的减产，秦皇岛港的煤炭和杂货吞吐任务无法完成。但同时为了保证华东等地区的能源供应及外贸任务，秦皇岛港增加了不受铁路运输影响的原油输出和东北各省的杂货出口量，使全年的吞吐量仍然高于 1975 年。

新中国成立以来，交通运输业并不能适应经济发展，以致成为短板和瓶颈。20 世纪 70 年代以后，主要表现在晋北煤炭外运能力严重不足，以沿海港口为枢纽的通过能力很不适应实际需要。沿海港口由于运力不足、技术设备落后等原因，通过能力日趋紧张。20 世纪 70 年代初，我国对外贸易开始有了较大增长，随着外籍船舶进出港艘次的增多及沿海港口受国情因素影响，普遍出现严重压车、压船、压货现象，1973 年沿海 7 个主要港口的外轮在港停泊时间平均都超过了 10 天，如表 2-3 所示。

表 2-3　沿海主要港口外轮在港停泊时间比较　　　　单位：天

年度	大连	秦皇岛	天津	青岛	上海	黄埔	湛江
1971	7.0	6.6	7.1	4.6	4.8	8.6	5.4
1972	8.0	7.4	9.5	5.6	7.0	11.6	9.3
1973	10.4	10.4	16.3	10.3	11.4	14.3	10.7

资料来源：交通部计划局的《全国统计资料汇编》。

　　1972 年全国沿海 15 个主要港口共有 286 个泊位，万吨级的只有 92 个，码头岸线长 36 千米。全国泊位总和尚不及荷兰鹿特丹或日本横滨的一个港口；总吞吐量 1.06 亿吨，亦不及鹿特丹单个港口，具体如表 2-4 所示。1972 年，秦皇岛港泊位数不及上海港的 1/10；码头岸线长度不及大连港的 1/7；岸壁设备数不及天津港的 1/4；吞吐量仅有青岛港的 70%。

表 2-4　我国沿海主要港口运力与国外港口比较

国家	港口	泊位（个）	码头岸线总长（千米）	吞吐量（万吨）
	沿海 15 个港口合计	286	36.2	10556
	其中：大连	63	9.2	1917
	秦皇岛	9	1.3	514
中国	天津	17	2.7	804
	青岛	27	4.9	805
	上海	96	11.2	4459
	黄埔	11	1.5	613
	湛江	14	1.7	436
荷兰	鹿特丹	351	33.9	11300
比利时	安特卫普	435	97.1	7302
美国	纽约	500	59.7	10000
英国	伦敦	203	56	6181
法国	马赛	103	15.7	7550
西德	汉堡	335	61.7	4790
意大利	热那亚	200	15	5500
日本	名古屋	177	19	6814
日本	横滨	326	13	8565

　　注：中国港口为 1972 年数据，鹿特丹为 1970 年数据，横滨为 1969 年数据。

　　资料来源：黄景海.秦皇岛港史（现代部分）[M] 北京：人民交通出版社，1987.

可以看出，当时我国港口的发展水平远远落后于国际先进水平，而秦皇岛港的发展更落后于我国沿海其他港口。就当时情况而论，一是秦皇岛港的生产泊位少。包括原有的 7 个泊位和 1962 年建的乙码头 2 个泊位，总共 9 个泊位；二是仓储容量小，库场总面积 84 万平方米，堆场占 79.7 万平方米，煤炭、散杂货的露天储存容量较大，仓库仅有 4.3 万平米，根本不敷使用，限制了对外贸易；三是港口平面布局不合理，后方库场距离码头太远，货物全靠港内自备铁路和机车、车辆倒运。

秦皇岛港 1960 年的货物吞吐量完成了 543 万吨，是历史最好水平，而经过 12 年的发展，1972 年货物吞吐量只完成了 514 万吨，其间除去 3 年自然灾害时期的特殊情况以外，大多年份的吞吐量徘徊在 500 万吨上下。1973 年 8 月 7 日，港内压船最多达 17 艘，其中外轮有 10 艘，船期大都超过 1 个月，最长达 51 天（南斯拉夫籍"戈杜利克号"），这样长的船期在秦皇岛港是空前的。所以在不断提高装卸效率的基础上，加强港口基本建设，增加泊位数量，提高靠泊能力，才能防止堵塞，从根本上解决问题。

当时秦皇岛港的主要问题是深水泊位不足，1958 年以后曾经采取过半载后移泊措施，但还是经常出现船等泊位现象。尤其是在非生产性停泊的诸缘由中，船等泊位大约占 50%；其他方面是货流及货源组织问题，或因货物往往集中在少数货舱，不能同时开满舱口作业，或因装卸船时没有考虑到目的港、站的卸货方便，或因货物包装不适应高效率装卸的需要，或因船舶不严格按规定时间开航等。另外，由于外籍船舶密集到港，仓库不敷使用，铁路集疏运能力有限，火车在港停留时间也不断延长。

"过去没有把港口建设提到议事日程上来，现在到了非解决不可的时候了"，1973 年 2 月 27 日，周恩来总理提出了沿海港口"要在三年以内改变面貌"的号召，国务院专门组建港口领导小组。1973 年 4 月 17 日，河北省港口建设领导小组及秦皇岛港口建设指挥部设立，加强了组织领导。根据国家港口建设总体规划，首先集中力量，狠抓秦皇岛港原油一期码头建设。该项目计划建两个两万吨级的泊位，年通过能力 1000 万吨，工程概算 4404 万元。这项工程是与大庆至秦皇岛输油管道同步建设的重点项目，要求 1973 年 10 月 1 日简易投产。

秦皇岛周围腹地的经济发展潜力较大。山西、内蒙古、宁夏等腹地煤炭储量丰富,山西(主要是晋北)原煤产量居全国之首,1976 年产量达 7720 万吨。1975 年,秦皇岛港运输开滦煤炭 585 万吨,占该矿产量的 1/5;运输大同煤炭 224 万吨,占该矿产量的 1/10 以上,并且晋煤外运的数量将会急剧增长。与铁路相比,海运的运量大、效率高、费用低,最适宜大宗散货的运输。海上运输的经济效果大小又与运输距离有密切关系,运距越长,成本越低,经济效益越显著。以秦皇岛、青岛、连云港三个港口比较,运往南方港口的距离是不同的,如果采用相同的船型、装卸时间、营运航速、能耗、折旧率等技术经济指标进行推算,可以看出秦皇岛至上海或广州的运输距离最远,千吨海里成本最低,最能发挥海上运输优势。另外,在北煤南运中,铁路直达的运输成本要比陆海联运成本高 1 倍多。山西煤炭经秦皇岛港运往上海、广州,不仅可以减轻京广、京沪铁路干线的运输压力,而且可以节省大量运费。

　　此外,除了煤炭工业的迅速发展,秦皇岛港腹地的石油工业发展亦很快。1970 年,国务院决定改变我国过去的原油运输方式,首先在大庆经铁岭至秦皇岛(包括至大连)大规模建设输油管道的同时,加速建设秦皇岛港(包括大连港)的原油码头。秦皇岛港原油码头是国内输油码头中最早由管道负责集疏运的。大庆经铁岭到秦皇岛的管道是国内最早建成的运输"地下大动脉",长 1152 千米,每年的输油能力为 2000 万吨。1973 年 9 月 24 日,大庆原油通过输油管道在秦皇岛泵站进罐。10 月 5 日,"大庆 26 号"轮停靠在秦皇岛原油一期码头的东泊位,用了不到 10 小时装完 14000 吨原油。10 月 6 日,第一艘满载大庆原油的轮船驶往华东,开创了秦皇岛开埠以来首次运输原油的新纪元。秦皇岛港原油码头一期工程为我国沿海的大连、青岛等港的原油码头建设提供了有益的经验。

　　1974 年秦皇岛港吞吐量首次迈过千万吨大关,尤其是原油输出 430.7 万吨,占总量 1192 万吨的 36%。在 3 年大建港期间,沿海各港口吞吐能力都在增长,而秦皇岛港增长的幅度最大。如表 2-5 所示,1976 年吞吐量为 1972 年的 3.2 倍,已超过了天津、青岛两港,居沿海港口的第三位。

表 2 - 5　3 年大建港期间主要港口吞吐量完成情况

年度	大连		秦皇岛		天津		青岛		上海	
	吞吐量（万吨）	指数	吞吐量（万吨）	指数	吞吐量（万吨）	指数	吞吐量（万吨）	指数	吞吐量（万吨）	指数
1972	1917	100	514	100	809	100	805	100	4459	100
1973	2154	112	727	141	937	116	1000	124	5039	113
1974	2403	125	1192	232	1000	124	1063	132	5137	115
1975	2288	119	1557	303	826	1022	1542	192	5581	125
1976	2227	116	1647	320	793	98	1510	188	5461	122

资料来源：交通部《全国水运统计资料汇编》。

　　1975 年 6 月，在国务院港口建设领导小组的沿海主要港口规划会上，强调秦皇岛港作为国家重点项目，要继续扩大"三年改变港口面貌"的成果，要制定好建港十年规划（1976～1985 年），决定秦皇岛港的建设目标是全国最大的能源输出港。为此，秦皇岛港重新确定了港口总体布置，把港口分为东西两大港区，东港区逐步建成原油、煤炭专用码头，西港区则在原来老港区的基础上向西发展，顺序建设甲、乙（已建成）、丙、丁等杂货码头。

　　杂货运输占秦皇岛港吞吐量的比重在各个历史阶段的差别不小。1960 年，杂货吞吐量占比为 12.8%，到 20 世纪 60 年代中期最高到 55.7%。到 20 世纪 70 年代初，秦皇岛港的杂货泊位明显不能满足外贸发展形势。为此，开始兴建甲码头两个 3.5 万吨级深水泊位，以提高杂货通过能力。甲码头 1973 年 11 月动工，1975 年 12 月主体竣工，基本改变了杂货装卸能力不足的状况。甲码头是秦皇岛港扩建的西港区综合性杂货码头工程的一部分，位于已建成的乙码头南端；丙码头位于乙码头北端；丁码头位于丙码头西端向南，延伸为突堤式。这样，四座杂货码头围成了多边形的港池。

　　"三年改变港口面貌"期间，秦皇岛港取得的建设成就很大。1973～1975年，秦皇岛港基本建设总投资额为过去 24 年的 2.35 倍，建港工程量之大是自开埠以来不曾见过的。起重机械（门座式、轨道式、履带式、轮胎式）由 1972 年末的 42 台增加到 1975 年末的 62 台。港作船由原来的 7 艘增至 1975 年的 18 艘，其中供油船 3 艘、供水船 1 艘、交通船 1 艘、方驳 2 艘、拖轮 10 艘、挖泥船 1 艘。

周总理的指示极大促进了港口发展，"四五"计划的后 3 年，秦皇岛港发生了显著变化。建成投产 4 个深水泊位，码头岸线由 1972 年的 1297 米增加到 1975 年的 2593 米；完成了 9 号煤炭专用泊位的大规模技术改造；基本消除了压车、压船、压货"三压"现象。1975 年货物吞吐量达到 1557 万吨，排沿海港口第三名。

第四节 改革开放新时期

一、初步的市场化改革

1977 年，秦皇岛港吞吐量完成 1805 万吨，利润总额 2247 万元，比 1976 年分别增长 9.6% 和 19.2%。随着"工业学大庆"的深入发展，1978 年吞吐量完成 2219 万吨，利润总额 2861 万元，分别又比 1977 年增长 22.9% 和 27.3%。1978 年 12 月，中共十一届三中全会召开，秦皇岛港也开始进入新时期。

在企业层面实行经济责任制，是港口体制改革的重要构件。经济责任制是按照权、责、利匹配的理念，使经济收入和劳动投入贡献挂钩。1978 年 8 月，秦皇岛港首先在装卸工人中试行"有限制的计件工资制"（即有限底薪计件工资），使装卸生产创造了历史最好水平。在深入推行经济承包责任制过程中，逐步建立起一套适合于本港情况的经济考评办法和制度。第一，建立指标考核体系。把港务局对国家所承担的经济责任，通过"包、保"形式逐级分解。这些指标纵横连锁、相互协调，对港口各个系统、各个单位的生产建设活动具有针对性和指导性。第二，完善不同类型的考核制度。工资归纳为底薪计件、浮动工资和计时加奖励三种。第三，实行按系数奖励分配方法。为了克服平均主义，在不突破奖金限额的前提下，采取系数分配。企业内部经济承包责任制的推行，为促进经营管理的改善和经济效益的提高提供了内生动力，加快了秦皇岛港务局的市场化转型。

二、现代化煤炭专用码头建设

1977年，全国的原煤产量提高到5亿吨，1983年为7.15亿吨。内地到南方沿海的煤炭运输格局中，以"西煤东调""北煤南运"为基本流向。这些煤炭除部分通过铁路外，大部分还是靠廉价的水路方式。1982年8月，国家经委召开全国交通工作会议时指出，秦皇岛港应当利用自己临近煤炭产地的独特地位及传统的运煤优势，发挥重要的枢纽作用。但原有的煤炭泊位能力是满足不了增长需要的。1992年，时任国务院总理的李鹏同志到秦皇岛港调研时指出：现在最重要的就是把山西的煤，通过秦皇岛运到上海、广东、江苏等地，为它们提供能源。在未来的十年规划中把步子迈得更快一些，使经济上一个新台阶，秦皇岛港是一个重要棋子。因此从国民经济发展的整体需要出发，国家投入大量资金建设秦皇岛港煤炭码头一、二、三、四期工程。这些专用煤炭码头的相继建成，将秦皇岛港打造为全球首屈一指的煤炭输出港。

秦皇岛港煤炭码头一期工程（以下简称煤一期），是国内自主建造的首个具有较高机械化水平的专用煤炭码头，设计能力为每年1000万吨，侧重担负山西、内蒙古、宁夏等地的煤炭输出任务，预计的内外贸比例为70%和30%。煤一期按照国家重点基本建设计划要求，从1976年初选址并开始施工准备，1976年6月国家正式批复建设。1978年3月码头基槽开始挖泥，到1981年码头主体基本完成。1983年4月1日至12月初，联动空、重载试车及验收合格投入使用。工程总概算经过1982年调整为1.78亿元，煤一期主体工程由5万吨级和2万吨级泊位各一个、前方栈桥、容量50万吨的堆煤场、后方栈桥和翻车机系统组成。

煤炭码头二期工程是继煤一期码头之后兴建的又一项大型项目，是我国首批引进外资及日本技术装备的国家重点工程，其水工、土建、工艺由国内设计施工。煤一期、煤二期相继完工后与京秦复线电气化铁路相配套。煤二期设计运能为每年2000万吨。煤炭码头二期工程总投资额（包括人民币及日元贷款）大大超过煤一期工程。在施工期间，由于国家对基本建设体制进行了改革，部分施行拨款改为贷款。煤二期码头于1980年4月动工，1985年1月投产。该码头是与煤一期西泊位垂直相接成的突堤式码头，全长 615.41 米，有两个 5 万吨级泊位，前沿 60 米范围内水深 – 14.0 米。

煤炭码头三期工程是与大（大同）秦（秦皇岛）运煤专用铁路配套的国家重点项目，位于沙河口以西，距煤炭码头一、二期工程 2.5 千米处（中间有原油码头将煤三期和煤一、二期隔开）。建设 3.5 万吨级泊位两座和 10 万吨级泊位一座，主要负责接卸大秦铁路重载列车，设计年通过能力等于一期和二期工程的总和。这项工程按成套引进国外先进工艺设备来考虑，是高效率和高度机械化的煤炭专业码头。1984 年 7 月经国家计委正式批复，1989 年重载运行。

煤炭码头四期总投资人民币 16.7 亿元，是"八五、九五"阶段的国家重点工程，负责国内煤炭长途调运和出口煤炭运输工作。煤四期于 1993 年 4 月开工，1998 年投产，由秦港七公司运营，设计能力是每年 3000 万吨。建设两个 3.5 万吨级煤炭装船泊位、一个 10 万吨级泊位，概算投资人民币 8.48 亿元、外币 103.4 亿日元。煤四期成套设备采用国际招标，选定日本东棉商社，由三菱重工总承包。秦皇岛港在 20 世纪 80 年代以后先后使用了三批日元贷款，但由于日元大幅升值，使得还本付息的压力大增。

1986 年，秦皇岛港和山西省计委签订《关于山西省在秦皇岛港建设码头的协议书》；1987 年，与上海港、上海海运局合作组建秦申航线煤炭运输联合小组，搭建了秦申煤炭海运联合体。但是到 20 世纪 90 年代的中后期，秦皇岛港在市场化转轨的历程中出现了很大困难，吞吐量有所停滞甚至下降。从 1996 年开始，国内的煤炭市场行情不太景气，南方的电力、冶金等耗煤大户对调入的煤炭由要求数量变成要求质量。从秦皇岛港输出的煤炭质量不太满足标准，造成港口堆场存货爆满，煤炭自燃现象时有发生。这在很大程度上束缚了秦皇岛港的煤炭运量，使国家煤炭调运的大通道出现堵塞。秦皇岛港的煤炭吞吐量从 1996 年的 6548 万吨减到 1997 年的 6191 万吨。为此，秦皇岛港大力开展动力配煤，高效地利用煤炭资源，助力了本港煤炭运量的恢复和攀高。

三、铁路集疏运系统的全面扩展

实际上，自从贯彻执行周恩来总理关于"三年改变港口面貌"的指示后，秦皇岛港的运输生产就一直迅速增长，改革开放之后更是明显进入上升通道。1985年港口货物吞吐量完成4419.4万吨，比1972年提高8.6倍。长期以来，汽车集疏运在秦皇岛港的比重很小。1984年，铁路、管道、公路三种运输方式各自比重是：铁路72.7%，管道25.8%，而公路只占1.5%。

铁路是港口生存发展之前提，对秦皇岛港来讲，加紧铁路建设是有特殊意义的。国家在"六五"期间提出的铁路三条线（京山线及通坨线、京秦线和大秦线）对秦皇岛一港的建设（以下简称"三线对一港"），就是铁路与港口之间相互配套的大型基本建设工程。原有京山、通坨线与秦皇岛港的发展不相适应。京山（山海关）线铁路的前身是最早由清朝光绪年间始建的京津（天津）榆（山海关）铁路。1918年，开滦为发展秦皇岛港，请由京奉铁路局加修了唐（唐山）榆段铁路及秦皇岛绕线工程，形成了铁路与港口相联系的运输大通道，给秦皇岛口岸带来了繁荣。新中国成立以后，京山铁路运力已达到饱和程度，远远满足不了煤炭外运的需要，造成山西煤炭大量积压。

为缓解京山线铁路的运输压力和适应港口"三年大变样"以来的形势，铁道部开始在京山线靠北的通县至坨子头（滦县境内京山线上的坨子头车站）之间，修筑了通坨铁路，在坨子头站与京山线接轨，从而一度加强了京山线的运力。1984年，秦皇岛港煤炭输出量完成2229.7万吨，又给京山线（包括通坨线）造成新的压力。1984年4至9月间，铁路运输缺口更加扩大，国家采取应急措施，调用了多省的千余辆汽车从大同和雁北地区抢运煤炭300万吨，长途运到秦皇岛港，暂时缓解了紧张状况。

京秦铁路建设从1982年启动，到1985年12月开通。京秦铁路属于晋煤外运的主要路径，西起北京双桥，直达秦皇岛港的东港区煤炭一、二期码头。西向与先期完工的丰（丰台）沙（沙城）大（大同）电气化铁路连接。京秦铁路是我国引进外资采购先进设备建成的首个电气化复线铁路，其建成缓解了京山线压力。

大秦铁路则是与秦皇岛港煤炭码头三期匹配的项目，是晋煤东运的专用线路。1982年7月，在建设京秦铁路的同时，国务院领导在解决晋北煤炭外运过程中提出了进一步加强东西铁路干线建设的意见。经铁道部、交通部组织力量调查研究，决定大秦线铁路从大同始发，经延庆、怀柔直达秦皇岛柳村，与煤炭三期码头接轨。铁路按运煤专用线设计，年运量可达1亿吨，近期开行6000万吨，采用重载单元列车运输，一期概算40亿元左右。大秦铁路是我国第一条重载"长大列车线"，是国家"六五""七五"计划的重点项目，要求一期工程与秦港煤炭三期码头于1988年同步建成。此后，大秦铁路成了秦皇岛港煤炭运输最为倚重的集港线路。

集疏运系统的完善与否直接影响到港口腹地范围，特别是影响到远程腹地的划分。在几种常见的集疏运方式中，由于自然因素，包括秦皇岛在内的河北省港口基本没有内河水运。管道运输因其承运货种的特定范围而不会广泛使用，而河北省港口转运商品的类别和货值也基本否定了海空联运的可能。因此对于河北省港口的集疏运来讲，基本是考虑铁路与公路运输之间的比例安排。在秦皇岛港，明显依靠铁路集疏运，公路所占比重很小，而且较为拥挤，这就更加重了对铁路运输的依赖，但是因为受到种种限制，对铁路回空车皮的开发利用很不够。

在铁路"三线对一港"的建设实现后，大大缩短了秦皇岛港对晋北、内蒙古、宁夏、北京的时空距离，因而秦皇岛港背后的铁路运输水平是占据上风的。北方各个省、市、自治区的对外经贸主管部门大多在秦皇岛设立了办事机构，成立了许多专业公司。

四、原油、杂货及集装箱运输

在秦皇岛港原油码头建设计划中，一期两个泊位已于"三年大建港"时期建成投产，但由于我国石油部门的壮大，原油一期码头1000万吨的通过能力并不适应这一实际需要。原油一期码头自1976年至1984年，原油输出量基本稳定在800～1000万吨，1982年经秦皇岛港的原油输出量约占大庆原油产量的17%，原油码头的通过水平必须提高才能符合原油产地的输出需要。原油码头二期工程原是秦皇岛港在"三年改变港口面貌"时的主要计划项目之一。1975年4月交通部批复秦皇岛港要再建设一个5万吨级泊位，以增加原油码头的通过能力。但一段时间内，国家需要压缩缓建一些基建项目。1979年，国家开始实施经济调整时，原油二期码头成为缓建项目。后来在 1984 年 5 月恢复建设，12 月投产。这样，原油码头一、二期共建成 3 个泊位，年输出能力合计 1500 万吨，1985 年原油输出提高到 1321 万吨，其中外贸出口 382 万吨。后来，在大庆原油运量大幅度减少的形势下，成品油的吞吐量有所增加。

作为国家重点建设项目，秦皇岛港的现代化能源运输体系已经建立，但杂货的装卸运输仍然是薄弱环节，杂货泊位不足，压船现象严重。由于泊位紧张、航线不足，货源出现弃水走陆或转走其他港口现象。甲码头两个深水杂货泊位建成投产，使杂货运输有了相应的发展，1985 年杂货吞吐量完成 525 万吨，同 1975 年比较，增长了 15.32 倍。其中，甲码头完成 334 万吨，占杂货总吞吐量的 64%，主要以粮食、木材为主，其他还有化肥、糖、食品、水泥及五金等，反映了甲码头在杂货运输中发挥的重要作用。14 号泊位以散粮进口为主，15 号泊位以进口木材为主。

其实丙、丁码头建设方案，早在 1972 年开始建设原油码头和甲码头时就已提出，等到 1981 年才被列入"六五"建设规划，并经交通部呈报国家计委后获得批准。次年 10 月，国务院把这项工程列入"第二批日本海外协力基金贷款项目"。1983 年初，丙、丁码头工程开工，共建 6 个杂货泊位，总概算为 28797.77 万元人民币及 18693.55 百万日元。丙、丁码头在 1987～1989 年竣工。1997 年 8 月，戊、己杂货码头工程开工，2002 年简易投产，建成 1～2 万吨级泊位 3 个、3.5 万吨级泊位 2 个、5 万吨级泊位 2 个。

秦皇岛港于 1984 年开辟了集装箱业务，首船将 60 只集装箱运往香港，这在我国港口中属于较早起步的。1989 年，开行首条秦皇岛港到日本的集装箱直达航线。1992 年，秦皇岛港始发的首条远洋航线集装箱船"肖邦"号装载 54 标箱的蜂蜜，驶向波兰格丁尼亚港。改革开放以后，秦皇岛港的各种对外交往显著增加，这个时期结成友好港关系的国外港口包括日本苫小牧港、澳大利亚纽卡斯尔港、比利时根特港、意大利热那亚港、法国敦克尔刻港等。1998 年，秦皇岛港迎来一百周年纪念，成为百年大港，图 2-4 是一百周年纪念册。

图 2-4　秦皇岛港开港一百周年纪念册

资料来源：秦皇岛港务局。

第五节　河北省属港口

一、下放省属、体制改革与上市

从 2001 年开始，秦皇岛港成为亿吨大港，那年秦皇岛港的吞吐量在全国港口排名前五。2002 年，在全国港口管理体制改革中，交通部直属的秦皇岛港务局下放到河北省，同时改制成秦皇岛港务集团有限公司。围绕着秦皇岛港务集团公司，另外涵盖全资及控股企业，成立了秦皇岛港务集团。2002 年 9 月召开了河北省港航管理局暨秦皇岛港务集团有限公司、秦皇岛港务集团成立大会，交通部洪善祥副部长和河北省何少存副省长出席活动。此事意味着秦皇岛港正式实现政企分开，原来港务局的行政职能交由新成立的河北省港航管理局，而把秦皇岛港务集团公司打造成真正市场化的经营主体。

改制使秦皇岛港从以往的社会效益和普遍服务优先，变为以经济效益为准则，从经营管理方面改善港口绩效，增强港口的市场竞争力。按照《港口法》的相关原则，一城一港、一港一政是改革基准，全国的双重领导港口一般都是下放至所在城市署理。秦皇岛港的特殊性当时主要体现为两点，一是秦皇岛港原属于交通部直属的央企，二是秦皇岛市的规模体量较小、属于大港小城的情形。基于以上考虑，与全国绝大多数港口的体制改革不同，秦皇岛港由中央直属下放至省属，而不是市属，这是秦皇岛港管理体制改革的第一阶段。

在随后第二阶段，秦皇岛港务集团公司从国有独资调整成有限责任公司，产权方包括河北省建设投资公司、河北省燕山发展有限公司和秦皇岛市政府，形成港口产权多元化格局。2004 年 4 月，河北省政府举行秦皇岛港务集团公司产权重组与管理体制调整大会。同年 12 月，秦皇岛港务集团公司召开第一回股东会，以上三方股东参加，选举了集团公司的董事、监事。

2007 年 5 月，秦皇岛港引航站举行揭牌仪式，其渊源是原秦皇岛港引航公司。自 2006 年以来，全国各地都积极实施港口引航制度调整。按照"政企分开"要求，引航机构应该脱离原来的港口企业，建成一个从事公共服务的引航新体制。秦皇岛港引航站的成立，意味着秦皇岛港的引航事业向现代管理模式迈出了关键一步。

2008 年，秦皇岛港股份有限公司由主要发起人秦港集团与其他 9 名发起人共同成立，注册资本为人民币 42.75 亿元。2013 年 12 月 12 日，秦港股份在香港联交所主板正式上市，这是香港证券市场首个主营干散货运输的港口企业，在内地赴港上市的港口企业中排序第四（更早的是天津、青岛和厦门）。2017 年 8 月，秦皇岛港股份有限公司（股票简称：秦港股份，股票代码：601326.SH）在上海证券交易所主板挂牌上市。继 2013 年在港上市后，秦港股份回到内地的 A 股，这是河北省国有企业中同时构建 A + H 股平台的第一个。此次回归 A 股，秦港股份按照每股 2.34 元的价格发行了 5.58 亿股，共募集 12.4 亿元资金。所募集资金将紧紧围绕公司现有的港口主营业务进行投放，用于秦皇岛本港设备购置、秦皇岛港煤一期改造和黄骅港散货港区铁矿石码头一期。

二、主营业务增长——煤炭运输

目前，秦皇岛港的东港区主营能源业务，建成了业界领先的专业煤炭码头；西港区主营散杂货和集装箱业务，同样具有设施设备先进的优势。在国内各家港口里边，秦皇岛港具有很强的专业性，煤炭装卸占据港口吞吐量的绝对主体。"因煤而起、因煤而兴"的秦皇岛港长期是国内沿海煤炭下水港的首席。秦皇岛港的煤炭业务在以下多方面处于强项：自然条件优良，不冻不淤；空间区位适宜，背后的燕山让秦皇岛港消减了冰冻、淤积及风浪的影响；水域环境比较有利，船舶靠泊条件在环渤海港口中属于上乘。由于自然优势和专业化作业的高效率，选择与秦皇岛港合作对于船公司和货主来讲都是很有吸引力的，因为这提升了整个供应链的竞争力。特别是，秦皇岛港在煤炭货源的铁路集港方面具有领先水平，作为我国第一运煤干线，通行重载列车的大秦线以秦皇岛柳南站为终端，直接衔接着秦皇岛港的主力煤炭码头。

秦皇岛是国内首批沿海开放城市，秦皇岛港一直在我国能源供需战略和运输业的发展要求下，担负北煤南运的中枢。从体量比例来看，秦皇岛港曾经长期占据我国煤炭能源海铁联运的一半甚至更高，为东南沿海省市的经济发展、改革开放和社会稳定创造了有利条件，保障了经济安全；同时也带动了山西、陕西、内蒙古等主要煤炭生产省份的经济，助力了西部大开发战略。特别是在历次需要抢运电煤的应急任务中，作为煤炭转运老大哥的秦皇岛港总能凸显国家队本色，出色地完成煤炭运输任务。

2006 年 4 月，作为国家重点项目的秦皇岛港煤炭码头五期工程投产运营，年设计运能是 5000 万吨，这强化了秦皇岛港担当我国煤炭远距离调运中枢的角色。2004 年后，秦皇岛港相继建成的煤炭码头项目包括煤一期东扩、煤四期预留、煤四期扩容、煤五期新建等，累计增加了 8300 万吨的煤炭年下水容量，这也是与这些年大秦铁路运量增加相互匹配的。

2017 年，秦皇岛港的煤炭运量为 2.15 亿吨，同比增加了 5570 万吨，重夺第一大煤炭输出港的位置。2017 年秦皇岛港煤炭吞吐量恢复增长的背景，首先因为河北和天津的港口都禁止使用卡车来向港口运送煤炭，使得煤炭运输方式向铁路聚拢，采用铁路来集港运输的煤炭比例明显上升，于是不少煤炭又重新选择了大秦线和秦皇岛港的供应链条；其次是因为国家在 2017 年 7 月实施对于进口煤炭的限制规定，以内化国内煤炭产业去产能的效果，令一些对于进口煤炭的需求转到国内产品。尽管如此，近些年在国内沿海港口的煤炭下水市场，秦皇岛港的份额和地位总体上在下滑，表 2-6 显示的是大秦铁路运量和秦皇岛港煤炭吞吐量之比例关系，可以看出秦皇岛港市场地位的相对弱化。

表 2-6 大秦铁路与秦皇岛港煤炭运量对比

年份	大秦铁路煤炭运量（亿吨）	秦皇岛港煤炭运量（亿吨）	秦皇岛港所占比例（%）
2002	1.03	0.97	94.17
2003	1.21	1.09	90.08
2004	1.53	1.31	85.62
2005	2.03	1.45	71.43
2006	2.53	1.76	69.57
2007	3.03	2.13	70.30
2010	4.00	2.20	55.00
2011	4.40	2.53	57.50
2012	4.26	2.38	55.87
2013	4.45	2.38	53.48
2014	4.50	2.40	53.33
2015	3.97	2.22	55.92
2016	3.51	1.59	45.30
2017	4.32	2.15	49.77
2018	4.51	2.03	45.01

三、多元化努力

虽然长期以煤炭业务作为绝对主体，但秦皇岛港近些年也一直在努力谋求建设综合性大港，积极拓展铁矿石、杂货、集装箱业务板块，取得了一定的进展。先后完成了戊己码头、104 成品油码头及 304 矿石码头技改。秦皇岛港杂货运输迅速增加，液体化工、香蕉、大豆、玻璃、玉米、活牲畜等是主要货种。2007 年杂货运量 2388 万吨，是我国北方最大的活牲畜出口港。

秦皇岛港是秦皇岛本市临港产业天然的开放窗口，满足了当地的海运需求，促进了城市产业发展。例如，给首秦公司出口钢材和进口铁矿石，给山桥集团出口相关产品，给金海粮油公司运输大豆，给艾尔姆风能公司转运风电叶片等。此外，秦皇岛港注意强化与附近腹地区域的关联互动，努力扩大本港对腹地货源的经济价值，与承德等相邻城市建立了稳定的出海口伙伴关系。

近些年秦皇岛港的非煤货种占吞吐量的份额为 12% 到 17%，不过这些非煤货种之间的起伏不小。首先在油运体量方面的变化较大，秦皇岛港原来是大庆石油的下水输出港，但后来这个规模大幅减少，历史顶峰是 1990 年时的 1285 万吨，而到 2014 年则只有 766.92 万吨运量，并且定位变成服务于海洋石油的转运。在金属矿石的吞吐量变化方面，顶峰是 2009 年的 1901 万吨，之后便趋于下降，基本上是面向当地客户。集装箱的总运量规模小，即便在集装箱运输普遍不发达的河北省三港中也处在第三的位置，服务范围局限在当地。粮食吞吐量基本稳定于每年 200~300 万吨，不过粮食运输的具体业务与以前有很大区别，从服务于我国东北和当地的粮食出海改成面向当地的临港粮油加工需求。

近年来，秦皇岛港充分把握"一带一路"倡议背景，促进了外贸业务快速兴起。2017 年接卸 251.28 万吨入境粮食，包括 215.08 万吨大豆，使粮食在秦港杂货运输中稳居第一。再加上前述的服务于本地企业的桥梁钢构、风电叶片、钢管等出口货物亦有所增加，与地方经济的互动水平有所提高。除了这些新货种，秦皇岛港仍然保持了在部分外贸杂货品类上的原有优势，例如，化肥、植物油、活牲畜、饲料等。特别是注意发挥保税库的平台作用，将之打造成了外贸杂货运输的亮点。

1984 年，秦皇岛港开始集装箱运输，这一年只完成了 120 标箱。专门的集装箱合资公司在 1994 年组建，使用 10 号泊位装卸集装箱货物，然而吞吐量一直很少，到 2001 年才达到 1 万标箱。在 2003 年结束了合资阶段之后，秦皇岛港的集装箱运量有了起色，2003 年实现 5.4 万标箱，2005 年突破 10 万标箱，2007 年达到 30 万标箱，而且和当时的中海集团等成立新港湾集装箱码头有限公司，开启了秦港集装箱业务的新里程。

2004 年前，秦皇岛港集装箱运输仅仅是在西港区丙码头的 10 号泊位，设计能力为每年 10 万标箱，然而因为专用堆场等配套设施制约，可达到的集装箱运能只有每年约 5 万标箱。2004 ~ 2005 年戊己码头的 24 号、25 号泊位作为集装箱专用泊位投产后，集装箱运输环境改观。但是由于秦皇岛港腹地的适箱货源生成量有限，抑制了集装箱运输规模扩大。2017 年，秦皇岛港集装箱运量完成 55.9 万标箱，在本省最低。

四、体量收缩控制

从 20 世纪 70 年代到 90 年代中期，秦皇岛港在国内港口里边长期位列前三名，在河北省内则完全是领军角色。但是因为港口整体定位的约束，秦皇岛港的运输货种对煤炭的依赖太大，使得近些年的发展势头较为缓慢。单一化的货种结构限制了长期发展，影响了秦皇岛港朝着货种多样性大港提升，而且引致了运营风险的增大。于是近些年在全国港口都在竞相发展的大格局下，秦皇岛港遇到不少困难，面临的港际竞争也较为激烈，在国内沿海港口的排名明显后退，吞吐量从 1995 年之第 2 名滑到 2014 年之第 11 名，再到 2016 年的第 20 名。于河北省内，唐山港的两个港区和黄骅港陆续超过了秦皇岛港的年度吞吐量，而且黄骅港 2016 年一度替代了秦皇岛港"中国最大煤炭港口"的位置。秦皇岛港的体量收缩控制、排名大幅下滑，主要有以下原因：

第一，市场化程度低。秦皇岛港曾是交通部唯一没有下放的直属港，未及时从长期计划经济体制中解脱出来，习惯于遵循多年来计划经济体制下被动的管理理念，固守"等、靠、要"的运作方式，没有完全顺应市场经济的情势。"港老大""唯我独尊"的意识在部分员工中根深蒂固，造成部分货源流失。秦皇岛港以往所承担的煤炭运输基本为国家计划内煤炭，无论是港口装卸费还是船舶运费都大大低于计划外煤炭收费，这就使得各海运公司对这部分煤炭的承运积极性不高，造成船舶运力流失，如部分运力改去天津等其他港口承担计划外煤炭运输。

秦皇岛当地很多人则存在着"港务局直属中央，与地方关系不大"的想法，没有把秦皇岛港当成自己的港口来对待。

第二，受到铁路运输体制的牵碍。由于改革进程的严重滞后，我国铁路行业存在一定垄断现象，市场化程度很低。基本上是计划体制遗存的铁路部门，在运力分配上并不是由市场决定，而是由铁路来制订计划，煤炭的铁路集港缺乏市场灵敏性。大秦线根据煤炭市场的动态变化做出调整的灵活性不强，容易出现阶段性的压港情况。由于铁路发运煤炭一般并不是面向各地的煤炭经营机构，所以对煤炭市场情况并不熟悉，适应性调整缓慢。例如，有时在煤炭市场需求已经趋于平淡的情况下，铁路还在以年度计划大量运输煤炭，就很可能出现大秦线和秦皇岛港的煤炭运输节奏不协调。

第三，煤炭能源的需求减弱。和国产煤炭比较的话，进口煤炭的优势主要体现在费用、质量、运距等方面。前几年，国内南方一些省份大量选用进口煤炭。各种煤炭替代能源（水电、核电及新能源）不断崛起，长距离特高压输电，采集可燃冰和页岩油气，铁路长途直接运送煤炭等因素，均是秦皇岛港煤炭业务的负面因素。

第四，直接腹地城市的货源支撑不足。在港口城市之中，秦皇岛市的港城关系具有双边不平衡发展、关联度低等特点。秦皇岛港具有比较明显的政策性和公益性特征，港口定位主要是旨在满足全国煤炭供应大局，秦皇岛的长期发展几乎均面向煤炭运输，导致综合商贸活动不够活跃，抑制了港城互动中的产业耦合水平。特别地，煤炭资源在秦皇岛港基本上仅是简单通过，未与秦皇岛的城市经济产生广泛关联，因此煤炭运输的经济意义和动能肯定不如杂货、集装箱运输。主要因为前期的工业化水平问题，秦皇岛市的临港产业体量不够壮大，难以构建大型产业综合体，港口与城市产业间相互带动性不强。秦皇岛港的腹地经济相对封闭，重点经济活动是农副产品加工及当地资源的加工，工农业的产品层级和技术水平均较低，外向型部门所占比例小，可以充分支撑港口扩张的当地货源不足。秦皇岛市的工业基础相对单薄、商业活力不是很强，外贸规模偏小，难以给秦皇岛港的杂货和集装箱运输业务以坚实的本土支持。

第五，港城之间空间及环境关系的冲突。秦皇岛是依托港口建城的，被称为港城，两者具有较强的共生关系。由于港口体量的扩张和城市化的推进，使港城双方直接竞争各自空间，港城之间呈现出越来越多的不适应。秦皇岛港耗费了作为主城区的海港区大量海岸线，挤占了临港产业的用地需求，也严重干扰了城建架构和品质，货运码头对城区海岸线的占用导致当地社区居民并不能享受到亲海的生活。基于城市规划视角，海港区的岸线及附近地带由港口占用后，港口业务、煤炭集疏运、临港工业及各类生活性服务业聚居一体，相互间缺少划分和区隔。从主城区平面穿行的集疏港铁路线严重割裂了城市空间组织，给城市建设和城市交通带来了很大的负面影响，扰乱了秦皇岛市的空间安排及布局演进。秦皇岛港的首要货种是煤炭，占据绝大多数本港吞吐量份额，但煤炭在集港、储运和装卸中必然会对海洋和空气造成污染，与煤炭运输相关的粉尘生成量大概为秦皇岛市粉尘总排放量的 30% 多。总之，与秦皇岛港有关的环境污染愈发和秦皇岛的城市定位存在冲突。

主要出于港城矛盾等多因素的考虑，在以城定港的原则下，河北省已经基本确定了将秦皇岛港的煤炭运能逐步搬迁到唐山港曹妃甸港区，为此需要在码头建设、配套铁路线路、职工调配、上下游产业链重组等方面做很多工作。2019 年 2 月，秦港股份、大同煤矿集团及曹妃甸港集团签署协议，将要成立合资公司（三方的股比为 59∶40∶1）来负责曹妃甸港区煤炭码头六期和七期工程。这两期工程均为每年 5000 万吨的运输能力，共拟建 10 个专业化泊位。

五、西港搬迁

秦皇岛港包括东、西两个港区，分界线是新开河。西港区在秦皇岛市海港区的南向沿海，吞吐量并不高，可扩充的空间基本没有，却给生态环境和城市交通治理带来很大困难。西港区占据了秦皇岛城区 4.55 千米海岸，阻碍市民与大海的生活交集。虽然说秦皇岛港对所在城市一直有很大的付出，例如，1983 ~ 2002 年，秦皇岛港从装卸的每吨货物中计提 1 元的港建费，专门用到城市基础设施，合计 12.7 亿元，但是老旧港区还是对城市环境改善有很大制约。

伴随着全球性的产业结构调整，城市产业重心从制造业转向服务业，港口也加速从城市中心地段迁出。城市发展必须得到空间的支撑，废弃港区往往因为处在城市中心区的特点而适合在城市更新的框架下进行再开发。2008年，秦皇岛港初步构想"西港东迁"规划，谋划将西港区的业务东迁，并推动西港区综合改造。

2013年4月，《秦皇岛港西港搬迁改造方案》经河北省委常委会研究确定。根据该搬迁方案，秦皇岛港西港区的煤炭业务停止，并把集装箱和杂货运营都挪移至东部的新港区。该方案的实施拟定在2020年前结束，实现对主城区海岸线的用途变更。搬迁方案指出，将对西港区及附近区域进行规划设计，统筹展开改造工作，建设涵盖滨海旅游、海景住宅、总部经济等多种业态的新城区。将发挥原来货运码头的平台作用，布局国际邮轮母港及游艇码头，培育滨海观光休闲业和相关俱乐部。从时序来看，将按照西港区关停、新港区施工、滨海新城区建成、构建临港产业集群这四个阶段稳步推进，这就使秦皇岛的港城关系进入协同共进的新境况。

秦皇岛西港搬迁是河北省加快沿海经济带发展、调整经济空间布局、提升省域港口能级的整体安排，是秦皇岛市优化港城互动、提升城市环境、发展高端产业的必然选项。这一搬迁计划不但会缓解秦皇岛市区的粉尘影响，还能使原来港口使用的岸线资源重回公共空间。秦皇岛港西港区中止煤炭运输之后，会从煤炭码头五期至沙河口之间的岸线布局非煤的综合性新港区。

对此，河北省及秦皇岛市的有关部门、河北港口集团协同推进，已经完成了港口及集疏运设施的规划设计，制订了西港区综合开发方案和东扩港区的建设方案，已经中止了西港区的煤运。2014年8月，河北省发展和改革委批准了秦皇岛港150航道项目，这是秦皇岛港西港搬迁计划的一大进展。这个项目基于目前的10万吨级航道，建成可以实现20万吨级散货船乘潮单向进出港的水平，而且这样还可以提供秦皇岛西港搬迁填海的土方。2016年8月，河北港口集团、秦皇岛市、北京北控置业公司和中豪金山公司达成合作协议，各方同意将共同推进秦皇岛港西港搬迁改造。

第 三 章

唐山港京唐港区发展史

唐山港京唐港区兴建于 1989 年，地方港口的性质决定其在起步期会面临诸多困难。坚强的内生增长动力和高度市场化的路径选择促成了该港区的成就，最为缺乏"名分"的港区诞生了河北省首家港口类上市公司。在一度游离于国家规划和高层扶持之外的情况下起飞，再一次宣示了市场机制的神奇，地主港模式、装卸倒运协力机制等民营化探索都值得深入剖析。

第一节　"北方大港"自发起步

一、"北方大港"的历史渊源

1860 年的《北京条约》之后，天津成为对外通商口岸。天津开埠以后，唐山也就成为天津港的直接腹地，促进了唐山经济结构的变迁及向近代社会的转型。天津港出口贸易的辐射力也不容忽视。尽管当时天津港与腹地之间集疏运的手段方式落后，但是腹地的出口商品还是从数量较少、品种单调向不断增长发展。唐山范围内出产的土特产品成为天津港重要的农产品贸易品类。开平煤炭在1885 年和 1890 年经由天津港出口的数量分别是 17864 吨和 47243 吨，5 年间增长幅度为 265%。

1894 年 7 月，孙中山来到唐山，考察了当时的开平煤矿和铁路工厂。孙中山第二次到唐山是在 1912 年 9 月考察唐山的交通和工业，这时中山先生已经离任中华民国临时大总统，只留任铁路总监和全国铁路名誉会长。孙中山首先视察了唐山铁路机车工厂（现在的中车集团唐山机车车辆有限公司），还视察了当时的交通部唐山铁路学校、启新洋灰公司及开滦矿务局。

1919 年，孙中山完成了《实业计划》的写作和发表，并与另外的《孙文学说》及《民权初步》共同组成了巨著《建国方略》。其中，《建国方略》第二部分"物质建设"即为《实业计划》，最初乃用英语写就。这是孙中山详细考察全国各地资源后，为他所深深热爱的祖国构想的长期建设愿景。他之所以用英文撰写此书，是为了筹措建设资金，希望外国以资金投入资源开发。

《实业计划》由六大部分构成：第一，筑北方大港于直隶湾中；建设铁路系统，起自北方大港，迄中国西北极端；开浚运河，以联络中国北部中部通渠及北方大港；开掘山西省的矿产资源，开办制铁工厂等。第二，东方大港的修建；建设内河商埠；整治扬子江水路及河岸；改良扬子江现存水路及运河；创建大水泥厂。第三，将南方大港定位于广州，并进行改良；改良广州水路系统；建设中国西南铁路系统；建设沿海商埠及渔业港；创立造船厂。第四，建筑中央铁路系统；东南铁路系统的建筑；东北铁路系统的建筑；扩张西北铁路系统；建筑高原铁路系统。第五，粮食工业；衣服工业；居室工业；行动工业；印刷工业。第六，铁矿、煤矿、油矿、铜矿、特种矿之采取；矿业机器之制造等。

孙中山先生想用定位于物质建设之实业计划来振兴中国经济。孙中山基于对唐山的考察认识，在《实业计划》中第一计划的第一部分便率先提出了在乐亭县王滩附近兴建北方大港，详细论证了在这里建港的价值和可操作空间。孙中山对建设"北方大港"的构想，论说精细，论据充分。

1929 年 6 月起，李书田副主任带领北方大港筹备处的相关工作人员在乐亭县沿海展开实地踏勘。7 月 2 日，李书田副主任一行到大清河口及以东，视察"北方大港"拟建地的各方面自然条件，并考察国际贸易商品流向、建港工程材料的供应和运河、铁路等港口集疏运设施的线路走向等。随后，详细调查自然和人文方面的影响，集纳资料，开展论证，遂基本谋划了建设方案。7 月 30 日，筹备处人员完成建港勘察，李书田副主任等完成了《北方大港之现状及初步计划》，对孙中山先生设想中的"北方大港"建设，从区位选址、运输条件、地理环境、发展规划、财务预算、经济社会效益等方面，分别进行了论析。分为上下两卷的《北方大港之现状及初步计划》有数万字，安排了详细的建港方案。计划通过三期建设完成，打造世界一等大港。1929 年 9 月，《华北水利月刊》（华北水利委员会主办）的第二卷第九期出版《北方大港》专号，封面如图 3 - 1 所示，引发各方广泛关注。该书得到了当时国内外业内人士的高度赞赏，认定其将助力开发华北乃至全国经济发展。

图 3 - 1 《华北水利月刊》北方大港专号

根据筹备处在 1929 年 9 月上报之《北方大港全部建筑工费详细估计》测算显示：第一期为港务之开辟及联络铁路与运河之修筑，所需工费为 2200 万元；第二期为港务之扩充，所需工费为 1820 万元；第三期为港务之完成，所需工费为 1750 万元；总计 5770 万元。当期的国民政府正忙于各种战事，财政支出主要用于军费，很难投入巨额资金到北方大港的建设之中。所以出于战乱频仍、财力匮乏等原因，李书田等筹备人员积极实践的"北方大港"项目被缓建。于是，孙中山最早谋划、筹备处的相关人员详细拟订工作方案的北方大港建设，被无期限地搁置了。

二、建港的前期工作

20 世纪 70 年代，逐渐浮出了从"钢"到"港"的构想。1974 年，冶金工业部设立唐山矿山建设指挥部，负责筹划开发冀东的铁矿资源，并产生在冀东布局钢铁工业基地的想法。1976 年，中科院地理所在国家计委的委托下，研究了冀东工业基地的发展和布局问题，给出了冀东钢铁厂的若干备选方案。冀东铁矿的富集程度在国内居前，开发价值较大。只是冀东铁矿石的压力系数偏低，不能单独满足大型高炉的冶炼要求，需要进口部分矿石作配料，这就必然提出建设港口以便利于矿石进口。由于在 1974～1977 年的这段时间里，关于冀东钢铁厂的设想一直是处在前期的调查研究之中，所以建设港口的问题也未能提上议事日程。

在国家经济的宏观背景下，建设冀东钢铁厂及港口又得到重视。1978 年，交通部第一航务工程勘察设计院（以下简称中交一航院）约聘南京大学地理系在乐亭县王滩展开动力地貌研究。1979 年 9 月，国家建设委员会主持商议冀东钢铁厂布局，并在王滩做了桩基测试，显示出王滩的地质条件比上海宝山要强，从而相应地支撑在王滩建设大型港口的可行性。中交一航院于 1980 年在王滩设立观测站，以便于实地监测和累积科学素材。但实际上，1978 年底，上海宝钢基地业已动工兴建。1979 年 4 月，中央会议决定按照"调整、改革、整顿、提高"的原则调控宏观经济。在这种情况下，唐山钢铁基地和港口的建设再一次搁置。

1982～1984 年，国家计划委员会组织研究京津唐地区的国土规划，明确指出要将生产力布局朝沿海地区推动，重点发展冀东地区，提出在王滩建设港口、钢铁企业及滨海城市。《京津唐国土规划纲要》中提到："王滩应当被建设为综合性港口工业区之一。"这项有 600 多名专家学者参加，历时 3 年的大型综合性调查研究项目，其中为唐山市的发展勾勒出一个总体发展轮廓。其发展路径不再是单纯的以"钢"带"港"，而是从整体性国土开发安排和区域经济协调的角度来谋划的，这里面明确提出了在王滩建设港口和临港工业城市的设想。

1983 年 5 月 16 日，中共唐山市委召开大会，宣布经国务院批准，撤销地区行政公署，改为市管县，秦皇岛另设地级市。在这种形势下，唐山建港成了迫切需要，近百年来的"北方大港"夙愿即将成为现实。

1984 年春，国家有关部门在唐山召开冶金问题专题会议，与会专家建议，唐山应该为建设王滩大港和钢铁基地抓紧勘测、修路等前期工作。4 月，唐山市成立了陆海联合建港筹备小组，参加单位有开滦矿务局、唐山钢铁公司、滦南县和乐亭县，由唐山市政府协作办副主任崔抚礼牵头，开始谋划建港工作。

1984 年 5 月，在六届全国人大二次会议上，全国人大代表、唐山市长杜静波和同为唐山全国人大代表的秦志新等联名提出了"在唐山市乐亭县王滩建设港口"的 0632 号建议，论述了建设王滩港能够加速滨海地区的开发，并为唐山市打通出海口，建议把王滩港的建设列入国家"七五"计划。全国人大将建议转交通部，交通部为此进行了认真研究，并于 9 月 19 日做出了答复："在王滩建港，必须先做可行性研究，纳入省、市发展规划。建设资金可采取多渠道筹集的方法，本着谁建、谁管、谁受益的原则，既可以由地方筹资建港，也可以由企业建专用码头。在建港技术上若需帮助，我们将积极协助。"交通部的答复文件对唐山市在王滩建港，既表示支持和积极协助，又做了具体的重要指示，实事求是地指明了建港方向。

1984 年 6 月，岳岐峰调任中共唐山市委书记，港口建设正式提上市委、市政府的议事日程。岳岐峰发现，作为资源丰富的重工业城市的唐山存在明显不足，那就是近 200 千米海岸线都是封闭的，尽管有少量小型渔港，但没有能担负开放窗口作用的真正出海口。岳岐峰在会议上强调，王滩港口和坨王铁路建设要从舆论阶段跳出来，进行项目的前期准备工作，不能光是纸上谈兵，要做点实际工作，并动员大厂企和乐亭、滦南两县参加海港工程的筹建。王滩地处滦河及大清河两个河流入海口之间，离孙中山规划设计的北方大港只有几千米，新的选址稍稍朝东移动是为了规避大清河淡水结冰风险。

前进的阻力不仅仅来自外部环境，同时也来自人们自身的观念。那时，唐山市的震后重建虽大致结束，然而基础设施建设任务仍然很重，需要大笔资金。于是就有了不同意见："城市建设资金这么紧张，还搞什么十年、八年见不到效益的港口，这等于把大把的钱扔到大海里去了。"市领导刘善祥坚定地认为："不打开海上通道，唐山经济就难以取得长足的发展。今天建港不仅仅是为了眼前利益，而是为了下个世纪打下坚实基础，今天宁可牺牲一些市政项目不上，也要集中财力建港。"身为典型资源型城市的唐山，若要追求经济可持续发展，只有加大开放力度，奉行以港兴市，促进沿海开发，带动大批临港产业的兴起。从长远来看，必须要用"蓝色"思路改写煤都历史。

1984 年 8 月，胡耀邦同志到唐山视察。在听取汇报中谈到唐山矿产丰富和土特产运输现状时指出："唐山地区这么长的海岸线，这里的条件又这么好，要搞海上运输，要建小港。"岳岐峰当即表示是要建小港。1984 年 11 月，唐山市正式决定在王滩建设港口，组建了由副市长王大名负责的建港筹备小组，开始前期筹备工作。港口筹备小组由开滦矿务局、唐山机车车辆厂、唐山钢铁公司、滦南县、乐亭县政府派人参加，市财政拨款两万元专项经费。由于工作进行中遇到了资金困难，开滦矿务局、唐山钢铁公司等企业先后退出。港口筹备小组委托中交一航院起草了《王滩港项目建议书》。这一建议书得到国家计委国土局方磊局长的重视，特别拨款十万元用于王滩港前期开发工作。唐山市计委正是使用这笔经费委托建设部城市建设规划院编制了《王滩港口及王滩开发初步规划》，为港口建设提供了一个基础性的可操作平台。

1985 年 2 月 8 日，唐山市政府以"市政发〔1985〕23 号文件"向河北省政府上报了《唐山市人民政府关于综合开发乐亭县王滩港口的请示》，请示提出：为贯彻落实十二大提出的翻两番的奋斗目标，实现京津唐地区国土规划方案，加快我市的经济建设，拟在王滩建设一个小型港口，以解决我市同国内外的物资交流问题，适应对外开放的形势，同时也为今后大规模地开发王滩建设大港做好前期准备。京津唐地区国土规划显示，王滩港口的建设内容是：共建泊位 34 个，其中：1 个 10 万吨级泊位，18 个万吨级泊位，15 个（5000 吨级）泊位及港作船码头等，需投资 13 亿元。另外需建 72 千米的铁路。

按照上述规划，计划先建 5000 吨级泊位 3 个，其中煤码头 2 个，杂货码头 1 个，预计年吞吐量为 300 万吨。计划投资 14800 万元，其中码头投资为 11900 万元，货场及其他设施 2900 万元。为了解决陆上运输，需建铁路（坨子头至王滩）72 千米，投资 11700 万元，其中铁路投资 5518 万元，机车及车辆 2200 万元，其他附属设施 2582 万元，征地费 1400 万元。以上两项共需投资 26500 万元。当时认为，对于王滩港口的开发利用，效益是多方面的：首先实现了孙中山先生的遗愿，使国内外的爱国人士和侨胞受到鼓舞，将产生良好的政治影响；在经济上为京津唐地区及华北地区的经济交流，发展内外贸易，开辟一个新的海上通道，促进京津唐、华北地区的发展；为海洋开发增加一个新基地，使工业布局和沿海开发更趋合理。

1985 年 9 月，岳岐峰主持召开市委常委会议，听取了关于王滩港口筹建工作的汇报。会议认为，市委、市政府提出在王滩建港 10 个月以来，筹建组做了大量的工作，进行了初步的可行性研究，要继续抓紧工作。根据王滩建港可行性报告修改意见，在不增加投资的前提下，可将拟建的 5000 吨级泊位改为建万吨级泊位，以更好地适应航运市场的发展形势。

1986 年 3 月，河北省计委批准把王滩港口两个万吨级泊位及其配套的坨王铁路列入"七五"前期工作项目，这就意味着王滩港起步工程立项。1986 年 4 月，在唐山市第八届人民代表大会第四次会议上，市长张景成在报告中讲到"七五"期间的投资原则时指出，王滩港口工业区的开发要做好可行性研究，积极准备条件，设想以港口为依托，重点发展钢铁、电力、建材和煤化工等，逐步把王滩建成综合性港口。就这样，关于王滩港的建设最终完成了战略决策。

1986 年 10 月 14 日，河北省港口建设领导小组举行第一次工作会议。明确提出全省有 487.3 千米海岸线，却没有一个由本省管理的、规模较大的对外港口，这对全省经济发展十分不利。这次会议对加快王滩港建设是一次促进。直接导致唐山市于 1987 年 1 月 12 日，同意建立唐山市王滩港口筹建处。这较之王滩港口筹建小组和市计委下面的王滩港口筹建处，都更为名正言顺。

1986 年 11 月，《王滩港口初步可行性研究报告》论证会在唐山召开。国家计委交通局、国土局、综合运输研究所，铁道部计划局、规划院、铁三院，华能精煤公司，交通部水运规划设计院、天津水科所，水利部南京水利科学研究院、交通部第一航务工程局、中交一航院、北京铁路局天津分局等 16 个单位的领导和专家参加论证会。首先听取了铁三院、河北省水规院对坨王铁路、王滩港口所做可行性研究的介绍，从原来 5000 吨级方案提出了扩建为 1 万吨级的新方案，并对主要依据进行了科学论证。指出坨王铁路与国铁的京山线、京秦线接轨后，年运输能力可达到 1000 万吨以上。会议在唐山建港的必要性方面达成了共识，认为王滩是优秀的建港良址。坨王铁路和王滩港口的可行性研究报告得到一致认可，认为已经达到立项要求。

1988 年 3 月，唐山市被国家新增为对外开放城市，市领导对建港的认识趋向统一。4 月 1 日，唐山市传达了河北省对外开放会议精神，市长陈立友指出：唐山实施沿海经济发展战略并非短期方针，而是长期导向，唐山各项工作均应服务于、服从于这个发展战略。这体现了唐山市委、市政府实施沿海经济发展战略，把王滩港的建设列为重点工程的决心。

坨港铁路是王滩港建设最重要的配套工程。它的作用一是为港口建设运输原材物料，二是港口投入使用后作为连接腹地的物流通道。鉴于当时唐山资金紧张、人才缺乏的状况，为加强横向联合，充分发挥地方政府和国家铁路两个积极性，唐山市按照"积极支持，友好协作，平等互利，合情合理"的原则，从 1985 年开始同北京铁路局进行坨港铁路联建、联营事宜的协商工作。早在坨港铁路的启动过程中，1984 年 8 月新华社记者在《内参》中通报唐山拟建坨子头至王滩地方铁路。这篇《内参》得到时任国务院副总理李鹏的重视，他批示铁路部门以收回的旧钢轨无偿支援唐山。这正是唐山市与北京铁路局签署共建坨王铁路协议的前提。

1987 年 1 月，唐山市和北京铁路局就坨王铁路达成正式协议。7 月 20 日，河北省政府批复同意唐山市与北京铁路局的联营协议。12 月初，联营双方派员成立了唐山市坨王铁路建设指挥部，启动了修建铁路的各项工作。1988 年 1 月 17 日，唐山市政府发布《唐山市人民政府关于成立唐山市坨王铁路建设指挥部的通知》，任命王运成为总指挥。指挥部内设 6 个科室，办公地点设在滦县火车站南商业服务楼院内。铁路指挥部组建以后，经过 3 个多月的紧张准备，于 1988

年 4 月 1 日正式动工，施工单位是铁道部第十八局二处和第十六局五处。唐山市坨港铁路建设指挥部周密计划，科学安排，精心组织，积极协调解决建设中的各种问题。

坨王铁路于 1990 年 3 月 17 日实现全线铺通，而且从那年的 10 月开始运送建港所需材料。1992 年 11 月 28 日，唐山坨港铁路正式运营①。坨港铁路北起国铁滦西站（原坨子头站），由北而南依次通过菱角山站、滦南站、乐亭站，至海港站为其终点，在二排干渠西侧约 400 米处与该干渠相平行伸入海岸。正线长度为 77.3 千米，先后跨越滦县②、滦南、乐亭三县。坨港铁路是当时河北省 12 条地方铁路中唯一和国铁联建联营的，也是省内唯一不需通过交接站而直接从国铁车站使用中穿引入方式接轨的地方铁路。

坨港铁路与国铁共建、共营，缓解了一些压力，但其他方面的资金缺口依然很大③。唐山市为解决所需资金问题有过多种考虑和行动。决策者们在与社会各界广泛探讨如何突破资金"瓶颈"制约时，得知冀东水泥厂已达试产期，应正式列入预算管理。按照当时该厂的经营水平，正式投产后年利润在亿元以上。以当时财政分成比例，大体是省、市各半。如进入预算，省市可以增加一些收入，但都对全局产生不了多大影响；如采用变通方法，将此笔资金推迟进入预算，除留出一定比例留作冀东水泥厂筹建第二条生产线外，其余转作建设港口和集疏港铁路的专项资金，则可对路、港建设的起步阶段工作起到决定性作用，但此办法必须经过省里批准方可实行。1987 年 10 月，中共十三大在北京召开，省委和省政府的主要领导都在会上。时为中共十三大代表的唐山市委书记刘善祥抓住这个时机，反复向省领导请示汇报解决王滩港建设资金的新建议，终于得到应允，并要求尽快开工。刘善祥将这一情况写信告诉在唐山主持工作的市委副书记陈立

---

① 该条铁路在各个历史阶段的称呼先后包括：坨王、坨港、滦港、唐港。

② 2018 年改为滦州市。

③ 1984 年 12 月，国家计委、财政部、建行联合颁发了《关于国家预算内基本建设投资全部由拨款改为贷款的暂行规定》，决定从 1985 年起，凡是由国家预算内安排的基建投资全部实行"拨改贷"。这一规定的下达，从源头上切断了国有企业固定资产投资无偿拨款的资金供应渠道，河北省必须把有限的资金用到重点项目上，重点又已经确定在黄骅建设港口输送神木的煤炭。因此，王滩港建设要得到省里资金的支持十分困难。

友，陈立友迅即召开会议，研究确定了具体的行动方案，抢抓先机。这项政策在省财政厅的支持下顺利实施。

河北省的支持虽然解决了资金方面的很大问题，剩余缺口还得多方面想办法筹措。其中就包括唐山港口筹建处在前期工作中积极谋划利用外资。1988 年 6 月 10 日，河北省政府在北京人民大会堂举行新闻发布会，广泛招商，取得了较好的舆论效果。获知澳大利亚政府对中国有 3 亿美元的政府贷款额度后，唐山方面联系到澳大利亚驻中国大使馆公使衔参赞杜若斌先生，洽谈使用该国贷款引进港口装备（拖轮），利用了澳大利亚政府贷款。另外，经过唐山市领导的努力，省政府又批准了市能源基金留成作为港口建设基金。

1987 年 4 月，中交一航院编制完成的《河北省王滩港总体规划报告》，对王滩港的发展做出了较为详细的规划。一期工程规划 8 个泊位，其中 6 个泊位的吞吐能力可达到 431 万吨/年。另两个泊位为预留泊位，泊位全长 1442 米。起步工程建设两个泊位，万吨级杂货和散货通用泊位各 1 个，运能为 150 万吨/年。规划港口的区域布置形式由南向北形成"黑、白、灰"逐渐过渡，这样方便管理，亦有利于港区环境保护。根据王滩经济开发区的总规，占地面积约 40 平方千米，以二排干渠为界，西侧为城市居住区，东侧为钢厂、电厂和水泥厂等重工业区，北部为污染较小的轻工业区。

王滩港一期工程 8 个泊位规划全港定员、建筑面积如表 3 – 1 所示。

表 3 – 1　一期工程规划定员及建筑面积

职工总数 （人）	生活区人数 （人）	生活区住户 （户）	生活区建筑面积 （万平方米）	生活区占地面积 （万平方米）
6200	18800	4600	15	94

资料来源：唐山市档案局. 唐山港京唐港区史（1984～2008）［M］. 北京：中国档案出版社，2009.

港口平面布置为"挖入式"，进港航道有东西挡沙堤掩护。7 号、8 号泊位按两个万吨级泊位先行建设作为起步工程，即 1 个杂货泊位，1 个通用散货泊位。为使投资省、见效快，考虑码头建成后，可先按两个 5000 吨级泊位投产，即港池、航道水深暂按 5000 吨级船舶通航要求开挖，以后逐渐形成万吨级泊位的能力。双堤环抱斜坡式挡沙堤全长 2190 米，东堤 1590 米，西堤 600 米，坡面及顶部分别铺设 2 吨和 2.5 吨重的四脚空心方块。港口建设的主要技术经济指标为：起步工程总投资 9987.50 万元，企业内部收益率 7.5%，投资回收期 12.27 年（包括 2.5 年施工期）。

综上所述，唐山市对建设王滩港有一个认识逐步提高的过程。从 20 世纪 70 年代后期由"钢"想到"港"，到 20 世纪 80 年代初从京津唐国土开发规划想到港，基本上是依靠国家安排。即使到了唐山市正式启动建港乃至"七五"规划时期，也还是以开发唐山本地资源为出发点考虑，建设小型港口。直至 20 世纪 80 年代末，唐山才完成了跳出唐山看世界，将建港的战略意图定位在扩大开放、融入世界、振兴沿海，这在认识上是一个质的飞跃。

三、动工兴建

王滩港位于唐山市乐亭县王滩镇的南部，海上东距秦皇岛港 64 海里，西距天津港 70 海里，陆上距北京市 240 千米。王滩港位于环渤海经济带的中心位置，内陆腹地辽阔，本地物产货源充足。作为直接经济腹地的唐山是我国能源和原材料生产基地，外运货源丰富，每年有大量煤炭、钢铁、水泥、陶瓷、原盐和农副产品行销国内外。间接经济腹地包括河北、北京、山西、宁夏、内蒙古和陕西等地。王滩宜建港海岸线长，不冻不淤。港口后方陆域开阔，地质条件良好，港口和临港工业的建设可以不占良田、不用拆迁，港口陆域有 100 多平方千米盐碱荒滩能够利用，具有培育开放型临港工业的地理优势。

1988 年 11 月，市长陈立友主持召开会议，决定将港口筹建初期暂定的名称"王滩港"，正式定名为唐山港。会议指出，唐山港建设是本市一项具有战略意义的重点工程，无论是对外开放、发展地方经济，还是促进南北物资交流都至关重要。会议强调，唐山港建设资金十分紧张，必须精打细算，节约各项开支，保证港口简易开通、交付运营。唐山各部门各单位都要从大局出发，为加快唐山港建设开绿灯、做贡献。港口建设所需的 5800 多亩用地，由市政府下文，实行无偿划拨。

唐山港起步工程的 7 号、8 号泊位开工前夕，1989 年 6 月，市长陈立友召开会议，就唐山港设计变更问题进行研究。这次会议的议题是就唐山港起步工程5000吨级泊位，能否变更设计为两个万吨级进行论证。提出这一议题的主要原因有三点：一是国内厂家对唐山铁精粉需求量较大；二是这段时间洽谈投资时，有些项目定不下来，其主要原因之一就是对方提出唐山没有1.5万吨级以上的贸易口岸；三是国家建材局拟在秦皇岛港建立出口基地，如选在唐山，这两个5000吨级的泊位显然小了点。与会者认为，唐山的开放搞活非常需要加快港口建设。为了既要适应航运业发展对港方的要求，又要在起步工程中控制投资规模，要考虑在建设7号、8号泊位过程中可以预留改造成1.5万吨级的可能性，并议定要抓住港口正式开建前的时间，对部分码头设施进行变更设计，以使近期和远期相结合。

1990年10月17日和12月22日，河北省计委同意对唐山港7号、8号泊位进行扩建升级，将两个5000吨级泊位升级成1.5万吨级散杂通用泊位。唐山港起步工程设计中的这一重大调整，充分展示了决策者的前瞻性。十几年后，京唐港股份有限公司董事长刘卫民说：京唐港之所以发展很快，一个重要的因素是唐山建港时选择了高起点和跳跃式发展思路。如果决策当初，仅仅考虑唐山市一时一地的需要，只看到当时的困难，以5000吨级泊位起步，那么很可能已经被世界航运船舶大型化、港口深水化的发展趋势淘汰了。

1989年8月10日，是需要记入唐山发展历史的日子。作为唐山港起步工程的第一港池7、8号泊位，在中国民主革命先驱孙中山70年前规划的"北方大港"港址——河北省乐亭县王滩镇，正式动工兴建。施工单位包括交通部第一航务工程局五公司（简称航五公司）、天津航道局、天津基础公司等。施工现场场景和防波堤分别如图3-2和图3-3所示。

建港之初，在推动建设进度的同时亦兼顾了运营筹备事项。先后派员分别赴秦皇岛及威海港务局进行运营业务知识培训。1990年11月，唐山市港口建设指挥部派刘卫民等15人赴威海港学习运营管理经验，为期3个月，培养了一支基本的运营管理队伍。在建港初期派出培训的几十名人员中，绝大部分成长为京唐港的主要领导和业务骨干。

图 3 - 2　京唐港区施工现场

资料来源：唐山港集团股份有限公司。

图 3 - 3　京唐港区防波堤

资料来源：唐山港集团股份有限公司。

　　经过近两年的建设，唐山港基本达到通航批准，这标志着唐山港的建设取得了初步胜利。1991 年 6 月 30 日，时任副省长陈立友到唐山港现场办公。实际上从 1991 年初开始，省市有关单位先后召开两次协调会，部署有关首次通航的事项。首航前的条件较为简陋，航道既无浮标、导标，码头路面也没有形成。经与唐山市交通局港监处协商，用 6 艘渔船代替浮标，利用挖航道的木质导标，堆场拉临时照明。唐山港首次通航得到了河北海运公司等单位的大力支持。1991 年 8 月 23 日上午，河北海运公司的 5000 吨级"海龙"号，顶着六七级的大风驶入唐山港外锚地，中午顺利停靠在 8 号泊位。唐山港首次通航装船作业于 23 日 15 时开始，这是唐山港有史以来的第一次装船作业。到 26 日下午，3800 吨原盐装船任务提前完成，保证了首航典礼如期举行。

　　1991 年 8 月 28 日，唐山港首次通航典礼在新落成的 8 号泊位前广场举行。国家有关部委、省市领导和数千名为唐山港建设而奋力拼搏的建设者出席典礼。大会宣读了全国政协副主席谷牧、辽宁省省长岳岐峰及交通部、河北省人大常委会、国家交通投资公司、秦皇岛港务局等部门发来的贺电。这次通航后来被称为简易通航，港口正式通航则是在 1 年后。

　　到正式通航前期，唐山港已经完成了 7 号、8 号泊位航道，港池挖泥，码头及堆场，东挡沙堤 1350 米、西挡沙堤 570 米，导标、浮标、1 号、2 号变电所，港内供水排水工程等建设。唐山港疏港公路全长 2081 米，1990 年 11 月开建，1991 年 6 月简易通车。唐山港综合办公楼建筑面积 5300 平方米，承建单位是唐山市第一建筑公司二处。办公楼在国内正式通航前夕的 1992 年 6 月投入使用，港务局职工从简易办公地点搬入正式的办公楼，大大改善了工作环境，如图 3 - 4 所示。

图 3 - 4　京唐港务局办公楼

资料来源：唐山港集团股份有限公司。

王滩港建设启动后，曾先后成立王滩港口筹备小组和王滩港口筹建处。1988年12月，成立唐山市港口建设指挥部。1991年8月10日，启用"唐山港务局"印章，此时为唐山港首次通航的前18天，这是唐山港向正规化管理迈出的重要一步。后来，随着唐山和北京联合建港，唐山港务局也随即改成京唐港务局。

承担唐山港正式通航任务的上海海运局"风采"号货轮，原计划1992年7月15日抵港。上海海运局及"风采"号船员为确保唐山港正式通航，于7月13日提前到达唐山港8号泊位，从而为集港和装船作业创造了较为宽松的条件。为确保集港任务按时完成，唐山第一运输公司、大清河盐场等单位调集百余辆汽车，到7月14日集港完毕。7月16日，1.1万吨原盐装船完毕。

1992年7月18日，唐山港正式国内通航。国家计委副主任芮杏文、交通部副部长林祖乙、国务院口岸办主任唐筱先，河北省人大常委会副主任宁全福、副省长顾二熊、省政协副主席杜竟一，澳大利亚驻华使馆公使、高级商务专员雷艾伦，唐山市党政领导和万余名群众参加了通航典礼。"风采"轮汽笛长鸣，驶往上海港。

1992年9月19日，"华兴1"号满载13588吨煤炭驶离京唐港8号泊位，前往宁波港，这是唐山港下水的第一船开滦煤炭。1993年5月3日，"沧兴"轮装载925吨钢材驶离港口，前往烟台港，从此唐山港有了钢材运输业务。5月24日，山西大同矿务局口泉站发出的晋煤外运列车首次驶入唐山港。

1992年9月，唐山市第二运输公司、唐山港务局、香港金晖国际实业有限公司合资建立唐山金山海运有限公司。1993年2月，唐山港务局与唐山外运公司合作组建了河北唐山船务代理公司。随后，唐山外轮供应公司、唐山外轮理货公司等辅助机构也相继成立。1993年5月11日，唐山港务局、中国物资再生利用总公司、河南省商丘地区电厂、香港恒励公司共同成立了中外合资企业——唐山通泰储运有限公司。5月21日，通泰储运有限公司仓储工程动工，工程位于开发区9号路南侧、铁路分区车场东侧，总投资2000万元，1995年2月投入运行。由京唐港务局、唐山金门物贸总公司合作，投资3100万元建设的占地200亩、年储能力300万吨的机械化储煤场——北方煤炭储运场，于1994年动工，1996年2月投入使用。

唐山港通航翻开了唐山改革开放和经济发展史上的崭新一页，为唐山这个沿海城市走向全国、走向世界开辟了一条海上通道，开启了唐山人民的蓝色梦想。从 1984 年开始，唐山在经济发展和城市恢复双重任务十分艰巨的情况下，下定决心把港口建设列入重要议事日程，并做了大量前期工作。特别是 1988 年 3 月，国务院批准唐山市区和五县为沿海开放区以来，提出了开发建设唐山市区—王滩—南堡"新三角"，使生产力布局向沿海地区推进的战略构想，把唐山港建设当作重中之重。1992 年 10 月，唐山港获批国家一类开放口岸。唐山港通航结束了唐山作为沿海城市没有自己的港口、没有海上通道的历史，实现了零的突破，标志着唐山全方位开放进入了新阶段。

第二节　合作建设京唐港

20 世纪 90 年代初，中共中央提出"环渤海经济发展战略"；中共十四大又做出加速环渤海经济区开放的重大决定。内环京津、外环渤海是河北所具之独特区位优势，当时河北提出以秦皇岛、唐山、黄骅三大港口为"龙头"，打开通往东亚和世界的通道。由沿海到内陆梯次推进，形成以沿海港口带动全省开放的总格局。唐山坐落在环渤海地区的中心位置，同时属于京津唐成熟工业区范围内，建设唐山港也逐步驶入快车道。然而，资金不足仍然是制约唐山港建设的"瓶颈"。唐山市领导在寻找对策的时候，从坨港铁路的建设模式中得到启发，铁路能够和国铁联建联营，港口有什么不可以呢？

从 20 世纪 80 年代以来，北京市就开始寻找自己的出海口，"七五"期间曾设想在秦皇岛建设，但由于种种原因未能实现。进入 90 年代后，全国掀起了经济建设新高潮，北京市的决策者们也越来越迫切地感受到，要扩大对外交流，除了陆地、空中交通以外，海上通道必须打通。并陆续和一些港口接洽，探讨联合建港事宜。

1992 年清明时节，原北京市长焦若愚专程来到唐山冀东烈士陵园。借此机会，焦若愚考察了唐山港，认为这是北京市最理想的出海口。回京后，他积极倡导北京与唐山合作建港。北京市为此派来了由十几位专家组成的环渤海考察团，考察了天津、秦皇岛和唐山港之后，一致认为唐山港未来发展空间大，前景可期。

在焦若愚的积极倡议下，1993年1月，北京市政府委派市长助理李润五率队就合作开发唐山港的问题进行商谈。双方一致认为，唐山港具有建设深水大港的良好条件，腹地广阔，港口开发区规划科学合理，并且河北省已初步确定其为自办经济特区，发展余地大。交通方便，铁路、公路均已直达港口。地价便宜，优势明显，将来势必成为渤海湾重要港口。1993年3月，李润五升任北京市副市长，并在一次有北京市主要领导参加的会议上进一步强调了与唐山联合建港的意义。会议一致同意同唐山联合建港，并成立由李润五任组长，焦若愚、张百发任高级顾问的北京市建港领导小组。到4月中旬，京唐两市的联合建港工作进入了实质性洽谈阶段。

1993年7月17日是一个重要的历史时刻，《唐山市人民政府、北京市人民政府关于联合建设京唐港的协议》签字仪式，在唐山宾馆举行。协议的主要内容是：①港口的名称。将现在唐山港改称京唐港，1993年7月18日正式对外公布。②联合的原则。平等协商，互惠互利，优势互补，共同投资，共同建设，共同使用，共同经营，共担风险。合资建设形成的固定资产，产权为双方所有。③联合的范围。都同意在联合范围上立足当前，着眼未来，全面联合，小方案起步。双方同意合资建设和管理京唐港西港区三个港池。第一步先从一号港池开始，二号、三号港池的合作由双方另行协商。④联合的方式。京唐港为双方共同投资之股份制单位。一号港池在1995年底前建成，北京方出资1.5亿元人民币，占有股份20%，唐山方占有股份80%。

京唐联合建港是互惠双赢的战略决策，"京"字头扩大了港口的知名度和招商引资吸引力。众多的国内外客商投资开发建设港区，越来越多的北京企业将京唐港和唐山海港开发区纳入自己的发展战略。北京资金的投入解了唐山建港的燃眉之急，也使得今后的融资渠道大大拓宽，从而结出了内引外联、跨省市联合、多元化筹集资金的硕果。在北京市投资参股以后，京唐港随即又和山西晋煤实业集团总公司合建3号泊位，和开滦矿务局合建2号泊位，和河北省地方煤炭工业公司合建 6 号泊位，共筹资 2.3 亿元，使得港口建设显著提速。1993 年 8 月，1 号泊位开工；从 1994 年 3 月起，第一港池 2～6 号 5 个泊位同时开工。

京唐两市联合建港扩大了港口的经济腹地，北京货物和山西煤炭成了京唐港稳定的大宗货源。为增加港口货运量，京唐港北京办事处与飞翔货运公司合作成立了"北京市京唐港货运中心"，成为京唐港北京货运代理，于 1994 年运营。合作建港使北京逐步以京唐港为重要出海口，有京山、京秦、大秦三条铁路和京哈高速公路相连，两市之间的交通互联互通基础较好。京唐港务局全力协助北京货主做好"一关三检"工作，对北京地区货源给予费用优惠。

在联合建港谈判过程中，唐山港国际通航亦在紧张筹备。1993 年 7 月 16 日，交通部通过中央人民广播电台，向全世界播发了京唐港（原唐山港）对外通航公告。经与多方联系，2.2 万吨级的远洋货轮"白云海"号同意承担唐山港国际通航典礼的任务。然而 7 月 14 日，港务局突然得到消息，"白云海"号货轮还在镇江港锚地，船上的矿砂还没有卸，最快也得 19 日才能赶到唐山港。国际通航在即，刻不容缓。梁志忠、张和等市领导连夜赶往交通部找船。在交通部水运司胡汉湘司长的大力支持下，辗转找到了上海远洋公司。上远公司张会民经理闻讯后命令此刻正停靠在大连港的"洪茂海"号货轮星夜启航。15 日 11 时，唐山港外聘的第一位特级引航员张大维，顺利地将"洪茂海"号引靠 8 号泊位。

1993 年 7 月 18 日，刚刚更名的京唐港一派盛装，国际通航典礼如期举行。当时出席典礼的有：全国政协副主席王兆国、中农信公司董事长芮杏文、交通部原副部长林祖乙、对外经济贸易合作部党组副书记王文东、北京市长李其炎和副市长李润五、河北省长叶连松等领导。"洪茂海"号汽笛长鸣，满载开滦精煤，驶离 8 号泊位，驶往朝鲜清津口岸。唐山港的建设，特别是唐山北京联合建港、京唐港国际通航，引起了社会各界的广泛关注。

唐山海港开发区原称王滩开发区，是随着建设唐山港而设立的。1990 年 4 月，河北省政府批复《乐亭王滩开发区和丰南南堡开发区总体规划》。批复指出，近期应尽量依托港口和铁路，集中紧缩布局，少占、不占耕地，并应兼顾生产、生活，合理分配海岸线。大型工业项目的建设，应按规划选址，不要妨碍远期大港的发展建设。城市总体格局为东港西市，即以南北走向的唐港公路为界，东部主要安排港口及其有关的工业、仓储区；西部主要安排城市生活区、中心商业区和文化旅游区。

交通部长黄镇东1993年5月来港视察，针对港口和开发区规划，提出"唐山港的最大优势是陆域开阔平坦，要充分发挥这一优势，接受其他老港的教训，留足发展余地。港口陆域要再大一些，走码头、仓储、加工一条龙的发展路子"的意见。唐山港被确立为河北省"龙头"工程后，根据形势发展的需要，对海港开发区的总体规划也做了相应的调整。1993年10月，唐山市调整了海港开发区的总体规划，坚持"依港建区、以区促港、互为依托、共同发展"和开发区建设服从于港口建设的总体发展思路，近期规划期限1993～2000年，人口8万，用地10平方千米；远期为2010年，人口发展为20～25万人，用地24平方千米。港口建设需要充分留有余地，所以考虑将原总体规划7号路以南区域全部划入港口建设用地，使整个港区用地达20平方千米。

1994年1月，时任国务院副总理邹家华到京唐港调研，指出：京唐港的发展很有前途，与北京联合非常重要，环渤海几个大中城市唯独北京没有出海口，现在北京选择了京唐港，这对双方都有很重要的意义。全国人大常委会副委员长费孝通在视察时指出，希望京唐港在建设中气魄大点，起点高一点，把京唐港建成名副其实的北方大港。

1994年9月18日，参加京唐港1号泊位通航典礼后，河北省省长叶连松对今后发展提出重点做好三项工作：第一，要继续提高京唐港的建设速度，使其早日形成规模。要按照既定的建港目标狠抓落实，争取列入"九五"国家重点建设项目，到20世纪末建好第二港池；要扩大港口的运输能力和服务功能，提高装卸效率，广辟货源渠道，努力使港口现有的设施发挥最大的作用，以提高经济效益，强化港口自身积累、内生发展的能力。第二，在抓好港口建设的同时，要走好"以港兴市"的路子，一手抓港口，一手抓开发区。开发区建设方针是，以工业为主，以高新技术产业为主，以出口创汇为主。第三，要积极争取将唐山海港开发区列为国家级经济技术开发区，同时要抓紧谋划保税区和外资银行。

作为唐山市的一号工程和龙头项目，上级给予港口各项优惠政策，京唐港务局适时地抓住机遇，积极扩大内引外联，吸引各方面投资建港，使港口建设规模及发展速度跃上新台阶。唐山港自 1989 年 8 月动工到 1993 年底，共计投资 3.8 亿元，共建好 7 号、8 号两个泊位和 1 号、2 号泊位的水工主体工程。省、市领导要求 1995 年底要建成第一港池 8 个泊位，形成 660 万吨的年设计吞吐能力。这样，1994 个、1995 年这两年就需要资金 6.6 亿元，是前 4 年投资规模总和的 1.7 倍。时值国家加大宏观调控力度、紧缩银根，如何筹集到大量资金，完成建港任务？京唐港务局顺应市场经济环境，加大招商引资力度，实行多源融资，开辟了地方港口跨省市、跨所有制、跨行业建港的独特路径。一是与北京市跨省市合作建港；二是企业独资建设业主码头；三是合资建设码头；四是港务局负责码头建设，其他行业的企业建设配套设施；五是港务局用土地折价入股和投资方共同修建仓储设施。这种通过"双向"开放，多种渠道筹措建港资金的办法，形成了"一花引来万花开"的良性循环，被誉为"京唐港八方来钱"。由于采用了多元化吸引投资的方式，加快了第一港池的建设步伐，在沿海港口建设中创造了"业主泊位投资建设"的崭新模式，不仅固定了货源，增加了吞吐量，提高了港口的综合经济效益，而且促进了业主企业的发展，兼顾了企业效益和社会效益。

1 号泊位 3.5 万吨级，为第一港池 8 个泊位中最大的 1 个，是散装水泥装运泊位。码头由京唐港务局投资，储运设施由冀东水泥厂投资 9865 万元建设，经营模式为冀东水泥厂租用码头。1 号泊位填补了河北省港口在散装水泥领域的空白，是本地水泥走向世界的一条黄金水道。2 号泊位 1.5 万吨级，是开滦煤炭专用泊位，也是国内煤炭行业的第一个业主码头，为京唐港务局与开滦矿务局合作建设经营，吸引开滦矿务局投资 8656 万元兴建。3 号泊位为 1.5 万吨级，乃山西晋煤实业总公司投资 1.35 亿元与京唐港务局合资的煤炭专用码头。6 号泊位为京唐港务局与河北省地方煤炭工业公司合资的煤炭专用码头，吸引河北省地方煤炭公司投资 4500 万元，成立了河北煤炭港埠有限公司。

1994～1995 年，京唐港 1～6 号泊位同步开建，投资大，项目多，天津基础公司、中交一航局五公司、天津航道局等各路建设大军广泛参与。按照第一港池的最初设计，每年的运能是 660 万吨。由于几个泊位在施工过程中均在变更设计以增加吞吐能力，第一港池在 8 个泊位建成后的年设计吞吐能力达到 800～1000 万吨。

1994 年 10 月，京唐港灯塔投入使用，与同在渤海湾内的秦皇岛、滦河口、曹妃甸、大沽口等处的灯塔形成导航系统链，为过往的国内外船舶提供便利的航行条件。港口起步工程中铺设的疏港铁路总长度近 3000 米，与坨港铁路的海港站接轨，直达 7 号、8 号泊位码头堆场，担负着由海港站至码头前场的运输工作。1995 年 6 月，京唐港铁路分区车场通过验收。

鉴于京唐港由初始动议中国家主导的"港—钢—电"开发模式转变为后来的省市联合主导的地方开发模式，其性质和职能都发生了很大变化，一开始就被推到了激烈竞争的境地。对此，京唐港务局坚持建港运营两手抓，努力扩大运营业务，增加运量和运营收入，增强自我积累和滚动发展的能力，走出一条边建设、边运营、边投产、边产出之路。但是唐山港作为一个新建港口，知名度不高，运营初期步履维艰。1992 年正式通航后，直至一个多月后，才盼来了第二艘货轮。此时虽然国家能源运输紧张，然而万吨级以上货轮几乎全部调往秦皇岛港。尽管费尽心思，1992 年的吞吐量也只有 7.9 万吨，装卸货物中除了原盐、煤炭以外，只有少量的海产品。京唐港的决策者们认识到，港口要生存，必须加大运营工作力度，尽快扩大吞吐量。

1993 年 10 月 20 日，京唐港到达了国际通航后的首条外轮——朝鲜籍"昆岗"号。到 1993 年底，共完成吞吐量 44.5 万吨，包括煤炭、水泥、钢铁、粮食、原盐、海产品等货物。随着港口营运能力的不断增加，运输货物的品种也由最初单一的黑（煤炭）白（原盐）两种，逐年增多。1994 年 3 月 20 日，"林海4"号在 8 号泊位卸下 5628 吨铁精粉，这是京唐港第一次接卸铁精粉。从 1994 年货运量分析，煤炭运量已降至总量的 55% 左右。

1994 年 12 月 13 日，京唐港至深圳赤湾港定期货运班轮航线开通，这条航线的开通结束了京唐港没有定期班轮的历史。1995 年 11 月 6 日，深圳大洋海运有限公司的"金路"号集装箱货轮靠泊京唐港 4 号泊位，这是京唐港首次进行集装箱运输作业。1996 年 1 月 27 日，京唐港到日本横滨、大阪的国际集装箱班轮航线开通，这条航线由中外运唐山分公司承运，12 天一个班次。

伴随着京唐港运量提升，各种机械装备也不断齐备。1993 年 10 月 23 日，京唐港第一艘自己的拖轮"京唐港拖一"号抵达第一港池，这艘全回旋拖轮是利用澳大利亚政府 450 万美元贷款在澳大利亚佩斯 ASI 造船厂建造的，总吨位 293 吨，功率 2028 马力。1995 年 11 月，购置于日本的二手拖轮抵达，被命名为"京唐港拖二"号。

随着吞吐量的不断攀升，京唐港的营业收入和利润也逐年增加。1992 年，营业收入为 86.5 万元，利润为 0.7954 万元；1993 年分别为 840 万元和 379.8 万元；1994 年为 2735 万元和 567.37 万元；1995 年为 4459 万元和 962 万元；1996 年为 5227 万元和 1405 万元。京唐港短短几年的运营实践，充分显示出它在渤海湾中的重要地位和良好的发展前景。对于京唐港运营工作取得的成绩，河北省政府于 1995 年 1 月 10 日和 12 月 29 日两次致电祝贺和勉励。1996 年 7 月 23 日，《人民日报》头版头条刊登长篇通讯《唐山抬起龙头》，向世人全面介绍京唐港的建设和运营情况。

根据《京唐港总体布局规划》和《京唐港总体吞吐量水平预测报告》，为解决"黑白不分、散杂不分"的矛盾，1994 年 3 月，京唐港务局委托中交一航院完成的《京唐港第二港池工程预可行性研究报告》，标志着开启了建设第二港池的前期工作。1994 年 12 月，河北省计委、交通厅组织召开审查会，评审通过了《京唐港第二港池工程预可行性研究报告》，并向国家计委报送了立项申请。交通部遂于 1995 年 4 月向国家计委报送了行业意见，肯定了建设第二港池的必要性。

唐山港通航以后，由于资金问题，挡沙堤只建了 1840 米，无法对航道全面进行有效防护。在流沙的作用下，1992 年 12 月和 1993 年 12 月，航道两次出现严重淤积，给港口建设带来了业界的舆论压力，首当其冲是航运界的态度。航道淤积使得万吨级以上船舶不能安全航行，京唐港该不该建、能不能建的疑问在社会上引起了波澜。由于航道淤积造成的不良影响，河北省计委 1994 年上报国家计委的《审批第二港池项目的请示》，继国家计委交能司、规划司、外资司、投资司四个司会签之后，就没了下文。第二港池项目立项审批被亮了"黄牌"。

对此，京唐港没有被动等待，而是客观地分析形势，主动解决各种矛盾和问题，为第二港池项目立项创造条件。不治住"拦门沙"，不仅第二港池立项不能获批，对港口今后的发展也是一大障碍。为此，港务局与科研单位通力合作，查找航道淤积的原因，先后委托南京水科院和中交一航院对航道的泥沙运动和挡沙堤进行了物理模型试验，这是国内港口首次进行的泥沙运动整体物模实验。实验认定沿堤流是形成回淤的主要诱因，根据对航道淤积监测数据的比较，确认第一次延长的挑流堤不足以维护航道的稳定，所以又发生了二次淤积。根据这个结论，又将挑流堤延长450米。工程完成后，外航道的泥沙淤积有了明显的放缓，航道的维护周期也延长了。这次治理航道淤积取得的经验，既为以后的航道和挡沙堤建设提供了科学依据，也给第二港池立项和京唐港以后的崛起打下基础。

为适应船舶大型化趋势，以高起点与运输市场接轨，第二港池各泊位分别预留到3.5万吨级和2.0万吨级。1996年6月，工作船码头、盐驳船码头水工工程开工，标志着第二港池建设正式启动。开工之初，工程进展还算顺利，然而由于第二港池项目的立项审批尚未最终办理，无法正常获得贷款。并且受当时东南亚金融危机的波及，也无法吸引外来资金。到1997年9月，延期未付的工程款累计1.2亿元，第二港池建设处于半停滞状态。1998年6月，唐山市委书记白润璋、市长张和到港务局现场办公，明确市财政每年用于港口建设的3000万资金继续给付。市领导的大力支持使京唐港增强了信心，千方百计克服困难，开拓建港资金的筹措渠道。

经过省市共同努力，2001年5月8日，国家计委正式批准京唐港第二港池项目立项。批复中指出，为适应唐山市及周边地区经济发展的需要，合理调整港区功能，同意建设京唐港第二港池工程，包括规模2.0万~3.5万吨级多用途散杂泊位8个，增加运能400万吨，项目总投资9.15亿元。第二港池的正式立项提升了京唐港的地位和等级，为港口进一步加快建设、筹集资金、招商引资和完善港口功能提供了至关重要的条件和新的发展机遇。继9号、10号泊位于2000年3月、11号泊位于2001年1月国际通航后，2003年1月3日，12号、13号2万吨级杂货泊位和升级改造后的14号、15号5万吨级散杂泊位共7个泊位通过了河北省口岸办主持的开放通航验收。经过6年多的建设，第二港池各泊位建成通航。于是，京唐港通航泊位数上升到16个（含中晨液化气泊位）。

2000年3月，随着第二港池9号、10号泊位的通航，京唐港已有包括第一港池1号泊位在内的3个3.5万吨级泊位投入运营。但是由于受2万吨级航道的制约，大型船舶无法安全进出港，造成大吨位船舶普遍亏载现象。船舶亏载运行不仅增加货物运输成本，同时也影响了吸引货源的能力，制约了全港吞吐量和经济效益的增长。航道等级和质量直接影响港口发展，其实早在2000年初，便开始了扩建3.5万吨级航道的谋划。2001年6月，河北省计委和交通厅组织召开了"工可研"审查会。专家认为，京唐港受既有的2万吨级航道限制，大型泊位的效能不能充分发挥，成为制约京唐港发展的"瓶颈"。当时中国即将加入WTO，外贸运输量将迅速增加，船舶大型化将进一步加快。不论是京唐港运营的实际需要，还是考虑港口的长期发展，扩建航道都非常必要。2002年底，3.5万吨级航道随即投入了使用。经天津海测大队扫海测量，工程质量满足设计要求。至此，京唐港实现了3.5万吨级船舶全天候出入，5万~7万吨级船舶能乘潮进出港，为港口提升等级和满足吞吐量迅猛增长的需求确立了坚实基础。

同时期，14号、15号泊位提升工程也开始推进。决定把位于第二港池西岸线全长364米的14号、15号泊位由原设计的2万吨级泊位升级改造为5万吨级泊位，以更好地与3.5万吨级航道相匹配。2002年6月，被列为省、市重点建设项目的14号、15号泊位升级改造工程开工，2003年1月6日通航。京唐港区第二港池及各泊位的情况如图3-5和表3-2所示。

图3-5 京唐港区第二港池

资料来源：唐山港集团股份有限公司。

表 3 - 2 京唐港区第二港池泊位情况

泊位（号）	长度（米）	等级（万吨）	主要用途	水深（-米）	岸机设备	台数	靠泊能力
9	210	3.5	盐	12.5	散粮装船机 散装装船机	1 1	5.0
10	290	3.5	件杂	12.5	16T 门机 专用装船机	4 1	5.0
11	267	3.5	集装箱	12.5	40T 集装箱岸桥 40T 多功能门机	2 1	5.0
12	226	3.5	件杂	11.5	16T 门机	3	5.0
13	205	3.5	件杂	11.5	16T 门机	3	5.0
14 15	364	5.0	通用散杂	13.5	25T 门机 16T 门机	5 2	7.0

资料来源：唐山市档案局．唐山港京唐港区史（1984～2008）［M］．北京：中国档案出版社，2009．

1997 年，受东南亚金融危机的影响，京唐港的运营生产出现困难，吞吐量第一次出现下滑，全年完成吞吐量 435 万吨，同比有所减少，1998 年第一季度则出现了亏损。为使京唐港在激烈的市场竞争中加快发展，新的局领导班子站在历史的高度，研究制定了《京唐港 1998～2010 年发展战略》，并于 1998 年 6 月对机构设置做了较大调整，将原并入业务处的调度室重新恢复为港务局总调度室。局总调度室作为全局的生产调度指挥中心，赋予其全港生产统一调度指挥权，负责组织全港的生产，协调港内各单位之间的关系、协调港务局与外单位的关系、协调与联检单位的关系。及时了解船舶动态，科学安排港内运营生产，解决运营生产中出现的各种问题，使船舶能及时靠离、货物及时上岸下水，为船、货双方提供快捷、便利的服务。从 1998 年下半年开始，很快摆脱了困境，全年吞吐量为 518.9 万吨，实现利润 1200 万元。

1999 年港务局提出"客户满意是京唐港人的服务标准"的服务宗旨，推行服务承诺，严格杜绝野蛮装卸、吃拿卡要行为。按照"零杂物、零缺陷、零投诉"标准开展货运服务品牌建设，使现场管理与市场开拓实现有机结合，相互促进，以优质、高效的服务打造"诚信京唐港"。广泛、深入、灵活地搞好商务揽货,把货源的可持续增长放到最前沿,按照"增散货争地位,增杂货创效益,增外货上档次"的商务思路,统筹开发直接和间接腹地,不断拓展市场领域。2000年12月28日,京唐港至韩国釜山的集装箱外贸直达航线正式开通,这是京唐港首条集装箱外贸直达航线。

到2000年底,港区铁路达到5655延米,直达各个泊位。到2002年,第二港池已形成铁路行走线及卸车线近6000米。为保证铁路货物集疏港运输的顺畅有序,京唐港务局铁路运输公司加强同国铁、地铁的协调工作,合理安排调度列车进港,充分发挥各卸车线的作用,基本实现了列车随到随进随卸,多条线路同时作业,提高了生产效率。

2000年完成吞吐量902万吨,比上年增长38.5%。其中外贸货物179.8万吨,同比增长62%。实现利润1807万元,比上年增长38%。为适应吞吐量迅速增长的形势,解决港口拖轮能力相对不足的矛盾,2001年3月,京唐港务局委托镇江船厂建造"京唐港拖三"号轮。该轮为4000马力全回旋拖、消两用轮,总造价2362万元,选用日本洋马主机和芬兰阿克玛斯舵桨系统。此后,随着港口货物吞吐量的攀升及相应的需求增加,京唐港区的拖轮数量快速增加,为运输生产提供了坚强保障。目前的京唐港区的拖轮船队如图3-6所示。

图3-6 京唐港区拖轮船队

资料来源:唐山港集团股份有限公司。

2001 年 11 月 25 日，"安达海"号满载 2.5 万吨优质煤炭，由京唐港驶往南京港。至此，全港完成吞吐量 1000.2 万吨，见证了入列国家千万吨大港的历史时刻。12 月 8 日，京唐港吞吐量突破 1000 万吨暨通航九周年庆祝大会，在唐山燕山影剧院隆重举行。河北省省长钮茂生、北京市人大常委会副主任范远谋等领导出席会议。2001 年是京唐港发展史上具有标志性的一年，共完成吞吐量 1101.87 万吨，同比增长 22%。图 3－7 是当时京唐港务局制作的纪念徽章。2002 年完成货物吞吐量 1465 万吨，同比增长 29%，成为全国沿海港口前 20 名。

图 3－7　京唐港吞吐量突破 1000 万吨纪念

资料来源：京唐港务局。

第三节　京唐港改制和上市

进入 21 世纪，全球各港口都在孕育改革变迁，显露出了崭新的发展态势，突出的是航道深水化、码头大型化、投资多元化。随着中国改革开放进程的深入，同时也受到以放松规制和民营化为特征的世界性潮流的影响，中国港口部门全方位体制改革在 21 世纪初拉开大幕。深圳、厦门、温州等南方各港口先行尝试,实现了集团化经营,锦州港率先实现了股份合作制。

为适应市场经济的客观需求,推动京唐港管理体制改革,建立"产权清晰、权责分明、政企分开、科学管理"的现代企业制度势在必行。京唐两市联合建港、北京资金的注入,对在非常困难的情况下确立唐山港的地位及港口建设的顺利进行起到了重要作用。原有的北京市、唐山市、河北省三个投资主体,依照京唐港务局建设经营合同,更多的是靠上层领导的关注、协调来维系,在权利义务关系上时有争议。实行公司制改革后,权利义务关系将按照《公司法》规范趋于明确,对于唐山市而言,可以解脱贷款利息负担,对于北京市和河北省,则可以依法分享投资利润。

1999 年,北京市将所在京唐港的投资转入北京京泰实业(集团)有限公司(简称京泰集团,下同)所在的北控集团。2000 年 4 月 1 日,京泰集团将该投资及利润划转给京泰投资管理中心(简称京泰投资中心,下同)经营管理。河北省也将省财政在京唐港的投资转入河北省建设投资公司(简称河北建投公司,下同)。2000 年 5 月 25 日,唐山市国资委设立唐山港口投资有限公司。其性质为国有独资公司,职能为经营管理市政府在港口的投资及由港务局贷款所形成的国有资产。将市财政先期对京唐港务局投资的 3 亿元,转入唐山港口投资有限公司作为国家资本金。7 月 3 日,唐山港口投资有限公司在工商局注册。唐山市国资委是专门行使国有资产所有者管理、决策职能的政府部门,负责管理全市除金融资产、资源性资产以外的全部国有资产,并对授权国有资本运营机构进行监管。唐山港口投资公司是国资管理体系中的中间级,即国有资本运营机构。综合来看,组建股份制公司的各项条件已经具备。

2000 年 6 月 26 日,召开了在京唐港发展进程中具有历史意义的京唐港管理委员会第四次会议。会议认为,京、唐两市联合建设京唐港的战略决策是正确的,合作是愉快的,建港过程是顺利的,效益是明显的。会议决定,鉴于当前经济体制改革的深入发展,两市实行政企分开,已各自授权市属国有企业作为第一港池的出资人,并组建新的管理机构,京唐港管理委员会已经成功执行了建港合同,圆满完成了历史使命。决定终止《联合建设经营京唐港合同》,撤销京唐港管理委员会;通过了《关于发起设立京唐港埠股份有限公司框架意见》,按照

《公司法》规定，由唐山港口投资公司、京泰集团、河北省建投、唐山市建投、唐山海港建设开发公司5家发起设立京唐港埠股份有限公司，共同经营京唐港的一号港池。

2000年12月20日，参与京唐港改制的唐山港口投资公司、京泰投资中心、香港燕山发展有限公司、河北经济开发投资公司、唐山建设投资公司5家发起人召开了第一次代表会议。拟进入股份有限公司的资产范围包括京唐港务局建设经营的第一港池1号、4号、5号、7号、8号泊位、6号泊位49%的投资权益及第一港池设计范围内的陆域堆场、辅助配套设施；第一港池内的2号、3号泊位、6号泊位其余51%的投资权益的资产不计入股份公司资产范围。第二港池港口业务由股份公司经营，码头采取租赁方式。今后唐山港口投资有限公司每建成一个光板码头，即以租赁方式出租给股份公司，岸上设备由股份公司按照实际业务发展需要配备。

此后，河北建投公司将其为第二港池提供的委托贷款转为资本金，提出参与京唐港改制。各方股东同意河北建投公司成为改制后的公司股东。2001年9月，国家计委、财政部同意将国家开发投资公司投入包括京唐港在内的国内122个单位的中央基本建设经营性基金变成国家资本金，并授权国家开发投资公司代理出资人角色。12月24日，国家开发投资公司授权国投交通实业公司负责经营管理。这样，国投公司亦成为京唐港改制的发起股东。于是，京唐港改制的发起方从最早的5家变为7家。

2002年9月23日，河北省政府股份制领导小组办公室批复唐山市政府经济体制改革办公室上报的《关于筹备发起设立京唐港股份有限公司的请示》，同意以发起方式筹备设立京唐港股份有限公司。京唐港股份有限公司创立大会于2002年12月20日在唐山海港开发区远洋宾馆召开。公司经批准发行股份60000万股，每股面值1元，全部由发起人认购，具体股本设置情况如表3－3所示。2003年1月6日，京唐港股份有限公司成立暨14号、15号泊位通航庆典举行。

随着改制的完成，唐山港口投资有限公司和京唐港股份有限公司的现代企业法人治理结构逐步建立和完善。两个公司按照《公司法》的规定和要求，组建了公司董事会、监事会。从此，京唐港务局划分为两部分：一是唐山港口投资有

表 3 - 3 京唐港股份有限公司股本设置明细

发起人	认购股本（万股）	占发行股份总数（％）
唐山港口投资有限公司	24756	41.26
京泰投资管理中心	18372	30.62
河北利丰燕山投资管理中心	9540	15.90
国富投资（集团）公司	1884	3.14
唐山市建设投资公司	1872	3.12
河北省建设投资公司	1872	3.12
国投交通实业公司	1704	2.84
合 计	60000	100.00

资料来源：唐山市档案局．唐山港京唐港区史（1984～2008）［M］．北京：中国档案出版社，2009．

限公司，授权范围内的国有资产的法定出资人。同时，它还是京唐港股份有限公司的控股股东，负责市政府在港口投资及贷款形成的国有资产的管理。作为国有独资公司，唐山港口投资有限公司主要通过自身的投资活动引导社会投资，体现政府的政策导向。主要任务是按照港口总体规划和投资计划组织建港。二是京唐港股份有限公司，改制后的股份公司是完全的市场主体，自主决策，自负盈亏，实现市场化。

在此稍早前，唐山市和北京铁路局为理顺滦港地方铁路的管理体制，使其更好地发挥京唐港集疏运通道的作用，实现路、港协调发展，为临港经济做出更大贡献，决定对滦港铁路进行体制改革。2001 年 2 月 2 日，唐山市财政局将市财政1988～1994 年拨付给坨港铁路（滦港铁路的前身）1.459 亿元的投资，划转给唐山港口投资有限公司，作为该公司对坨港铁路投入的资本金。于是，以唐山港口投资公司为控股股东，唐山滦港地方铁路有限公司于 2001 年 4 月成立。

改制以后，京唐港的运量规模快速上升，对资金投入的需求也随之大幅增加。但当时京唐港股份有限公司缺乏足够资金购置必要的机械设备，而这时也有民营企业认为京唐港未来发展空间大，希望能参与到港口生产活动中。于是经过权衡，京唐港决策层决定破除体制障碍，打开闸门，在港口运营环节引入民间资本。继先期组建了四支民营倒运车队后，2003 年 6 月，京唐港股份有限公司举行流动机械转让招标会，置换资金 1255 万元。同年 9 月，京唐港股份有限公司将火车进港煤炭机械卸煤市场准入资格向社会招标，中标单位随后聚集了更多资金购置卸煤机械。2004 年 7 月，又进行了人力装卸队招标，3 家单位中标。由于果断地实现体制创新，发挥港口市场前景诱人、民间资本竞相追逐的机遇，从而实现了港口运营领域国有和民间资本共生共赢的格局，大幅推进了京唐港装卸业务的市场化进程。在具体运行中，港方负责生产调度，协力公司自主经营、自负盈亏，并实现了外包力量之间的竞争。这一举措提高了货物倒运效率，直接拉动了港口生产。民间资本向港口运营领域的进入，更为京唐港随后采用"地主港"发展模式打下了坚实基础。

2003 年，唐山港口投资有限公司利用已经建成的第二港池 10 号、11 号泊位及相关资产和西班牙德佳德斯、美国金州公司合资成立京唐港国际集装箱码头有限公司。其中德佳德斯港口及物流公共事业有限公司占股份 52%、唐山港口投资公司占股份 40%、北京金州工程技术有限公司占股份 8%。引进外资使得京唐港区的集装箱运输随后进入了较快上升通道。

2005 年 1 月，交通部部务会议专题研究包括京唐港在内的 7 个北方煤炭装船港规划建设问题，指出要充分重视北方七港的作用，保障国家经济安全和调控需要，这是第一回把京唐港放到和秦皇岛、天津、青岛、连云港等传统大港并列的重要地位。3 月 18 日，铁道部批准了迁曹铁路项目建议书，建成后的该铁路将和曹妃甸港口建设、大秦线扩能改造紧密结合，打造成煤炭调运的新通道。

京唐港区抢抓战略机遇，在港口建设上开展了如下项目：一是争取国家对京唐港区 3000 万吨煤炭专业化泊位的支持，加快项目批准立项，建设大秦线迁安北站到京唐港区的电气化铁路，成为我国北煤南运的新选择。二是加快码头泊位建设步伐，特别是开展滚装船、集装箱、多用途等泊位建设，为第三港池建设创造条件。利用 3000 万吨煤炭项目的港池挖泥来吹填第四港池北岸线的陆域形成。三是扩建 7 万吨级航道，从而进一步满足船舶大型化的要求，增强京唐港区的市场竞争力。四是谋划液体化工码头及相关项目，构建油品和液体化工品的转运系统，完善京唐港区的服务功能。依托 16~19 号泊位、20~22 号泊位港池挖泥，在 5 号港池展开吹填造地，为后续规划与建设做准备。五是拓展资本运营活动，参股曹妃甸实业开发公司，推进在曹妃甸港区的发展。六是合理变更总体规划，建立第一、第四港池北岸和西岸主要是煤炭、铁矿石、焦炭等干散货，第二、第三港池主要是集装箱和件杂货，第五港池主要是液体化工品，第四港池南岸为发展预留区的空间布局，科学安排港区功能，真正做到散杂分置、黑白分家。

第三港池 16～19 号泊位是件杂货兼顾滚装船和集装箱的泊位，20～22 号是通用杂货泊位。16～19 号泊位主体工程于 2006 年 5 月启动，2007 年 6 月竣工。第四港池属于京唐港区的远景规划，起步工程是 30～34 号 5 个泊位。30 号泊位是 5 万吨级通用泊位，31 号泊位是 7 万吨级预留 10 万吨级泊位。2006 年 1 月，31 号泊位通航，京唐港区第一次建成运营了 10 万吨级泊位。2004 年 5 月 28 日，京唐港第四港池 32 号通用散货泊位工程正式开工。33 号、34 号均为 10 万吨级泊位。2005 年 5 月 28 日，京唐港区 33 号、34 号码头工程开工典礼在 33 号泊位施工现场举行。

成功争取大秦线扩能分流京唐港项目，打通了长期困扰京唐港发展的后方铁路通道制约，大幅度扩大了京唐港区的腹地空间。这其中，32 号泊位起到了从点到面的滚雪球效应，步入了良性循环。一个 32 号泊位引发了 31 号、33 号、34 号 3 个泊位、7 万吨级航道和挡沙堤建设。唐山港口投资公司注重引进实力雄厚、掌控资源的大公司，并构造基于产权合作的战略伙伴关系，在以 32～34 号泊位为平台的合资事宜上取得大的进展。国投交通、中煤、同煤集团等众多央企或巨头纷至沓来。2006 年 8 月，国家发改委对河北省和国家开发投资公司报送的《关于核准京唐港 3000 万吨煤炭泊位工程的请示》做出批复，同意建设京唐港区 3000 万吨煤炭码头项目（32～34 号泊位）。该工程由各方合资设立的国投中煤同煤京唐港口有限公司建设经营，规划建设 10 万吨级、5 万吨级和 3.5 万吨级煤炭泊位各一个，设计年装船能力 3000 万吨。

第五港池为规划中的液化港区。为完善港口功能，适应唐山海港经济开发区的产业发展需求，京唐港股份有限公司与唐山港口投资公司共同组建了京唐港液体化工码头有限公司。京唐港区液体化工码头位于第三港池与第四港池顺岸处，岸线长度按停靠两艘 5000 吨级液体化工船舶设计，并兼顾 4 万吨级船舶作业要求。2006 年 6 月，液体化工泊位开工；2008 年 9 月一期工程主体完工，4.7 万立方米仓储容量的 15 个储罐及附属设备基本完成。

2005 年 8 月 19 日，唐山滦港铁路有限责任公司经过增资扩股、产权重组后变更注册，更名为唐港铁路有限责任公司。唐山港口投资有限公司以原有股权评估后作价 3.193 亿元出资，占 18.68% 股权。

2006 年 10 月，唐山市港航管理局正式成立，对唐山市的港口、航运、船舶行使行政管理职能①。这意味着唐山市在改革完善港航管理体制、科学管理港口建设、促进航运业发展等方面开启了新的时期。于是，河北省内的秦皇岛、唐山、沧州三个沿海城市均组建了港航行政管理部门。随后成立的唐山港引航站为唐山市港航局所属的事业单位，经费形式为财政性资金零补助，具体承担京唐港区和曹妃甸港区的引航工作。

根据中国港口协会发布的全国主要港口企业 2006 年度经济指标显示，京唐港股份有限公司以总资产 15.9 亿元居第 26 位，职工人数 1350 人排第 34 名，主营业务收入 6.5 亿元排第 20 名，这对于一个新兴港口来说十分不易。

唐山港口投资有限公司探索和吸收国内外港口管理的主流选项，积极实践地主港模式。"地主港（Landlord port）"模式，是指政府通过港口规划划定区域边界，然后委托港口管理机构拥有港区和附近范围的土地、岸线及基础设施，使其能对该范围内的土地、岸线、基础设施做出统筹安排，然后通过租赁方式将码头租给港口企业运营。政府收取土地、岸线和基础设施的租金，以投入港口基础设施的持续发展，而经营性设施则由运营商自行购置和使用②。唐山港口投资有限公司专司项目谋划、招商引资、建设开发、资本运作和产权经营，建设码头、港池、航道等基础设施，吸引其他企业投资陆域设施和装卸设备。

京唐港区发展"地主型"港口建设经营模式，有效引入了竞争机制，提高了港口的服务功能质量，有利于港口的良性循环。保证了港口公用基础设施的资金投入来源，解决了制约港口长远发展的瓶颈。此后，唐山港口投资有限公司在基础设施建设开发上占主导地位，京唐港股份有限公司在港口运营方面发挥关键

---

① 在 2018 年底的新一轮政府机构改革中，唐山市为进一步强化对港口及相关工作的推动，专门单独新设了唐山市海洋口岸和港航管理局，并已经挂牌。

② 京唐港区引入"地主型"港口模式其实有着很好的历史背景依托。孙中山先生在《建国方略》中谈到北方大港建设时，就明确指出："吾敢信地值所涨，已足偿所投建设资金矣。"这一观点实际上完全可以被理解为"地主型"港口的理念。

作用，使各自的优势得到发挥，逐步形成了具有京唐港区特色的"地主港"模式。

为了科学合理地开发稀缺的土地资源和岸线资源，保证唐山港有序发展，唐山市政府于 2006 年 3 月委托交通部规划研究院编制《唐山港总体规划》。历经 1 年多的努力，编制完成，并于 2007 年 6 月 9 日通过了专家组审查。9 月 11 日，河北省政府批复同意了《唐山港总体规划》。

2007 年 12 月，由京唐港股份有限公司、首钢总公司、唐山首钢宝业钢铁公司合资组建的京唐港首钢码头有限公司签约。此为京唐港区在与国投、中煤、同煤等企业合作建设 3000 万吨煤炭码头，以及与华能集团合作 4～6 号煤炭码头后，再一次和大型资源型企业合资建设码头。这个项目在京唐港区第四港池建设 15 万吨级矿石泊位 1 个，5 万吨级原辅料及成品泊位 2 个，设计年吞吐能力为 1650 万吨，如图 3－8 所示。

图 3－8 京唐港区首钢矿石码头

资料来源：唐山港集团股份有限公司。

2008 年 3 月 28 日，"京唐港股份有限公司"名称变更为"唐山港集团股份有限公司"。到 2008 年底，集团公司共有 1 个分公司、2 个全资子公司、10 个控股公司、6 个参股公司和 4 个三级公司。到 2008 年底，唐山港口投资公司共有控参股子公司7家，分别为唐山港集团股份有限公司、唐港铁路有限责任公司、唐山曹妃甸实业港务有限公司、京唐港国际集装箱码头有限公司、唐山津航疏浚工程有限公司、国投中煤同煤京唐港口有限公司、京唐港首钢码头有限公司。

2008年10月，海关批准唐山港京唐港区进出口保税储运有限公司建设公用型保税仓库及出口配送型监管仓库。该项目的进口保税仓库面积为10.3万平方米，出口监管仓库是12万平方米。"两仓"的设立不仅能够为周边企业改善经营性现金流，还可以简化企业进口通关手续，从而为港口吸引更多货源。

2008年12月10日，唐山港货物吞吐量突破1亿吨关口，同比增长72.27%，标志着唐山港已经成为国家16个亿吨港口之一。这一年，京唐港区完成吞吐量7645万吨，同比增长60.9%。唐山港集团股份公司完成的吞吐量是3464万吨，同比增长14%。实现收入8.34亿元，同比增长10%。利润总额是1.84亿元，净利润为1.5亿元。2009年，在国际金融危机背景中，于建港二十周年之际，唐山港京唐港区货物吞吐量达到10541万吨，比上年增长38%。

公司上市是京唐港区发展历史上的一件大事，是公司决策层审时度势而做出的一项重大抉择。通过上市，可以构建更广阔的融资和资源整合平台，搭建通向资本市场的桥梁，进一步完善法人治理结构。在开放的资本市场体系下，可以严格按照国家对上市公司的标准要求，检校公司的管理行为，提升公司的经营绩效。2006年11月1日，京唐港股份有限公司申请上市工作开始启动。上市通过三个阶段完成：第一阶段为上市准备阶段，主要进行资产整合和业绩调查；第二阶段为上市方案执行和辅导阶段，重点准备相关资料资质：第三阶段为申请发行阶段。三个阶段全部运作完成后，拟在上海证券交易所A股挂牌。

唐山港集团在河北省的港口企业中最早启动A股上市工作。2010年7月5日，唐山港股票在上海证券交易所挂牌交易（股票名称：唐山港；股票代码：601000），成为河北第一个上市港口企业，首发募集资金16.4亿元。2011年又进行了非公开发行股票再融资，于8月11日成功发行，再次募集资金8.7亿元。上市一年间，累计从资本市场融资25亿元，投入港口建设项目。2012年，公司股票的每股收益为0.2345元，增速15.57%，净资产收益率9.75%，在国内17家上市港口企业中分别排第一名和第二名。在上交所当年的985家上市公司中，入选 277 家优秀公司治理企业板块。从 2003 年原京唐港务局改制到 2010 年唐山港集团股份有限公司 A 股上市，短短的 7 年间，经历了港务局政企分开、港航行政管理部门设立、股份制企业上市、配套的引航体制改革等众多变革。这个时期是全国性的港口体制剧变期，京唐港作为一股新生力量，也同样参与到这次浪潮中。这期间的集中改革重塑了唐山地域范围内的港口组成，确立了今后相当长时期内唐山市港口产业的发展和竞争格局。与此相伴随，京唐港区的全方位体制改革充分释放了制度红利，激发了各生产要素的能量和激情，推进了港口运营规模和质量的提升，使唐山港从环渤海港口圈的后来者迅速成长为中坚力量。

第四节　跨越发展

在经历了改制、上市等集中性制度变迁后，京唐港区进入了一个新的发展阶段，提升到了一个新的平台。时任唐山港集团公司董事长孙文仲指出，要以深水化、专业化、集装箱化、园区化、生态化为方向，以物流港口、金融港口、数字港口、低碳港口为发展路径，致力于打造港口装卸、集装箱、物流、金融"四大业务板块"。

2010 年 10 月 8 日，从韩国釜山港驶来的利比里亚籍"长锦唐山"号停靠在京唐港 11 号泊位。这是该港开埠之后第一艘跨境运输的集装箱货轮到港，意味着唐山港京唐港区到韩国的集装箱定期船线路顺利开行，从而促进了京唐港的国际影响范围的扩展。

2011 年 12 月 28 日，由河北省交通运输厅和唐山市政府联合组织的唐山港货物吞吐量突破 3 亿吨总结表彰大会召开。截至 12 月 20 日，唐山港实现吞吐量 3.01 亿吨，这里面京唐港区占据 1.32 亿吨。唐山港成了河北省第一个、国内第八个年度吞吐量达到 3 亿吨关口的港口。

2012 年 3 月，219 辆一汽马自达的轿车自京唐港区 12 号泊位上船、驶向上海港，这意味着京唐港区整车运输业务的开端，这为以后的进口整车口岸资质的申请打下了一定基础。对优化港口货种结构、增加货运量和效益、降低我国南北方商品汽车运输成本具有重要意义。

2012 年 4 月，唐山港和韩国京仁港签订"建立友好港口关系协议书"，两者从此正式成为友好港口。京仁港是韩国首都经济圈的重要口岸，担当着重要角色，这是唐山港实施海外战略的必要步骤。与境外港口缔结友好港口关系是拓展朋友圈、强化供应链合作的新兴举措，这也是河北省新兴的唐山和黄骅两港需要着重推进的方向。

36～40 号专业化煤炭泊位是京唐港区近些年谋划实施的骨干项目，位于四港池北侧岸线的西端。该项目 2012 年底由国家发展改革委批准立项，包括 2 个 15 万吨级煤炭泊位和 3 个 10 万吨级煤炭泊位，年度的装卸能力为 5600 万吨，工程总预算为 56 亿元。36～40 号码头可以为京唐港区真正实现"黑白分家、散杂分置"，推动港口功能专业化升级，推动环境友好型港口建设发挥作用。2015 年，唐山港京唐港区 36～40 号专业化煤炭码头通过验收。

2015 年，京唐港区集装箱吞吐量为 111.7 万标箱，占全省各港口集装箱总运量的 44.2%，标志着河北省单一港区装卸百万标准箱的里程碑式突破，这对促进河北港口提升档次，推进转型升级，进一步向综合型大港迈进具有里程碑意义。根据业界资深来源——《劳氏日报》提供的国际集装箱港口排名情况，2015 年集装箱吞吐量为 152 万标箱的唐山港在河北省港口中率先进入 TOP100，居于第 94 名[1]。

2016 年春，时任河北省委书记赵克志来到唐山港京唐港区调研。他强调了集装箱运输对港口现代化和物流发展的意义，要求京唐港区以更高的站位、更宽的视野，科学制定发展规划，用好各项利好政策，加快集装箱运输的创新调整。要进一步加强与北京、天津的合作，大力开拓西北市场，扩大港口腹地范围，创新海铁联运等运输方式，实现集装箱运输的跨越发展。

2017 年 3 月 23 日，"SEOUL TRADER"号集装箱班轮驶离京唐港集装箱码头，前往日本关东，标志着从京唐港区到日本关东的集装箱班轮直航航线开通。

---

[1] 2018 年，唐山港在全球集装箱百强港口的排名上升至第 61 名。

此为京唐港区开通到韩国釜山直航和天津港外贸中转航线后的近洋新开航线。担负该航线承运的"SEOUL TRADER"轮由唐山港国际集装箱公司的全资子公司上海合德国际物流公司与中外运共营，总舱位 2664 标箱，挂靠东京等港口，提供周班服务。

近年完成的 26～27 号集装箱专用泊位是京唐港区结构调整、转型升级的重点项目之一，此项目促进了集装箱运输事业发展。京唐港区把集装箱运输作为港口高质量发展的关键点，逐渐培育自己的海运航线。已经开通的国内贸易航线包括大连、天津、威海等环渤海支线 10 条，到广州、上海、宁波等港的干线 18 条。外贸航线方面，已经拥有到韩国釜山港的航线并能中转到达东盟、拥有到达日本关东及关西基本港的航线，初步构建了连通国内沿海、直达日韩、辐射全球的集装箱运输网络。

唐山港至天津港的外贸内支线已加密，两个港区都有开通。在原有的韩国釜山航线的基础上，2017 年启动开通的京唐港区至日本关东、关西各基本港的集装箱外贸航线已经稳定实现常态运行。唐山港至泰国林查班、韩国仁川、越南胡志明市等外贸集装箱班轮航线市场调研已完成，在做 2020 年开通的准备。

陆向腹地方面，京唐港区奉行西北战略，大批设立内陆港，将海铁联运的班列延伸至西北内陆腹地。2018 年，从唐山境内始发的中欧班列正式开通，国际集装箱班列从唐山港京唐港区始发抵达比利时安特卫普，从曹妃甸港区始发至蒙古国乌兰巴托。

在省市政府的大力扶持下，京唐港区的集装箱运输在激烈的市场竞争中开创了河北省港口集装箱运输新局面。到 2019 年，京唐港区将拥有十座集装箱泊位，承运货种主要包括煤炭、钢材、粮食、石材、陶瓷等。集装箱吞吐量从 2012 年的 35.18 万标箱增加至 2017 年的超过 200 万标箱，位居国内第 16 名，超过全省总量的半数。

京唐港区三港池通用泊位在进行集装箱化改造之后，干散货运输场所需要变换。而且为了高质量地满足河北省钢铁生产布局向京唐港区附近区位迁移的货运需求，2017 年 4 月启动建设了京唐港区四港池通用散货泊位，投资金额估算人民币 17.29 亿元，并将和 25 万吨级航道相匹配，共同适应铁矿石进口的船型标准。

2017 年 5 月，唐山港京唐港区（B 型）保税物流中心正式通过验收。作为唐山第一个 B 型保税物流中心，占地 272 亩，投资 3.4 亿元，由海关总署 2015 年 11 月批准建设。该项目是河北省打造开放型经济新体系的重要进展，有助于深化开放、推动贸易便利化。

2018 年 1 月，唐山整车进口口岸开启，如图 3 - 9 所示，终结了河北省汽车整车进口必须从天津港等其他口岸入境的境况，也意味着这个有前景的集成化产业链条有了初步收获。此次入境车辆是雪佛兰的科迈罗及丰田的赛纳，这些进口车辆是从北美由"新隆运 28"轮运送至唐山港京唐港区的。汽车的整车进口业务将能激发涵盖国际货物贸易、港口集疏运、国际物流、金融保险、售后服务、检测改装等在内的复合型产业集群，并可以建设进口整车和零部件的综合性物流展销集散地。

图 3 - 9 唐山港汽车整车进口口岸启用

资料来源：唐山港集团股份有限公司。

当前，唐山港京唐港区已经建好第一港池、第二港池及第三、第四、第五港池的部分泊位，构建了多个港池互动的庞大系统。已经建成了煤炭专用、铁矿石专用、散杂、件杂、水泥专用、纯碱专用、集装箱、液体化工等1.5万~25万吨级泊位41座。进出港的航道达到25万吨级,拥有堆场1000多万平方米。

2016年,在港口吞吐量整体增长乏力的宏观性背景下,唐山港京唐港区吞吐量增长16.32%、完成2.71亿吨,超过曹妃甸、跃居全省吞吐量排首位的港区,2017年则继续保持了这一地位。如图3-10所示,如果把唐山港的两个主力港区分开考察的话,目前河北省"三港四区"的体量规模相当,呈现并立态势。2018年,京唐港区货物吞吐量首次达到3亿吨。

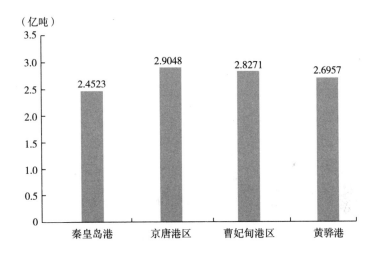

图3-10 2017年河北省各港口/港区吞吐量对比

第 四 章

唐山港曹妃甸港区发展史

　　唐山港曹妃甸港区身为河北省港口群的小兄弟，2005 年开港通航。开发最晚的曹妃甸港区水深条件得天独厚，也被各方寄予了太多期待。十多年来，该港区坚持高标准规划建设，各方资本广泛参与，在铁矿石、煤炭、原油、LNG、件杂货等领域都取得了突破，成为曹妃甸系统开发的最大亮点。曹妃甸港区凭借其独特的深水港址、优质的岸线资源和强劲的发展态势①，具备了成熟的大宗货种作业条件，年货物吞吐量超三亿吨，在国际物流和贸易交往中的角色愈发显要。

第一节　美丽的传说

　　曹妃甸地处唐山南部沿海②，陆上最接近的是林雀堡，中间分布着波涛汹涌

---

　　① 唐山市大陆海岸线总长 229.7 千米，可建设各类泊位 579 个。其中京唐港区利用岸线 19.1 千米，预留岸线 6.2 千米，规划码头岸线 49.3 千米，可建设各类泊位 138 个；曹妃甸港区利用岸线 33.6 千米，规划码头岸线 116 千米，可建设各类泊位 375 个；丰南港区利用岸线 6.6 千米，规划码头岸线 25 千米，可建设各类泊位 66 个。

　　② 曹妃甸的名称由来有不同版本的传说。一说是在唐朝初年，李世民跨海东征，随军的曹妃在此地病逝，遂建曹妃殿；另一说是李世民追赶叛军时在此搭救了一位曹姓渔家姑娘，并许诺平叛后封妃。此女在岛上孑然等待，身故后当地百姓建了曹妃庙以示纪念。

的潟湖区。孙中山曾在北方大港的谋划中提到曹妃甸并做了具体标注，但并没有将其作为开发重点。在曹妃甸的历史中，首次撩起其神秘面纱、实质性识别其深水大港价值的时间是在1985年，也就是国家开放14个沿海港口城市的第二年。当时，交通部与国内各个沿海城市一起对可选港址举办了新中国成立后的首次全面普查。1985年编制的勘测文件提供的曹妃甸深水港址信息为：水域宽阔，水深条件好，在岛的南及西南侧可开发利用岸线约15千米，可建5万~10万吨级或更大泊位。20米等深线距离零米等深线只有500米~1000米。但是曹妃甸这块港址没有天然的掩护环境，风浪大，土地形成几乎完全依靠吹填，与陆域不能直接相通，工程的开展有很大困难。这里所说的"无掩护条件"，是因为曹妃甸与大陆之间横亘着18千米的潟湖区；这里所说的"风浪较大"，是因为这里是海冰和风暴潮影响比较严重的地区。正是海冰和风暴潮这两个无法抗拒的自然条件，使曹妃甸长期处于与世隔绝的蛮荒状态。

对于曹妃甸迟迟没有得到开发利用，有三个主要原因：一是市场需求不急迫。当时的渤海油田尚未全面开发，中国的原油进口量也很少，那么也就缺乏建设曹妃甸深水原油码头的国内外市场条件。当时冀东的铁矿石群采刚刚开始，唐钢的规模不大，所生产的铁矿石多数供应鞍钢和本钢。那时的国内钢铁企业也不大从国外进口铁矿石。因而，建设10万吨级以上深水铁矿石码头同样缺乏国内外市场条件。二是自然条件不允许。曹妃甸是海中全岛，建港全靠吹填，耗资巨大，在没有充分科学论证之前，都不敢冒这个巨大的风险。三是经济条件不允许。港口建设是包含铁路、公路、供水、供电、通信、临港工业、生活设施等事项的大型系统工程。以往我们基本都是在大陆海岸线建港，而在一个面积不足4平方千米的海岛上修筑10万吨级以上的深水大港，按1993年材料价格计算，需要投资30亿元。

1993年8月，首钢设计院和首钢国际贸易工程公司海运组，组织了一个专门来调查寻觅深水港址的机构——港口处，对全国所有沿海深水港址实行了拉网式调查。最终，他们找到了三处可以建设30万吨级泊位的港址，分别是广东湛江的东海岛、辽宁旅顺的双岛湾和河北唐山的曹妃甸。其中曹妃甸离北京仅有200多千米，处在天津港和秦皇岛港中间部位，适合建设我国北方最大的进口铁矿石码头。按照因地冠名的惯例，曹妃甸隶属于唐山市滦南县南堡镇，所以最初的名字叫作"南堡港"，后来依照谐音定名为"兰宝港"。

1994 年 7 月，首钢、交通部第三和第一航务工程勘察设计院共同编制完成了《首钢兰宝港填海建港工程可行性研究》，此为首钢总公司对曹妃甸建港的首个可行性研究报告。这份报告的主要观点如下：第一，曹妃甸地理位置适中，港口后方的陆域辽阔，水深条件优异，地质基础比较稳定，拥有建设深 20 米以上大港的优势。第二，依托首钢迁安矿区，能够使用迁安矿区的废石当成充填材料，废物利用。第三，选择兰宝港潮滩深水区修筑 20 万吨级首钢专用铁矿石码头，可以给接卸秘鲁铁矿石提供便利条件。尽管项目总投资达到 20 亿元以上，数额很大，然而每年能节省的运费及货物损耗两项就会超过 10 亿元。

当首钢在曹妃甸勾勒自己的深水矿石码头时，河北省、唐山市亦在寻觅开发曹妃甸的时机。1995 年 10 月，唐山市政府和首钢签订了《关于联合开展曹妃甸深水矿石码头前期工作的协议》。核心内容包括：双方出资修筑曹妃甸深水矿石码头；派员组成领导小组，尽快开展工作。1995 年 11 月，河北省政府第一次专题研究曹妃甸开发建设问题。会议一致认为，曹妃甸是渤海湾水深条件最好的天然港址，以曹妃甸港口建设为依托，能够形成相关产业集群，形成临港工业新区，拉动河北省的经济社会发展。会议议定，成立河北省政府曹妃甸前期工作领导小组。

1996 年初，交通部组织了北方地区外贸进口铁矿石接卸港布局论证会，渤海湾各主要港口在国家统一布局的框架中积极竞争。当与会者得知曹妃甸空前的水深条件时，都惊讶不已，来自曹妃甸的资讯对与会者的认知都产生了很大影响。这次会议的结论为，在环渤海港口群修筑一个为京津冀和山西、内蒙古等地钢铁企业服务的进口铁矿石接卸港口非常必要。然而这个进口铁矿石接卸码头到底是建到天津港、秦皇岛港、大连港，抑或建到曹妃甸呢？还需要对码头建设的可行性、陆地运输、经济效益等诸多因素作进一步充分论证和认真比选。

进入 20 世纪 90 年代后，我国对进口原油的依存度越来越高。中石化从交通部了解到，曹妃甸正在做 20 万吨级进口铁矿石接卸码头备选港址的前期工作，正与天津港、秦皇岛港和大连港进行竞争性选择论证，便想到能不能在此地布局

25 万吨级进口原油码头。1996 年 11 月，中石化总经理盛华仁一行在唐山市领导的陪同下，经咀东渔港考察了曹妃甸。11 月 7 日，唐山市政府和中石化咨询公司签署《关于联合开展曹妃甸深水石油码头前期工作协议》，决定聘请交通部水运规划设计院从事预可行性研究。次日，唐山市政府便成立了唐山曹妃甸港前期工作领导小组，办公室设在市计委。

围绕 20 万吨级进口原油码头项目，中石化比选了两个方案：一个是曹妃甸，另一个是天津港。1996 年 12 月，天津港聘请交通部第一航务工程勘察设计院编制了天津港建设 20 万吨级进口原油码头的预可行性研究报告，送到了中石化咨询公司。其实，曹妃甸这个古老的沙岛，几乎正处在天津港的大门口。尽管曹妃甸隶属于河北省滦南县，然而曹妃甸的导航灯塔是由天津航标处负责运管维护的，曹妃甸灯塔的近况如图 4 - 1 所示。但这时，围绕进口原油码头的比选，竞争不可避免。这两个方案互有长短，而且相关的技术因素很多，只能是以后继续进行前期工作。由于国家"九五"计划中没有建设进口原油码头的内容，这个动议被暂时搁置下来。

图 4 - 1　曹妃甸的标志性建筑：灯塔

资料来源：http://blog.sina.com.cn/wodesteel.

1997 年，南京大学海岸与海岛开发实验室编制了《京唐港曹妃甸港区海洋动力地貌调查报告》。报告指出，曹妃甸在地貌成因上属古滦河三角洲，深槽位置、浅滩和沙坝形成历史久远、比较稳定，具备建设深水大港的地貌条件。交通部水运规划设计院也在《京唐港曹妃甸港区矿石专用码头预可行性研究报告》中认为，于曹妃甸布局建设 20 万吨级进口铁矿石码头是可行的，没有无法解决的技术性难题。建设该码头可以大幅压减腹地范围内钢铁企业的原材料运输费用，对促进地区经济发展具有重要意义。南京水利科学研究院完成了《京唐港曹妃甸港区数字模型试验报告》，勘察论证增强了开发建设曹妃甸深水码头的信心。1997 年 10 月，铁道部第三工程勘察设计院编制了《京唐港曹妃甸港区及外部铁路运输通路改建铁路预可行性研究报告》。

1999 年 11 月，中国国际工程咨询公司组织了曹妃甸和大连两个 20 万吨级进口铁矿石码头建设方案论证会。就历史积淀、体量和名气来说，曹妃甸自然不能和大连港相提并论。但许多专家指出，曹妃甸和大连两个备选港址可以做到共存：因为曹妃甸侧重对接华北各大钢铁企业，而大连港则是主要面向东北的钢铁企业，腹地的服务对象是不同的。为推动我国北方钢铁工业的发展，这两个港口的深水铁矿石码头都应该安排立项建设。但中国国际工程咨询公司专家组负责人认为，曹妃甸铁矿石码头的最大业主是首钢，首钢在北京面临的处境是压产，唯一的出路是搬迁，而关于首钢搬迁的去向并不确定。若首钢不搬迁至曹妃甸，则曹妃甸的进口铁矿石码头项目就不能批准。这个意见是站在华北地区钢铁工业布局调整的高度提出的，特别是在首钢搬迁去向不明朗的情况下，这个"捆绑"式解决方案为首钢搬迁和曹妃甸铁矿石码头的批准立项指出了道路。早在 1984 年，国务院就曾有过首钢、唐钢联合组建大型钢铁联合企业的构想，因为属于跨行政区合作而没能实现。当下，河北依然希望首钢能来曹妃甸，同时也希望尽早开发曹妃甸。中咨公司是主张首钢搬迁曹妃甸的，捆绑解决的办法长远看是有利于推动首钢搬迁的，但在眼下的进口铁矿石码头竞争中使曹妃甸处于了被动地位。中国国际工程咨询公司专家评审会议最终决定支持大连港，搁置曹妃甸方案。

2000 年 6 月，中国国际工程咨询公司向国家计委上报了《关于京唐港曹妃甸港区矿石专用码头项目建议书的评估报告》。结论是：中国钢铁工业使用进口铁矿石是一个长期战略，曹妃甸 20 万吨级进口铁矿石码头的建设，符合北方地区进口铁矿石接卸点合理布局原则，适合船舶大型化、专业化和提高港口质量的需要。建港条件、工艺方案基本可行。考虑到华北地区钢铁工业正在实行调整，"十五"发展尚不明确，特别是首钢动迁没有定论，建议暂缓立项。国家发改委肯定和支持了这个意见。

这样看来，以首钢搬迁来推动建设曹妃甸 25 万吨级进口铁矿石码头已成为第一需求。至此，河北省和唐山市开始调整整体思路，将前期工作的重心转变到争取首钢搬迁曹妃甸上来。当全国各大钢铁企业都在高奏凯歌、向千万吨大钢铁迈进的时候，首钢却"窝"在石景山，独自面对环境污染的重重压力，不仅得不到新的发展，反而"逆向行驶"，一再压低产能，大批富余人员难以安置，处境颇为艰难。2001 年 7 月 13 日，北京申奥成功。首钢却在召开紧急会议，研究首钢向何处去的问题。因为 2008 年北京举办奥运会对环境要求势必提升，首钢将面临更多压力。

进口铁矿石码头和进口原油码头是曹妃甸开发的核心工程，核心工程不能获得国家立项，曹妃甸开发就是一句空话。没有争取到这个深水码头项目立项，曹妃甸并没有丧失钻石级深水港址的价值①，暂时不能建深水码头，完全可以从通电、铺路开始。只有充分做好准备，做好基础性工作，才能为最终立项创造条件。2001 年 12 月初，河北省计委组织了曹妃甸通岛公路工程启动会议。会议决定由首钢总公司、唐钢集团、河北省建投、唐山港口投资公司共同出资，成立曹妃甸实业开发公司，其中唐山港口投资公司拥有 20% 的股权。河北省和唐山市的有力推动，使曹妃甸建港前期工程转向，不求先建港口，而在公路建设上实干；不是停下来等待立项，而是创造条件促使尽快立项。2002 年动工建设从滦南县青坨营至通岛公路起点唐海县林雀堡的公路，长度为 52.29 千米，定名为"青林公路"。

---

① 　根据对中国大陆沿岸主要港湾到 36 米等深线离岸距离的最新测量和比较，辽宁的大窑湾是 9 千米；山东青岛港是 32 千米，日照港是 80 千米；江苏连云港是 95 千米；宁波北仑港是 50 千米；福建泉州湾是 15 千米；广东大鹏湾是 20 千米；广西北部湾是 60 千米。曹妃甸是全岛，离岸距离是一千米，是中国全岛中离岸距离最近的深水大港，港航专家都称其为"钻石级港址"。

这段时期，建立在持续科学论证基础上的曹妃甸工程一步步地获得各界认可，对于开发建设曹妃甸形成了日益广泛的共识。2002年3月，经过河北省、唐山市两级政府的积极工作，中国国际工程咨询公司认可曹妃甸铁矿石码头建设的客观环境出现转机，同意在原评估意见基础上做出复议，需要唐山市计委呈送补充报告，侧重阐释曹妃甸进口铁矿石码头腹地钢铁企业需求量增长态势和系统性论证的进展。鉴于秦皇岛港务有限公司已于2002年3月由交通部下放到河北，省政府决定，秦皇岛不再独立争取深水码头建设项目，把力量集中到曹妃甸。2002年7月，曹妃甸实业开发公司为此举行第二次股东会议暨第一次董事会，决定变更股东占比，变更结果是：首钢总公司30%、河北建投公司10%、唐山港口投资有限公司10%、唐钢集团15%、秦皇岛港控股35%。正是在这样的新形势下，中共唐山市委、市政府决定：把曹妃甸工程作为唐山市"四大兴市工程"之首，举全市之力开发建设。

2003年3月，河北省把曹妃甸工程定为"河北一号工程"。开发建设曹妃甸是河北省委、省政府根据新世纪全省生产力布局战略性调整及产业优化转型而做出的一项重大决策。按照规划，曹妃甸以建设大型深水码头为契机，将大力集聚钢铁、石化、电力、装备制造等主导产业，建设产业体系完整的现代化临港产业园区。曹妃甸是一个具有巨大发展潜力的深水港址，它的开发建设，绝不仅仅是唐山得到了一个深水港口和临港产业群，也不仅仅是满足了腹地企业跨越式发展的需求，可以深刻影响河北经济社会发展的内涵和方向。如果说，过去的河北是一个缺少沿海特色的沿海省份，也许就是从这里开始，河北将真正面对太平洋。

2003年3月，时任河北省委书记的白克明到京唐港调研。按照唐山港口投资公司董事长刘卫民的安排，以多媒体方式形象地演示了唐山沿海发展格局。白克明高兴地指着荧幕上的曹妃甸工业园区、南堡开发区、海港开发区的发展规划图，连连说："金三角、金三角。"当天下午，白克明参加了曹妃甸港区通路工程开工典礼，并宣布曹妃甸通岛公路工程开工①。

---

① 2003年10月10日，一场罕见的特大风暴潮袭击了曹妃甸通岛公路现场。因为当时是施工初期，尚不具备抗击强大风浪的能力，出现一定险情。2004年9月底完成路基工程，2005年9月完成路面硬化并全线贯通。

2003 年 4 月，河北省举行曹妃甸工业区领导小组首次全体会议，认为整个工程有两个关键点：码头和项目。它标志着曹妃甸不再只是唐山市的工程，而是由省级党委政府推动和决议，使之成为关系到全省经济社会发展的富民强省工程。

2005 年 2 月 18 日，国家发改委正式批复首钢搬迁曹妃甸，提出"按照循环经济的理念，结合首钢搬迁和唐山钢铁工业调整，在曹妃甸建设一个具有国际先进水平的钢铁联合企业"的目标。曹妃甸铁矿石码头项目正式获国家发展改革委员会核准，这意味着长期持续谋划的"河北一号工程"终于开启了全面开工的进程。

2005 年 9 月 10 日，"唐山港"港名恢复使用，下设京唐港区和曹妃甸港区。为了促进唐山港口事业的发展，早日将唐山建设为国际知名港口城市，依据河北省交通厅港航管理局关于恢复使用"唐山港"港名有关问题的复函及"一城一港、属地命名"的原则，经唐山市委、市政府研究决定，把京唐港和曹妃甸港联合在一起，以"唐山港"命名，分别称为"京唐港区"和"曹妃甸港区"。

河北省和唐山市正式开始进行曹妃甸开发建设的前期工作以后，累计投入资金 6000 多万元，先后组织中交水规院、南京水科院、国家海洋局勘测环评中心等 30 多个甲级勘测、设计、科研机构，累计开展了 50 多项科研课题，聘请 14 名院士，召开各类会议 100 多次，聘请专家学者 3500 多人次，对工作成果和科研项目展开论证、研讨和完善，为国家做出科学决策提供了充分、翔实的依据和结论。

京唐港对曹妃甸建港的前期筹备工作负责或参与了诸多事项，在曹妃甸港区的谋划和初创阶段发挥了关键作用。自 1996 年至 2000 年间，曹妃甸建港的前期工作都是在京唐港务局具体组织下进行的，这是因为当时对曹妃甸建港的定位是建设京唐港曹妃甸港区（即按照当时的名称，京唐港下设已建的王滩港区和拟建的曹妃甸港区）。1996 年 4 月，京唐港务局委托中交水规院和铁三院编制了曹妃甸矿石泊位项目预可行性研究报告。1996 年 4 月，京唐港务局与首钢总公司就共同委托中交水规院进行曹妃甸矿石码头设计问题进行了磋商。1996 年 7 月 7 日，河北省计委和省交通厅在京唐港务局召开了"京唐港曹妃甸港区深水泊位前期工作大纲专家评审会"。1996 年 7 月 20 日，京唐港务局接待中石化咨询公司原总

工程师朱康福实地考察曹妃甸岛，并就建设华北地区进口原油接转工程、建设
20万吨级原油接卸泊位进行研究。2000年5月，唐山港口投资公司成立后，这
项工作便由该公司接管，继续参与曹妃甸港区建设。

第二节　高规格起步

2004年12月，国务院常务会议通过《渤海湾区域沿海港口建设规划》，明
确提到在京唐港曹妃甸港区建设深水的铁矿石和原油码头。2005年2月，国务院
签批了《关于首钢实施搬迁、结构调整和环境治理的方案》。于是，一直不确定
的首钢搬迁最终落地。鉴于首钢是曹妃甸进口铁矿石码头的首要服务对象，这两
个事项互为依托、一体发展，确实印证了当初"捆绑"解决的设想。曹妃甸港
区与首钢在21世纪异地发展的命运紧密相连，曹妃甸能够建港应在很大程度上
归功于首钢搬迁①。

秦皇岛港务集团有限公司、首钢总公司、唐山钢铁集团有限责任公司、河北
省建设投资公司、唐山港口投资有限公司合资成立的唐山曹妃甸实业开发有限责
任公司，先后建设了铁矿石码头一期和二期工程，共四个25万吨级矿石泊位及
两个5万~10万吨级散杂货泊位②。25万吨级矿石码头是曹妃甸建港的核心项
目，承担建设任务的是中国港湾建设第一航务工程局一公司。2004年10月7日，
位于港区前缘地带、紧邻渤海湾深槽的25万吨级铁矿石码头开始打第一根钢

---

① 首钢也通过搬迁到沿海临港地区而显著降低了运输成本。首钢京唐钢铁公司的原料场选择了离码
头最近的区域，而成品库则直接设在了成品码头的后方陆域，最大限度减少了原料进厂和成品发送的运输
距离，降低了运营成本。从曹妃甸实业港务公司矿石码头卸船上岸的铁矿石，通过两条皮带输送机直接通
往首钢京唐公司的厂区。

② 该公司的5万~10万吨级通用散杂货1号、2号泊位位于矿石码头西北方向，2004年11月开工，
2005年9月完成水工主体，于2007年8月投入运行。2008年7月1日，公司更名为"唐山曹妃甸实业港
务有限公司"。

桩①。铁矿石码头一期的工程结构是高桩梁板式，设计通过能力是每年 3000 万吨。码头长度为 808 米，其中靠泊岸线 735 米长，码头前沿停泊水域底标高 -25 米，吹填作业的情景如图 4 - 2 所示。一期工程装备了六台桥式卸船机，每台单机的卸船能力是 2500 吨/小时。

图 4 - 2 曹妃甸港区吹填作业

资料来源：微信公众号"曹妃甸发布"。

曹妃甸 25 万吨级铁矿石码头一期工程在 2005 年 12 月正式通航。由曹妃甸实业开发有限公司花费 4000 多万元从湛江造船厂订制的两艘 5200 马力拖轮"曹港 1 号"和"曹港 2 号"提前到达曹妃甸港区。12 月 13 日，首钢和唐钢合租的"吉尔达号"货轮，装载着自澳大利亚哈姆斯利矿业公司采购的 21 万吨铁矿石，在从澳大利亚皮尔丹港出发后 13 天，成功靠泊 1 号泊位。12 月 15 日，由唐钢租用的"彼尤菲克斯号"货轮，装载从澳大利亚哈姆斯利矿业公司采购的 18 万吨

---

① 曹妃甸矿石码头、原油码头和 LNG 码头都是没有防波堤的，直接面对大海，抗风能力强的大型货轮可以直接靠泊作业。曹妃甸人工岛的其余泊位，都位于各个港池之内。

铁矿石，顺利靠泊在 2 号泊位。这两艘大型商船的靠泊宣告着曹妃甸这一渤海湾水深条件最佳的港口正式启用。16 日，河北省委、省政府举行了唐山港曹妃甸港区开港暨 25 万吨级矿石码头开航仪式。

为了进一步满足市场需求，唐山曹妃甸实业港务有限公司适时启动了二期工程。2009 年 3 月，《唐山港曹妃甸港区矿石码头二期工程项目申请报告》评估会议在曹妃甸湿地渤海国际会议中心召开。会议认为曹妃甸港区铁矿石码头一期工程已经投产，一批临港产业项目和围海造地项目相继动工。为了适应唐山及华北地区钢铁产业进一步发展的需要，提高唐山港现代化、专业化水平和竞争力，建设曹妃甸港区矿石码头二期工程是非常必要的。2010 年 4 月，国家发展与改革委员会正式批复了唐山港曹妃甸港区铁矿石码头二期工程。该项目实际于 2009 年 9 月动工，2010 年 10 月 11 日实现重载试车。该项目投入使用有效地缓解了船舶压港局面，为唐山及腹地的钢铁产业发展提供了原材料保障。

早在 2004 年，河北省政府向国家发展与改革委员会提出了一个具有突破性的设想，就是建设联通曹妃甸的专门铁路线，与大秦线接轨、做到"扩能分流"，在曹妃甸布局建设我国北方的大型煤炭下水码头系统，打造成为继秦皇岛港和黄骅港之后的主力出海口。这个富有创意的计划引起国家发改委的高度重视。铁道部计划司也举办研讨会，讨论大秦铁路至曹妃甸港区的建设环境和前期工作意见。会议认为唐山市设想的大秦线"扩能分流"方案，与其他"北煤南运"方案对比，拥有投资少、见效快、占地省、运能高等长处。大秦线开口至曹妃甸的铁路方案，相当于为大秦线提供了两个下水终端，相较只有秦皇岛一个出海口要更为安全稳定。按照铁道部的要求，唐山市与北京铁路局共同委托铁三院优化了设计方案，确定为年运能两亿吨的全线电气化铁路。同时，委托交通部一航院进行配套煤炭码头的预可行性研究。

2005 年 8 月，唐港铁路有限责任公司成立。该公司是在原滦港铁路公司的基础之上，通过"增资扩股、变更登记"的方式，由北京铁路局、唐山港口投资有限公司、国投交通公司、唐山曹妃甸实业开发有限公司、大唐国际发电股份有限公司、河北省建设投资公司和华润电力（唐山曹妃甸）有限公司七家企业合资成立的。由该公司来新建迁曹铁路及原滦港铁路既有线的扩能改造，总投资 48 亿元。迁曹铁路的建设标准是国铁一级复线电气化铁路，成为唐山港两个港区与内陆货源连接之纽带。迁曹铁路项目可以依据工程特点划分成三部分：第一，新建迁安北至菱角山复线电气化铁路，长度 47 千米，设计运输能力是 3.8 亿吨，基本相当于大秦线原有的 4 亿吨运输能力；第二，滦县至京唐港铁路扩能改造，设计运输能力是 2.5 亿吨，具体为滦县西至滦南站间增建二线 35 千米、滦南至京唐港 41.4 千米的单线电气化改造；第三，新建滦南至曹妃甸港区站单线电气化铁路，长度 75 千米，设计运输能力是 1.5 亿吨。于是自 2007 年后，伴随迁曹铁路的分段完工，秦皇岛港的煤炭运输压力渐进变小。

这段时期，曹妃甸的大规模开发得到了中央高层的关注和支持。2006 年，时任总书记胡锦涛到曹妃甸视察时强调：曹妃甸项目，北煤南运也好，首钢搬迁也好，大石化也好，无一不和港口联系在一起，要围绕运进来、输出去，做好临港经济这篇大文章。曹妃甸具备深水码头，有了这么好的天然资源，的确是一块黄金宝地。

2006 年 11 月国家发改委正式批准了曹妃甸原油码头及配套项目。唐山曹妃甸实华原油码头有限公司由中国石油化工股份有限公司、唐山曹妃甸港口公司合资成立，是曹妃甸 30 万吨级原油码头的运营商。该码头 2008 年 4 月通过验收，是由中交一航局负责建设的，建成了一座 30 万吨级原油码头，并且可以适用于 45 万吨和 15 万吨的船舶，设计年接卸能力 2000 万吨。2008 年 8 月，"Sea For-tunel"号的 30 万吨级油轮顺利停靠在曹妃甸原油码头，这是我国渤海湾内第一次有 30 万吨级油轮停靠。曹妃甸 30 万吨级原油码头投入运行之后，意味着中国石化在华北地区有了新的大型进口原油口岸，有助于保障国家能源安全。2009 年 6 月，时任国务院副总理李克强到曹妃甸调研，考察了中石化 30 万吨级原油码头。

唐山市在 2008 年发布了旨在发展沿海经济的"四点一带"战略，南部沿海地区的临港产业兴起，以曹妃甸港区为主要增长点的唐山港也在规模体量上快速攀升，特别是铁矿石和煤炭两大干散货种成为主导力量。曹妃甸一期煤炭码头工程 2009 年 8 月投产，作为运营商的国投曹妃甸港口公司是国投交通控股有限公司、河北建投交通投资公司、秦皇岛港股份有限公司、深圳珠江港口发展有限公司和唐山建设投资公司在2005年4月26日共同发起的，由国投交通公司绝对控股，担负曹妃甸港区煤炭码头一期工程的建设运营。

从铁路集疏运条件来看，能够同时联通大秦和蒙冀两条煤炭运输铁路干线的只有曹妃甸港区，国投曹妃甸煤炭码头则是唐山港曹妃甸港区首个煤炭项目。作为我国煤炭能源大范围调运的重要支撑，国投曹妃甸煤炭码头共建设了5万~15万吨级泊位十个，年度通过能力为一亿吨，包括起步工程和续建工程两个阶段，目前均已投入使用。曹妃甸煤炭码头一期工程2008年4月基本完工，9月实现空载联动。2009年2月25日，伴随迁曹铁路"曹西段"的通车，煤炭码头开始重载试车，也就意味着开始形成煤炭装船能力。

到2009年底，曹妃甸港区经过短短几年的大力建设，已经有相当规模的码头投产，如表4-1所示。

表4-1　2009年底曹妃甸港区码头泊位状态

序号	码头名称	泊位数（个）	靠泊等级（万吨级）	通过能力（万吨/年）	主要货种	建成时间（年）
1	实业公司矿石码头一期	2	25	3000	铁矿石	2005
2	实业公司通用码头	2	5	350	散杂货	2005
3	首钢通用杂货码头	2	2~5	280	钢铁、建材	2008
4	国投煤炭码头	5	5~15	5000	煤炭	2009
5	曹妃甸港口公司起步工程	3	4	220	件杂、集装箱	2009
6	曹妃甸港口公司二期工程	3	4	400	钢材、水泥、件杂	2009
7	30万吨级原油码头	1	30	2000	原油	2008

在唐山港曹妃甸港区2009年的吞吐量构成中，主要是金属矿石和煤炭，这两大货类大约为全港区总吞吐量的97.4%；吞吐量构成中其他货物如散水泥、盐、化工原料等货种规模约在100万~200万吨；其余货类均在50万吨规模以下。曹妃甸港区2009年分货类吞吐量情况如表4-2所示。

表 4 - 2　2009 年唐山港曹妃甸港区分货类吞吐量　　　单位：万吨

货种	合计	其中外贸
金属矿石	5751	5751
煤炭	1087	50
钢铁	38	0
其他	142	63
合计	7018	5864

曹妃甸港区二期煤炭码头是由隶属于河北港口集团的秦皇岛港股份公司控股的专业码头，在一期煤炭码头的北部。2009 年 12 月取得国家发展和改革委的批复，2010 年 3 月动工。该项目占地 1900 余亩，建设 10 万吨级泊位两个、7 万吨级泊位两个、5 万吨级泊位一个，年设计煤炭下水能力 5000 万吨。2015 年 7 月，重载试车成功。

经过充分的前期论证，得到了各层面的一致认可之后，唐山港曹妃甸港区在开发建设初期就展示出鲜见的高速度。然而同时，港口建设运营商的分散和多元化，日益变成影响港区整体发展和竞争力提升的难题。为促成主导型运营商的构架和推动曹妃甸港区资源的集约式开发，2007 年 6 月，唐山曹妃甸港口有限公司组建，随后开启了快速拉升的进程，2009 年通用码头建成，2010 年集装箱码头建成，2011 年弘毅码头建成，2012 年西港码头和铁矿石码头建成，2016 年液体化工码头建成[1]。

2009 年 9 月，曹妃甸通用码头的起步工程完工，包括三个 4 万吨级多用途泊位；当月，通用码头二期的件杂货泊位完工。通用码头是曹妃甸港口有限公司最先修筑的码头，是起步项目，亦为当下曹妃甸港区最具货类综合性的码头。具体位置在曹妃甸港区的一港池东岸线，包括八个 10 万吨级的通用散杂泊位。2010 年 4 月，通用码头的外贸钢材出口航线开通，船籍为开曼群岛的 PARNASSOS 轮停靠通用码头，装载钢材运往意大利。

---

[1]　为避免多元经营造成各港口企业间的低水平竞争，谋划设立公共服务体系，规范曹妃甸港口市场运营秩序。2010 年 3 月，唐山曹妃甸港口有限公司与曹妃甸实业港务公司、中石化合资组建了服务全港区的拖船公司，形成统一的拖引服务平台，促进了生产资源的合理配置和科学调度。

2010年7月12日，"新海欣"号货船从曹妃甸港区通用码头起航，开往上海宝山。这标志着曹妃甸港区集装箱航线开通。目前，曹妃甸集装箱码头已经与中远海运等多家公司合作开设了集装箱班轮航线，能通达国内主要港口。但由于曹妃甸港区的集装箱业务起步晚、基础设施不完善及区域货源竞争激烈等多重因素的影响，仍面临着较多困难。

曹妃甸西港码头公司（曾用名：联想控股唐山曹妃甸港务有限公司）2010年9月成立，属于曹妃甸港口有限公司的全资子公司，从事件杂货业务。西港码头在曹妃甸港区二港池的西岸，分为两期工程，其中一期工程包括两个5万吨级通用泊位。二期工程2014年10月动工，包括六个5万吨级通用泊位，可以满足10万吨级船舶靠泊。

第三节　跨越式发展

2011年11月，曹妃甸港口有限公司通过增资扩股的方式吸纳深圳盐田港股份作为股东，盐田港出资13.55亿元，拥有35%的股权。通过此次引资，拓宽了曹妃甸港口事业的融资渠道，可以学习采纳深圳盐田港的先进理念和管理模式，助推唐山港曹妃甸港区的建设运营。南北两大港口基于业务契合，渐进塑造了钢材、煤炭等货物的整合物流体系。

2012年4月11日，"维克多瑞斯"号外轮装载16.8万吨铁矿石停靠在由曹妃甸港口有限公司投资建设的曹妃甸25万吨级矿石码头三期，标志着重载试车成功。矿石码头三期的岸线长度为831米，最早的泊位数为两个，年设计吞吐能力为3580万吨。

为了规范治理结构，曹妃甸港口有限公司开展了股份制和集团化工作，2013年成立曹妃甸港集团股份有限公司，逐渐在曹妃甸港区建设运营中发挥龙头作用，主导或者参与了十多家相关企业，推动了曹妃甸港区煤炭码头二期及三期、铁矿石三期、二港池通用码头等多个重要港口项目。目前，在唐山港曹妃甸港区的港口企业中，除了铁矿石码头的一期和二期、煤炭码头一期、液化天然气（LNG）码头外，曹妃甸港集团公司都有参涉。

华能曹妃甸港口公司由华能集团控股，其煤炭泊位在曹妃甸工业区南端，包括五个煤炭装船泊位。其中 5 万吨级一个，7 万吨级两个，10 万吨级两个，码头岸线长 1428 米，年设计通过能力 5000 万吨。该码头 2012 年 7 月动工，2017 年 7 月正式开通。华能曹妃甸煤炭码头是华能集团"电、煤、路、港、运"一体化方略的中枢位置，是整个供应链治理的中心。该码头的建设运行，打通了华能集团沿海能源供应链，可以构建基于曹妃甸平台的燃料供应新模式。

唐山曹妃甸文丰码头公司成立于 2011 年 11 月，是曹妃甸木业有限公司和曹妃甸港口公司的合资项目，拥有岸线 1600 米，建有四个 5 万吨级和两个 3 万吨级木材专用泊位，是我国北方最大的木材专业码头。2014 年 1 月 20 日，曹妃甸港区文丰木材码头迎来了第一艘货轮"维纳斯"，满载着三万方新西兰木材。文丰木材码头涵盖从物流运输、加工成品到木废利用，形成了全链条生产。

2012 年 7 月 23 日，曹妃甸综合保税区获国务院批复，面积为 4.59 平方千米①。唐山曹妃甸综合保税区港务公司 2012 年 11 月设立，属于国有控股公司，是曹妃甸控股有限公司和唐山曹妃甸综保投资有限公司的合资项目。曹妃甸综合保税区通用码头现已运营，位于三号港池北岸三突堤南端，是能够靠泊集装箱、件杂、滚装等船只的多用途码头。该码头的建设打通了保税区外贸、中转、配送的海上通道，可为综合保税区内和腹地企业提供便捷的国际物流服务。

河北钢铁集团曹妃甸码头一期工程 2012 年春开工，2014 年 4 月通过验收，建成了 2 万吨级和 5 万吨级通用泊位各两个，年设计运输能力 1010 万吨。以此为基础，河北钢铁集团正在曹妃甸形成物料储存、加工配送、现货交易等集成业务的综合物流基地。

2015 年 3 月 4 日，"集发黄海"轮从曹妃甸集装箱码头出发，途经大连中转至韩国釜山。这是从曹妃甸港口有限公司装船的首批外贸集装箱，意味着曹妃甸港区从此为唐山市外贸集装箱运输提供了新的窗口和平台。2018 年 10 月 27 日，

---

① 曹妃甸综合保税区是河北省首个综合保税区。

新加坡籍"ACACIA MAKOTO"轮停靠曹妃甸综合保税区码头,曹妃甸港区第一个外贸集装箱班轮航线开通。该航线的挂靠顺序是:曹妃甸—天津—大连—大阪—神户—东京—横滨—名古屋,周班服务,双向对开。这压缩了腹地相关外贸单位的运输费用,也推动了曹妃甸综合保税区跨境电商及加工贸易的兴起。

面对日益严峻的空气质量问题,液化天然气(LNG)作为一种清洁能源,能够缓解京津冀地区的环境压力。早在2005年7月,北京市政府、河北省政府和中国石油集团三方签署《唐山曹妃甸液化天然气项目合作框架协议》,启动建设进程。2010年10月,中石油唐山LNG接收站项目通过国家发展和改革委的批准立项,主要包括四个16万立方米LNG储罐和一个专用接卸码头。2011年3月,一期工程动工。2013年11月15日,第一艘LNG船停靠在曹妃甸LNG码头,这是河北省港口停靠的首艘LNG运输船,船名"加拉法",船籍是马绍尔群岛,自卡塔尔装载14万立方米液化天然气到曹妃甸。2013年12月6日,曹妃甸港区LNG泊位完成对外开放验收。曹妃甸LNG项目对完善曹妃甸港口功能,弥补京津冀地区用气缺口,优化国家能源布局,都具有重要意义。

2015年6月,交通运输部和国家发改委联合下发《关于港口接靠40万吨矿石船有关问题的通知》,对国内现阶段40万吨矿石码头做出安排,同意四个港口的七个泊位可以靠泊40万吨铁矿石船,其中包含了曹妃甸港区铁矿石码头的两个泊位,这是渤海湾里面仅有的可以接靠40万吨级铁矿石船的位置,具体如表4-3所示。

表4-3　现阶段40万吨铁矿石码头布局方案

港口	港区码头	泊位数(个)
大连港	大孤山港区铁矿石专用泊位	1
唐山港	曹妃甸港区铁矿石码头三期工程	2
青岛港	董家口港区铁矿石码头工程	1
宁波—舟山港	马迹山铁矿石码头二期工程	1
宁波—舟山港	衢山港区鼠浪湖铁矿石码头	2

能够接靠40万吨级商船对于彻底发挥曹妃甸港区的深水优势、提高铁矿石

的转运效率、压缩钢铁企业的运输费用，都具有重要意义。还能促进服务类型的扩充，促进与铁矿石相关的贸易功能的叠加，争取建设国内领先的进口铁矿石交易平台。曹妃甸港区40万吨级VALEMAX散货船于2015年11月16日首航，这是曹妃甸获得相应资质后接靠的第一艘40万吨级矿砂船，同时亦为第一艘进到渤海湾内的超大船舶。这条船的船名是"BERGE EVEREST"（中文名："宏远"），船长360.97米、宽65米，隶属于巴西淡水河谷负责铁矿石运输的VALE-MAX船队①。

为充分彰显曹妃甸深水大港的发展空间和独特优势，投资500多亿元建设的张唐铁路于2015年底通车。曹妃甸港区与大秦铁路、蒙冀铁路这两条全国性的能源运输走廊相通，煤炭下水运输的增长潜能很大。建基于铁路大通道，曹妃甸港区近几年积极开拓大西北内陆腹地，然后进一步朝中亚国家扩展。"曹妃甸—包头"集装箱班列（2015年6月开始运行）与"包头—阿斯塔纳"中亚班列（2016年8月开始运行）相连接，使唐山港曹妃甸港区通过海铁联运形式，联通中亚乃至欧洲。当前，曹妃甸港区正在深入参与到中蒙俄经济走廊，力争成为"一带一路"倡议下的物流网络成员。2016年11月9日，曹妃甸港区的第一个内陆无水港在内蒙古自治区的包头九原物流园揭牌。2016年11月11日，曹妃甸港区在二连浩特设置的内陆港成立。

内陆港通过"港口内移、就地办单"，将非港口装卸环节尽量前移至内陆的货源生成地，把港口的辐射范围扩大到远程腹地。2018年，在唐山市的统一部署推进下，唐山港两个港区的内陆港建设大幅提速，一年之内新增12家内陆港，具体如表4-4所示。

表4-4　2018年唐山市新增内陆港

设立时间（月份）	坐落地点
4	新疆阿拉山口

---

① 2018年9月，"马拉尼昂"轮靠泊在曹妃甸港区矿石码头三期，这是曹妃甸港区靠泊的第19艘40万吨级散货船舶，其载重吨位再次刷新了港口纪录。

续表

设立时间（月份）	坐落地点
5	内蒙古萨拉齐
5	山西安塘
6	内蒙古呼和浩特沙良
6	内蒙古巴彦淖尔临河
7	山西大同
8	新疆奎屯
8	新疆乌鲁木齐
8	新疆哈密
10	内蒙古满洲里
12	北京平谷
12	甘肃嘉峪关

2018 年 2 月，中国铁路北京局集团公司和唐山市政府签署了协议，北京局启动"集疏分开、专业运营"的新型集疏运组织方式，谋求实现唐山港曹妃甸港区的铁矿石疏港尽快从公路变成铁路。由于大秦铁路运输计划及回空车皮等问题的制约，曹妃甸的铁路疏港能力并未发挥。每年曹妃甸港区的疏港铁矿石大约有两亿吨，以前仅有极少的数量经由铁路运输，除了临港企业直接采用皮带输送机之外，大多数依赖卡车运输。重型卡车污染大、耗能多，放大了港口运营对当地生态环境的负面干扰，而铁路运输的能源消耗和污染物排放只相当于重型卡车的 1/7 及 1/13。所以，地方政府和当地民众对大宗干散货运输"公转铁"的要求愈发紧迫。

货运增量行动是中国铁路总公司的重点工作，特别是着力于津冀范围的各大港口。就曹妃甸港区铁路集疏运而言，中国铁路总公司与唐山市经过长期的共同调研，提出了包括管理体制变化、运输组织优化、建设钢铁企业铁路专用线等内容的实施方案。铁路总公司把曹南线的铁路运输管理从太原局集团公司变更成北京局集团，从而利于当地的协调，制定了具体的实施细则，以达成"公转铁"的目标，初步化解了曹妃甸疏港铁矿石长时间难以经由铁路运输的状况。该项安排从 2018 年 3 月 1 日起施行，截至 2018 年 12 月底，唐山港全年利用铁路运输疏港矿石 3447 列、1222 万吨。

唐曹铁路全长 91.5 千米，2015 年动工，2018 年 10 月底正式开通货运、12 月底开通客运。可以重点契合沿线单位对铁矿石和钢铁的运输需要。唐曹铁路的正式建成运行不但可以拉动沿线地区的经济发展，而且能够开拓货物集疏港"公转铁"的空间，助力污染防治。

曹妃甸港区在河北省各港口港区中发展速度最快，当前已建成投产各类泊位近百个。曹妃甸港区的港口投资运营主体庞杂，大致包括：①本地系，代表是曹妃甸港集团，属于曹妃甸的区属企业，码头类型多样，装卸货种品类广泛，包括铁矿石、钢材、集装箱、液体化工品等。②河北港口集团系，主要包括曹妃甸实业港务公司和煤炭码头二期，属于河北港口集团的控股企业，里面的实业港务公司是唐山港曹妃甸港区的首家港口企业。③各业主码头，如国投交通公司的煤炭码头、华电码头、华能码头、首钢码头、文丰木材码头、实华原油码头、LNG 码头等。

曹妃甸港区为在初创阶段尽早形成基本规模，引入了大量外来企业投资建设业主码头。这种安排尽管在当时发挥了促进港口建设的积极作用，但是建设运营主体的过度多元和分散也日益凸显出不利因素。在此背景下，作为当地区属企业的曹妃甸港集团成为港区仅有的公用综合性港口企业，使其自然在推动港区联动、治理经营秩序、壮大整体实力方面，起到了牵头作用。2016 年 8 月组建了曹妃甸港口协会，旨在通过行业协会自律和统一协调，加强曹妃甸港区的企业经营行为规范，协会的理事长单位为曹妃甸港集团。2017 年则进一步成立了曹妃甸港区管委会和港口规划建设委员会，统筹整个港区的规划管理。

2015 年 5 月，河北省政府批准《唐山港总体规划（修订）》，在原来 2007 年版总规的基础上，这一轮的修订版根据最新的港口市场格局和形势，拔高了唐山港的整体功能定位，优化了港口布局，改动了规划方案。具体内容显示，唐山港作为我国沿海地区性重要港口，是我国能源、原材料等大宗物资专业化运输系统的重要组成部分；是华北及京津冀地区重要综合运输枢纽；是京津冀地区协同发展和区域产业结构调整的重要平台；是河北省及唐山市参与东北亚地区经济合作的重要窗口；是实施《河北沿海地区发展规划》、促进河北省及唐山市经济转型升级的重要支撑。2005 年底开港运营后，通过十几年之成长积累，唐山港曹妃甸港区已然建成我国沿海经济带里面成长速率最高的单体港区。曹妃甸港区仅开港五年就成为亿吨大港，2013 年吞吐量突破 2 亿吨，2018 年完成 3.36 亿吨。

目前，曹妃甸港区存在的问题包括：第一，曹妃甸港区煤炭、铁矿石、原油和钢铁四大货种占总货物吞吐量的比重高达 92%，抗市场风险能力较差，吞吐量的可持续增长存在局限。受我国煤炭、钢铁行业景气状况整体欠佳的影响，曹妃甸港区 2015 年的煤炭运量下降 33.8%，铁矿石吞吐量基本持平，造成曹妃甸港区的总吞吐量同比降低 9.0%。与此同时，曹妃甸港区集装箱运输发展缓慢，体量较低，距大型综合性港口还有一定差距。第二，曹妃甸港区以公路为主要的集疏港方式，除了下水煤炭、上水原油分别通过铁路、管道疏港外，其余绝大多数货物通过公路集疏运，港口可持续性发展受到挑战，给城市环境和交通运行均造成严重的负面影响，港城矛盾日益凸显。当前，这一方面的问题已经有所改观，大规模的"公转铁"将有助于优化整个集疏运系统。第三，曹妃甸港区的业务类型比较单调，货物装卸还是占据着主体，保税仓储、加工、配送、信息、金融等服务少，为当地创造的经济增加值还明显比较单薄。第四，在区域港口市场容量相对固定的前提下，曹妃甸港区港口企业的重复和分散必然会使得货源竞争过度，对于港区的整体发展是起到负面影响的。为此，曹妃甸港区需要务实推动港口岸线资源整合，由具备公共性和本土性的港口集团牵头负责港区的整体可持续发展，集成空间布局，促进港口资源的科学开发。第五，港产缺乏互动和港城空间隔离约束着曹妃甸港区的能级。曹妃甸港区的升级尚未能得到当地临港产业的坚实支持，港口与临港产业之间尚未能出现理想的互相促进之局面。曹妃甸区总体较低的城市发展水平和区内分散布局的城市组团都限制了港航高端服务业在曹妃甸的集聚，限制了港口的能级提升，成为港产城链条之短板。

第 五 章

黄骅港发展史

　　黄骅港地处河北省黄骅市、渤海西岸，陆上离黄骅市区 45 千米、离沧州市区 90 千米，海上北距天津港 60 海里，是我国的主要能源输出港，亦为冀中南和晋陕蒙等中西部地区陆路运距最短的出海口。黄骅建港的实质性启动始于 1982 年，但最初起点较低。神华集团的介入和朔黄铁路的建设使黄骅港得以上档提速，却日益锁定在单一的煤炭通道性运输上。近些年，黄骅港克服自然条件约束，吞吐量高速增长，在建设综合大港、港产城互动、服务远程腹地方面成效显著。

第一节　建港筹划

　　黄骅港在宋、金朝即为海上丝绸之路的北方起点之一。在沧州市的海岸线上，排布着 6 个渔港和 30 余个渔村。黄骅港现在的位置是以前的狼坨渔港，地处冀鲁两省毗连处，是宣惠河和漳卫新河汇合产生的大口河的入海口。

　　因为主观方面封闭保守、客观方面淤积泥沙等原因，沧州黄骅境内的海岸线一直没建设商港，海洋反而阻碍了人员物资信息的流通交往，使得沧州长期处在封闭困境。河北省中南部沿海没有港口，交通不发达，经济相对封闭，致使这一区域的经济相对落后，南落后于山东半岛，北不如京津唐发达。1982 年，沧州地区的领导者开启了海洋战略，成立了黄骅港筹建指挥部，起步建设两个杂货码头。1986 年，这里首先建成了一煤一杂两个千吨级泊位，填补了河北省没有地方商港的空白，迈出了兴办海运事业的第一步。

神木煤田是我国准备大规模开发的优质动力煤炭供应基地之一，但是要解决神木煤的开采和外运，则必须做到矿、路、港同步建设。为此国家在下大力气开采神木煤田的同时，决定修建一条从神木至渤海湾的运煤大通道（类似第二条大秦线）。20 世纪 80 年代的黄骅港是一个小型地方港口，通过能力和服务范围都相当小。选择以黄骅港为龙头的路港工程系统，不但能在渤海湾中添加一处大型港口，尚能添加一条贯通东西的高等级铁路，可以推动沿海和内陆的经济互动与共生。若将神府煤矿的装船地点设置在黄骅港，特点是战略布局妥当、地理区位适中。自天津港到山东龙口港的 540 千米范围内，缺少大中型海港，建设黄骅港可以填补这一空白，改善我国北方港口布局。

河北省政协委员、沧州地区建筑设计处总工程师朱子琛，最先提出黄骅路港工程设想。1985 年，他获悉陕西神木发现大型优质煤田并将重点开发之后，提出一项"西煤东运"的新设想：建设沧州大口河港（今黄骅港），同时修建东西向的运煤铁路，以该设想向河北省政协五届三次会议提交了第 326 号提案。河北省计委在办理提案时认可了该方案的意义，于是向国家计委报告。国家计委也同意专门研究，然后委托原沧州地区行署组织专家论证，国家计委、经委、铁道部、交通部参加。与会人员都觉得朱子琛的建议"既经济又方便"，可以"以煤定路，以路定港"。

1989 年 9 月，中国土木工程学会港口工程学会、中国水利学会港口航道专业委员会和中国海洋湖沼学会海岸河口学会在沧州召开了黄骅港建设神木煤炭出口港研讨会。专家认为，经过几年的前期工作，从国家建设、港口布局及地方经济发展等多方面因素综合考虑，黄骅港作为我国北方煤炭出海的新港点是适合的。从地理位置考虑，由神木到港口的距离近，黄骅港土地资源丰富，陆域海域宽阔，港区附近的环境容量较大，已建成的两个千吨级泊位和沧州到港口 87 千米长的地方铁路可以作为深水港建设的基地。

时任中国农工民主党中央主席卢嘉锡 1989 年 2 月在黄骅调研，随后上书时任国务院总理李鹏，明确表示："经我们的考察咨询组同志们研究，都认为以选黄骅港为宜。"李鹏同志把该信批转到交通部，时任交通部部长的钱永昌签发回信并对建议给予较高评价。1990 年 11 月，费孝通教授赴沧州黄骅考察。这位著名社会学家指出，黄骅港建设会激发出以黄骅为核心、神黄铁路作射线的产业带，并对华北及西北的发展发挥重要作用。费孝通教授向全国人大常委会递交了报告，解释了筑港于黄骅的重要意义，明确指出："这里水域、陆域面积有上百平方千米，环境容量大，陆域平坦，无拆迁、征地之困难，远离大城市，污染问题容易解决。在黄骅建港具有多方面的优势。"

在 1989 年的全国政协七届二次会议上，余振中委员所交提案的题目是《关于在河北黄骅港建设神木煤炭下海港案》。会上，来自河北省的 26 名政协委员联名提交《将黄骅港列为神木煤出口、南运港建设的紧急建议》，仔细剖析了在黄骅建设海港的经济意义和技术路线，将建港的必要性上升到宏观布局和整体战略的层面。时任常务副省长叶连松指出："河北省 26 位全国政协委员的紧急建议是及时的，体现了对国家和河北省现代化建设事业的赤胆忠心"。

在 1990 年召开的全国政协七届三次会议的大会发言时，对于建港地址的选择比较，出现了不同声音。王树森和余振中旋即与河北省的全国政协委员商议，对比权衡了各个备选港址，并向大会建议：重大建设项目的决策必须按照民主化、科学化、制度化的程序进行，以科学和事实为依据，保证港址的正确选定。在次年召开的全国政协七届四次会议上，11 名来自河北省的政协委员起草了一份紧急提案，提出黄骅是建设神木煤炭输出港的最优选项，希望有关部门尽快决策。1991 年 5 月，交通部回复提案，并向国家计委报送《神木煤炭外运通路黄骅港一期工程项目建议书审议意见》。

"北煤南运""西煤东运"和"海铁联运"是中国煤炭运输的基本架构。20世纪 90 年代初建成了首条运煤大通道——山西大同到河北秦皇岛的专用铁路线和秦皇岛港煤炭专用码头，然而建设该走廊仍然难以保障"三西"（山西、陕西、内蒙古西部）煤炭的调运任务。为此，国家决定建设第二条东西向的煤运走廊，满足神木、东胜煤炭的调运需求。1992 年，建设第二条西煤东运路线的事项列到了中共十四大报告中。

交通部水运规划设计院从 1986 年开始便加入煤炭运输第二通道的出海口港址研究，同时办理黄骅港煤炭专用码头的可研工作，具体经历了黄骅、秦皇岛、天津、龙口、烟台、青岛、石臼、连云港八个选项的全方位衡量判断。实际上，根据煤炭资源的分布和运输格局的特点，在布局新的运输通道时，不应使北、中、南三条道路产生交叉或形成较大的迂回运输，否则就会把港口腹地划分和任务分工搞乱，同时增加运输距离，从而加重用户的负担。

河北省当时提出了"加快沿海地区发展，一、二、三线梯次推进"的国土开发谋划，并顺势发布港口带动及沿路发展两大计划。其中"一线"是指秦唐沧沿海地带，秦唐两市对河北省经济的带动侧重北翼，而广阔的冀中南地区的"港口带动"任务势必交由黄骅港来完成。尽管当时河北省已经建成秦皇岛、京唐等沿海港口，然而均偏居北翼，面向河北省的服务范围小。规模较大的只有秦皇岛港，但是秦皇岛港为交通部直属，货源结构非常单调，仅仅定位于煤炭输出港。天津港虽为大型综合性港口，然而因为行政边界的牵绊、运输通道的走向等因素，河北省的对外出海口不宜彻底依靠天津港。为此，唯有黄骅港方能更好地满足辐射冀中南腹地范围，而且港口带动和沿路发展相互融合才能实现目标，黄骅港与朔黄铁路的配套正是点轴理论的具体案例空间。

黄骅港建在开阔平缓的淤泥质海滩上，－10 米等深线离岸 32 千米。地层为海、河交互沉积，表层的淤泥及下边的淤泥质亚黏土都是低强度的高压缩土层。港址陆域和主要的水工建筑都处在此类软弱土层之上。黄骅港近邻的马颊河在 800 多年前曾经是黄河入海口的位置，河口及泥沙对于港口建设的制约是决策能不能在黄骅建港的核心所在。经过多方研究证实，黄骅港的海域波浪以风浪为主，海区水体的含沙量直接受风浪制约，泥沙运输主要表现为风浪潮流综合作用下的就地搬运。据国内外历史海图和现在大量科学数据说明，从 1855 年以来的 120 多年间，黄骅拟建港海区冲淤平衡，略有冲刷，对建深水泊位有利。

交通部在对《黄骅港工程可行性研究报告》的意见函中，清晰地指出建设黄骅港是适宜的。认为在多年的研究中，对建港会面临的工程地质与泥沙淤积问题展开了科学论证，主要结论是港口建成运营之后的常规维护疏浚在可接受的范围之内。这就打破了黄骅港海区因可能存在的泥沙回淤而被一些专家看作建港难题的主张，消除了社会各界对建设大港于黄骅的多种担忧。在可行性研究期间，集合了全国在港口与航道工程、水利工程、泥沙地质等领域的高校、勘察设计单位等三十多家，完成了庞大的前期分析论证，运用各种技术手段对港址展开了大量研究实验项目。总体掌握了黄骅海区的技术特征，得出了有针对性的解决方案，打消了外界对建设黄骅大港的顾虑，综合判定认为建港于黄骅在技术、经济等方面的可行性和科学性，为国家决策提供了科学依据。

第二节　煤炭运输第二通道

1991 年 4 月，黄骅港的项目建议书由交通部、能源部和河北省人民政府联合呈报国家计委，国家计委随后安排中国国际工程咨询公司展开全面考察。1991 年 8 月，中咨公司评估认为：黄骅港具备了决策条件，建议尽快立项。经过多年的论证比选，建设黄骅港的意义和价值得到了日益广泛的认可。1992 年 9 月，黄骅路港工程经国务院核准立项。而因为可研报告还没有报批，尚不能正式动工兴建。1993 年 11 月，国务院有关负责同志来黄骅港现场办公，重申了煤炭运输二通道的必要性，明确了出海口的地址选择黄骅，而且指示了管理体制、建设资金等具体安排。

1996 年 9 月和 1997 年 2 月，国家分别核准了一期工程的可研报告和初步设计。1997 年 11 月 25 日，随着时任国务院总理李鹏同志宣布黄骅路港工程动工，我国煤炭调运的第二条大通道全面开建。黄骅港是煤矿、发电、铁路、港口、航运集成式建设运营的大型系统工程的龙头，是神华煤炭的直通出海口，多位中央领导同志都曾莅临指导。

黄骅港经过多年的选拔和纷争最终落地，归因于在技术可行的基础上拥有几方面的独特吸引力，特别是地理区位适中、内陆腹地范围辽阔。黄骅路港联合项目作为国家级跨世纪大型工程，投资额巨大，其建设决策必然是经过反复考察论证。建设方位有多个选择项，各种建设计划各有所长，又深层次地关联着各个地方的发展空间，肯定会使得决策过程异常审慎。

黄骅港的建设改变了沧州市沿海却无港的状况，标志着沧州发展进入从运河到海洋的新阶段。黄骅大港的前期勘察、比选等工作主要由黄骅港务局承担。为了支援黄骅大港的建设，黄骅港务局已经形成的水电、公路、铁路等基础设施均无偿提供给建设者使用。

黄骅港在1995年3月被河北省批准为二类对外开放口岸。1995年7月成立了神华黄骅港务公司的筹备组。1997年3月，神华黄骅港务公司第一次股东大会召开，并组建董事会。1998年3月神华黄骅港务有限责任公司组建注册，由神华集团和河北省建设投资公司双方出资，其中神华占70%。投产以后，神华煤炭码头强调利用神华集团的全产业链运营框架，煤炭吞吐量实现跨越，为满足我国东南沿海地区的能源需求、带动中西部内陆腹地的经济发展发挥了很大作用。

神华煤炭码头自然成了黄骅港的运营主力，吞吐量则绝大部分是煤炭能源。黄骅港煤炭码头一期工程1997年底开工，2001年底投产，每年的运能是3000万吨。2003年5月，一期工程的完善项目完工，设计吞吐能力是每年500万吨。与黄骅港煤炭码头相匹配，同样作为路港工程主体部分、双线电气化的朔黄铁路2003年通车。2002年7月，载重3.5万吨的希腊籍货轮"玛利斯利亚"号靠泊于黄骅港3号泊位，此为黄骅开港后第一次靠泊外籍船舶。

黄骅港煤炭码头的二期工程2002年9月动工兴建，2004年10月便正式投产，这使得黄骅港煤炭吞吐能力达到每年6500万吨。二期扩容项目新增翻车机三台和5万吨级泊位一个，每年新增装船能力1300万吨和卸车能力3200万吨。三期工程于2010年开工，包括5万吨级煤炭泊位四个（主体结构的设计标准是10万吨级散货船），每年的设计运能是5000万吨，2012年底完工。三期工程新增两条卸车线，新增煤炭筒仓24个，意味着黄骅港的煤炭运能增加到每年1.5亿吨。

2014年2月24日，国家发展和改革委正式核准了黄骅港（煤炭港区）的四期工程，包括在原有煤炭三期工程的北侧布局一个10万吨级和两个7万吨级、一个3.5万吨级煤炭下水泊位，泊位长1072.5米，投资额约55.52亿元，每年的运能为5460万吨。神华能源股份公司的股份占比是70%，河北建投是30%。2017年11月，黄骅港煤炭港区四期工程完成了验收工作。

运营生产指标方面，2002年黄骅港煤炭码头一期工程运营后，只有9个月便实现了吞吐量突破1000万吨，完成1653万吨。2003年是黄骅港正式运营的第二年，完成吞吐量3116万吨，打破我国港口最快达产的纪录。2004年的货物吞吐量为4543万吨，使得黄骅港跃居国内第三大煤炭输出港。2005年则更是再进一步，煤炭吞吐量为6709万吨，位列我国煤炭下水港之次席。2015年后，由于准池铁路的建成通车，本来途经大秦铁路的部分煤炭转到朔黄线，使得黄骅港的煤炭吞吐量飙升。2016年达到2.45亿吨，同比猛增46.93%，增长速度居全国主要港口首位。黄骅港2017年煤炭吞吐量为1.93亿吨，比上年增长1980万吨。截至2018年12月24日，神华黄骅港务公司煤炭下水量突破2亿吨。

第三节　综合大港

黄骅港通航后，尽管沧州市终止了自己靠海却无港的境况，但是仍然没有独立掌控的综合大港，港口对地方经济的带动作用并不明显。2003年春，沧州市提出"从大运河走向渤海湾"的战略构想，明确强调了综合大港的重要性。2005年5月，沧州组建临港经济协调发展委员会，启动了综合大港的前期运筹，交由上海航道勘察设计研究院从事航道预可行性调查，认为可以建设20万吨级航道。随即聘请南京水利科学研究院对黄骅港综合港区和20万吨级航道做物模试验，由交通部天津水运工程科学研究所完成数模试验，综合考证了黄骅建设综合大港在技术层面是可行的。2005年10月，沧州市举办黄骅港发展论证会，对港口整体发展规划、工程设计、20万吨级航道研究成果做出审议研讨。到会专家认为，将黄骅港建为综合性大港是可行和急需的。

2006年11月，河北省第七次党代会明确提出建设沿海经济社会发展强省的目标，要求沧州成为河北省沿海经济隆起带的重要组成部分和辐射带动朔黄铁路沿线地区经济发展的新引擎。于是,沧州被视作河北省开放发展的第一线,与北侧的曹妃甸比翼齐飞,列为河北省沿海开发的"双子星"。在此契机下,沧州渤海新区于2007年2月成立,涵盖港城区、南大港产业园区、中捷产业园区和化工产业园区,核心面积830平方千米,海岸线130千米。

2007年2月9日,《黄骅港总体规划》被批复。按照该规划,黄骅港的总体空间格局是:煤炭港区、散货港区、综合港区为主体,河口港区为补充,北翼保留远景空间。煤炭港区的定位是大型专业化煤炭下水港区,是国家煤运第二通道的首选出海口。散货港区则主要是铁矿石、原油等大宗散货的装卸,也包括煤炭、液体化工等货种的装卸需求,码头等级在10万吨级到20万吨级。

从河北省的空间范围来考察,黄骅港的综合化可以带动省内中南部的六市发展,该区域分布着河北省化工、药品、机械、服装等产业的大部分力量。观察远程腹地,黄骅港的辐射范围能够从河北省中南部一直延伸至晋中南、鲁北、豫北及陕西、内蒙古等地。黄骅港对于上述内陆腹地的吸引力主要是,其为冀中南和广大中西部地区陆路运输距离最短的港口。为满足腹地经济发展尤其是河北中南部六市的需要,提升黄骅港的功能,2008年7月河北省决定在神华煤炭港区北部建设第二航道,启动黄骅综合大港。黄骅港综合港区起步工程安排5万吨级通用散杂货泊位、5万吨级多用途泊位(水工结构预留10万吨级)。综合港区建设交由当时新成立的河北港口集团统筹推进,沧州渤海港务有限公司为实施主体。

2009年3月19日,黄骅港的综合港区正式动工。建设黄骅港综合港区是河北省加速中南部地区崛起的战略举措,起步工程预算投入127.5亿元。其核心内容是在神华煤炭码头的北翼进行大规模开发,彰显综合性港口的带动能力。黄骅港综合港区在2010年8月18日竣工投产,一期工程含泊位八座,设计运能为每年4000万吨。综合港区的承运货种主要是散杂货、集装箱和成品油,以满足当地临港产业及中远程腹地的物流需求。新建的第二航道位于原来第一航道北侧大约3600米,可以为综合港区和散货港区共同提供进出港服务。多个主力港区的架构优化了黄骅仅仅定位于煤炭输出口岸的原设安排,揭开了黄骅港发展的新篇章(见图5-1)。

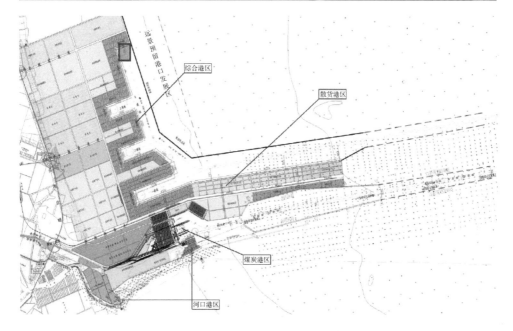

图 5 - 1 黄骅港规划布局

资料来源：《黄骅港总体规划》。

2011 年 3 月 30 日，黄骅港综合港区二期工程动工。二期工程的范围涵盖 5 万至 20 万吨级煤炭、铁矿石、通用散杂货、集装箱、液化等泊位和 20 万吨级航道。2012 年 5 月，河北港口集团旗下的控股子公司——沧州黄骅港矿石港务有限公司设立，负责建设运营综合港区二期工程的 20 万吨级铁矿石码头。该公司由秦皇岛港股份公司和河北钢铁集团国际物流公司出资组建，股份占比分别为 70% 和 30%。

2013 年 12 月，20 万吨级铁矿石码头实现重载试车，包括两个泊位。2014 年 9 月，建成了 20 万吨级航道，水深保持在 - 19.5 米。2016 年 12 月 27 日，载有 20.7 万吨澳大利亚铁矿石的外籍"艾薇"轮靠泊黄骅港矿石码头，这是黄骅港 20 万吨级航道正式通航后挂靠的首艘超 20 万吨外轮。2017 年，河北省发展和改革委批准了黄骅港综合港区的 20 万吨级航道改造提升项目建议书，拟在现有基础上升级至可以满足 30 万吨级船舶乘潮单向进出的水深标准。

黄骅港综合港区一期工程曾经预留出四个泊位，后来变更为两个多用途泊位和两个集装箱泊位。2011 年底，河北港口集团负责的综合港区多用途码头集装箱航线开通，此为黄骅港综合港区改变单一的散杂货运输格局、逐渐实现综合化的显著进展。此次投入运营的两个集装箱泊位是黄骅港综合港区一期工程的一部分，设计年通过能力 40 万标箱，可靠泊 10 万吨级船舶。自通航以后，集装箱业务发展迅速，当年就突破 10 万标箱运量，创造了国内港口运营史上的奇迹。黄骅港集装箱航线的开通，吸引了大批物流企业落户沧州渤海新区，这些企业又为集装箱运营提供了货源支撑。

2013 年 7 月 5 日，"集发东海"轮从黄骅港综合港区多用途码头出发，目的地是大连，意味着黄骅港首条集装箱外贸内支线投入运行。自此，黄骅港远近各个腹地的进出口商品能先从黄骅港装船运到大连港，然后中转运到国际市场。这条外贸内支线开通弥补了黄骅港集装箱外贸运输的短板，而且也为内陆腹地的货主向东北各地运送商品提供了适宜的通途。

2014 年 8 月 18 日，"天祥 27"号商船上自美国运来的 18 标箱商品在综合港区接卸。这是黄骅港完成的首次进口商品集装箱运输。2015 年 4 月，属于大连集发航运公司的"宏泰 67"号轮驶离黄骅港，随后从大连港运到泰国的林查班，意味着黄骅港综合港区的集装箱外贸运输正式运行，也意味着黄骅港拥有了外贸集装箱商品的双向报关报检环境，对于提升黄骅港竞争能力、推动集装箱业务拓展具有显著价值。2018 年，黄骅港集装箱吞吐量达到 71.7 万标箱，比上年增长 9.66%。

2016 年 6 月 30 日，国际集装箱班列自黄骅港开出，经新疆阿拉山口出境，到达德国杜伊斯堡，这标志着从黄骅港始发的中欧班列启动运行，黄骅港是环渤海港群中首个开行经新疆到欧洲的集装箱班列的港口。这增加了河北省与中亚、欧洲等国家的经贸往来，也为黄骅港开拓西向的陆路通达空间提供了动力，铁路班列和海运航线互通互联可以有效推动"一带一路"基础设施的贯通。

2016 年 7 月 8 日，黄骅港口岸扩大对外开放完成验收，此为河北省口岸开放史上的重大进展。本次口岸扩大开放使黄骅港的对外开放水域面积增加了 955 平方千米，对外开放的泊位岸线长度增加 38310 米，大致覆盖了黄骅港各码头。这对提高黄骅港通关效率、牵引开放型经济发展，进一步扩大开放有着重要价值。

另外，黄骅港综合保税区基本完成了准备工作，已经达到了开始封关运营的要求。以上诸项进展都给黄骅港货物吞吐量实现连续增长打下了坚实基础。

2016 年 10 月 10 日，德国杜伊斯堡市与沧州渤海新区在北京举办项目签约暨推介会。沧州港务集团有限公司、杜伊斯堡港口股份公司等建立合作关系，依托"黄—新—欧"国际班列，组建贸易公司，运营保税仓储等方面的业务。近年来，通行"黄新欧"集装箱班列和通达东南亚地区的航线、与荷兰鹿特丹港和德国杜伊斯堡港构架战略合作关系等，都为进一步提升黄骅港对腹地的大范围牵引能力、推动黄骅港国际化创造了有利环境。

2016 年 10 月在沧州市，神华集团和河北港口集团签订了战略合作的框架协议。长期以来，沧州市、神华集团、河北港口集团这三方广泛深入合作，于港口和铁路领域获得了出色的业绩。各方继续基于资源同享、优势整合、公平互惠、共谋发展的准则，进一步开拓在黄骅港的共同成长空间，实现神华集团铁路网络和黄骅港综合港区码头的有效衔接，整合路港系统。

沧州是我国的石油化学工业重地，2016 年具备 3100 万吨产能；和沧州近邻的山东省北部同样炼厂较多，离黄骅港不超过 200 千米的区域就有炼厂 50 多家，年产能接近 8000 万吨。由于国内对煤炭消费的大力压减，另外因为原油进口和使用资质的放开，原油进口数量会持续快速增长。2014 年 4 月 25 日，秦皇岛港股份公司与沧州港务集团有限公司合资组建的沧州黄骅港原油港务公司成立，河北港口集团的股份占比为 65%，沧州港务集团公司的股份占比为 35%，开发黄骅港散货港区原油码头一期工程。一期工程已于 2017 年 12 月取得河北省发改委的立项核准，项目前期工作已基本完成。具体包括一个 30 万吨级的原油泊位和 100 万立方米罐容的库区配套，使用岸线 440 米。目前能够停靠 12 万吨级及 15 万吨级的减载油轮，设计运能是每年 1100 万吨；下一步可以跟随黄骅港 20 万吨级航道的升级进展，停靠 15 万吨级及 30 万吨级的减载油轮，设计运能是每年 1300 万吨。该项目能够更好地满足京津冀鲁地区炼化企业的油运需求，增加我国北方港口的进口原油接卸容量。

矿路港一体化开发是黄骅港的专属特点和基本模式，铁路集疏运线路是黄骅港的显著优势。但是，前期伴随黄骅港同步建设的朔黄铁路主要定位于煤炭运输，服务腹地范围主要是"三西"的煤炭主产区，与本省域经济的关联相对不强。2014年，邯黄铁路全线运营，这一方面对接了黄骅港与省内的经济重镇及沿线地区，另一方面又搭建起一条以黄骅港为龙头、联通新欧亚大陆桥的大走廊，把河北省和丝绸之路经济带上的传统重镇贯通起来。邯黄铁路接轨于京广铁路，途经邯郸市、邢台市、衡水市和沧州市，最终到达黄骅港区工业站。国铁Ⅰ级单线电气化标准的邯黄铁路全长468.2千米，设计运能为每年4000万吨。作为新通道的邯黄铁路是邯郸和邢台两市链接黄骅港的捷径，是河北省中南部的通海走廊。邯郸市的煤炭、铁矿石、钢材等商品经由邯黄铁路至黄骅港，比选择青岛港近280千米、比选择天津港近148千米，能显著节省运输成本。设计时速250千米的石衡沧港城际铁路2018年6月获得河北省发改委核准，预计2021年建成通车，可以直达黄骅港和渤海新区。

根据相关规划，黄骅港包括四大港区：煤炭港区、综合港区、散货港区及河口港区，占地79.53平方千米，一共能够安排209个泊位。其中河口港区能安排76个万吨级以上泊位，现有6个千吨级泊位；煤炭港区能布局32个万吨级以上泊位，现有19个；综合港区能布局52个万吨级以上泊位，现有10个泊位；散货港区能安排49个万吨级以上泊位，现有20万吨级泊位2个。

综合港区和散货港区的业务重点是散杂货、集装箱、原油及成品油、液体化工产品等，代表着黄骅港货种多样化和业务综合化的方向；煤炭港区是我国煤炭调运第二通道的主导出海口，是专业化和现代化的大型煤炭下水端点；最早的河口港区接卸小吨位货船，基本上是服务于当地需求，是其他主力港区的必要补充。作为沧州市的发展龙头，黄骅港是近年来环渤海港口群中颇具成长性的典型，在全国沿海港口中显现出日益稳固的大港地位。在高水平建设河北雄安新区的形势下，相距较近的黄骅港提出全力打造河北雄安新区最经济、最快捷的出海口。

以黄骅港的大规模建设为基点，各类产业在周边聚集，港口经济迅速兴旺。2002年9月，沧州市筹建临港化工园区；2003年5月，被河北省列为省级经济技术开发区；2010年11月，提档为国家级经济技术开发区。国家级沧州临港经济技术开发区目前包括东西两区，东区主要布局了石油化工、盐化工、煤化工等产业，西区则主要布局了精细化工和生物医药产业。2007 年 7 月，统筹沧州全市沿海区域开发的渤海新区组建，并实现了高速发展。地区生产总值在 2007 年时仅为 160 多亿元，到 2016 年则快速增长至 500 多亿元；固定资产投资、财政收入、利用外资金额等也都实现了快速攀升。

由于黄骅港的全方位引领，渤海新区的临港经济发展日益兴旺，构架了以港口物流、石化、装备制造等产业为基本圈层，以汽车等部门为扩展圈层的临港产业系统。聚集了大量国内外知名企业，为支撑黄骅港规模体量的扩大提供了充足力量。有的外资企业直接建设了专有码头。2016 年 4 月 15 日，位于黄骅港综合港区的冀海码头重载试车，这是世界粮油巨头——美国嘉吉公司在我国的第一座 10 万吨级粮油码头。

第 六 章

天津港发展简史

天津港地处渤海湾西端，坐落于天津滨海新区，背靠新设立的河北雄安新区，辐射"三北"腹地，是京津冀的海上门户。1958～1967 年，天津曾为河北省辖市并作为省会，天津港在此期间属于河北省的地域辖区[①]。除此短暂时段以外，天津港也与河北省各港口共同构成空间紧密布局、竞合关系并存的津冀港口群。

第一节　1949 年前

天津港的发展有着悠远的历史脉络，至远能够回溯汉朝，唐朝以降逐渐出现港口。缘由独特的空间位置，天津长期担负我国华北地区的卫戍职责和货运窗口职能，在明代的永乐年间（1404 年）设卫筑城。在渔盐贸易的促进下，天津渐布舟楫，商贸漕运活动助力了天津城东和城北商业中心的出现。总体考察，初期

---

① 周总理于 1958 年 2 月 6 日主持召开国务院第七十次会议，讨论通过了将天津市由中央直辖市改为省辖市，纳入河北省版图的决议。同年 2 月 21 日召开的第一届全国人大第五次会议，批准了国务院的这一决议。同年 4 月召开的河北省人大第七次会议也相应作出决定，将省会由保定改为天津，并宣布省直属机关将从同年 4 月 25 日起，在天津办公。1967 年 1 月，党中央又决定将天津市由河北省辖市改为中央直辖市。前后两个决定相隔整整九年。

的天津港城关系更多的是因应政治考量，港口的价值主要体现为服务卫戍安全和货运口岸。

天津在清朝咸丰十年（1860 年）开埠，货轮日益集聚，多国沿河圈定租界范围，同时建设了简易码头（结构为木桩及石块），天津老城厢东南方向的海河沿岸是外国建设租界的集中区。其中英国租界有五个码头，1090 英尺总长，法国租界有一个码头，90 英尺长。此为列强于天津初始建设的码头，被叫作"紫竹林租界码头"。同样这个时期，列强还继而选取海河入海口的塘沽修筑港口，标志着天津港的空间范围逐渐从内河向海域延伸。

海河河道纷繁错综，给货轮航行造成了严重障碍。在清朝光绪六年（1880 年），由于永定河的原因，很多泥沙积到海河，导致海河的航道重度淤积。至清光绪二十二年（1896 年）时，天津海河的浅段仅为不足一米的水深，步行即能通过。于是在 1897 年，海河工程局组设（后来发展为现在的天津航道局）①，并由其负责整治海河航道。在 1901 年到 1923 年间，海河工程局针对海河航道开展了六次截弯取直。

由于紫竹林租界码头和塘沽码头的相继修建扩能，进出天津港的商船数量、总吨位和贸易额大幅攀升，1902 年停靠天津港的商船数量是 829 艘，共 82.4 万吨，对外贸易额接近九千万海关两。另据旧海关数据资料显示，按照 1900～1931 年的平均水平计算，天津进出口额占全国总进出口额的比例超出 10%，进出港口的船舶吨位和贸易额表现出稳步提升的状态。因此，天津港上升为当时我国的第二大港口，而且服务于自身腹地的贸易活动超过了原来的转口贸易。

1937 年 7 月，在抗战全面爆发后，日军在塘沽登陆，占领了天津市。随后，天津港沦为日军的物资中转基地。日本人从中国抢夺的资源（包括煤、铁、粮、棉、盐）在供给当地军需之余，还要大批运至其他地区或者日本本土，这时就显得天津港的内河码头无法充分满足大规模运输的要求，必须在华北沿海建设大型港口。可见，因为当时的天津港内河码头不能适应日本对运送物资的需求，侵略

---

① 海河工程局是一个非营利性的独立机构，是从事公共工程的公益法人，是中国现代疏浚业的先驱和天津港口建设的功勋。

者在 1938 年经过具体勘察之后，制定了"北支那新港计划案"，发现了塘沽在地理区位、集疏运等方面的便利条件，最后把塘沽作为开辟新港之首选。1940 年 10 月动工，在海河口北岸距离海岸线五千米的地方建设新港——塘沽港。然而直到抗日战争结束，建港的工作量也尚未过半，当时塘沽港的水深仅为 3~4 米，并且重度淤积，难以达到正常通航的标准。

1945 年 9 月，美军在天津登陆，占领了天津港各主要码头。1946 年，当时的国民政府将日本遗留的建港项目进行一定的整修，还提出三年筑港计划。然而后来由于内战问题，天津塘沽的建港事宜并没有取得实质性的推进，仅安排了个别的小型项目。1948 年底，港池和航道均重度淤积，大沽沙航道也由于洪水的原因而被淹积。

第二节　新中国成立至改革开放

天津在 1949 年 1 月解放，随后塘沽新港工程局在短时间内整修了港口运营环境，港口生产得到恢复。1950 年 9 月，中华人民共和国交通部天津区港务局组建，这是一个政企合一的机构，负责天津及附近港口的管理和生产活动。在 1951 年 8 月，中央政务院决策建设塘沽新港，随即组建"塘沽建港委员会"，由时任交通部部长章伯钧兼任主任，旨在充分利用天津港的枢纽地位。1951 年 9 月，塘沽新港工程全面开工，次年 10 月一期工程告竣，主航道浚深至 -6.5 米，使几乎淤死的港口重新焕发了生机。

1952 年 10 月 17 日，万吨级船舶"长春"号顺利靠泊，这代表着天津港的重生，同时意味着天津港从河港变成海港。天津新港重新开港一个星期后，毛主席莅临视察，并指示"我们还要在全国建设更大、更多、更好的港口"。周总理为天津港重新开港题词："庆祝新港开港，望继续为建港计划的完成和实施而奋斗。"在刚开港的一段时间，虽然缺少各种装卸设备设施，但天津港的职工还是靠着艰苦奋斗，取得了当年完成吞吐量 74 万吨的优良业绩。

20 世纪 50 年代初，国家对天津新港的一期工程进行了重点建设。1958 年之后，天津新港的生产业务总量快速提升，当时的码头已经不能满足需求。于是，1958 年启动了天津新港的二期扩建项目，建设内容包括主航道、加宽闸东航道、锚地开挖等。60 年代初，虽然处在三年自然灾害的困境之中，国家仍然继续推进天津港的二期扩建。1961 年，天津港已经拥有的万吨级泊位数达到了五个。为了相匹配，在 1964 年对天津新港的航道安排了疏浚，完成后的主航道为 - 7 米，而且往东延伸了 2.6 千米，不超过 3 万吨级的船舶能乘潮进港。1966 年，新港主航道被进一步浚深到 - 8.5 米，当年的货物吞吐量超越了 500 万吨，而且彻底扭转了天津港难以全天候进出万吨级货轮的状况。

1973 年，周总理明确提出"三年改变港口面貌"的要求，旨在迅速调整当时国内面临的普遍性压船压港困境。正是在这种背景下，天津港的三期扩建项目启动，港口的货物吞吐量亦随之上升。天津港的吞吐量在 1974 年首次达到了 1000 万吨。另外，天津港的盐码头是日本占领期间修筑的新港第二码头，国家在 1965 年将从秦皇岛港转运的大清河原盐调整为从天津港出口，于是天津新港的第二码头就变成了专门的盐码头。受 1976 年唐山大地震的影响，天津港盐码头被损坏。1977 年 9 月，天津港盐码头被交通部列为重点改造项目，于 1983 年 9 月完成。

第三节 改革开放之后

改革开放后，天津港创新性地实践体制机制大变革。经国家批准，天津港从 1984 年 6 月起，在国内各港口中先行先试"双重领导、地方为主"和"以港养港、以收抵支"的新体制，开启了新中国港口大规模改革的序幕，以中国港口改革先锋来定位的天津港从此迸发出惊人的力量。1986 年 8 月 21 日，邓小平同志到天津港时对港口改革成果给予了高度评价，高兴地讲："人还是这些人，地还是这块地，一改革，效益就上来了。"

随着 1984 年下放到地方管辖，天津港敢为人先，在国内各家港口中最早开动了市场化转型的过程。针对改革开放的新形势，当时的天津港大力导入市场准则，以前是货物运输全都由国家统一安排，现在是需要自己到市场中谋划各种货源，这是非常大的变迁。在这段时间，天津港还大力引入外资、推广使用新型技术装备，对提高港口的经营效率起到了重要作用。1988 年吞吐量突破了 2000万吨。

在我国港口中，天津港是集装箱运输事业之肇始力量。1980 年 4 月，天津港组建了国内首家港口集装箱公司。1981 年 1 月，国内首座集装箱专用码头在天津港建成。在将近 40 年之后，天津港的集装箱业务依旧位于国内前茅，吞吐量已经位居全球前十。2018 年，天津港集团对中国首批制造使用的老旧集装箱装卸桥进行了拆解和移除①，以提升港口作业效率。

20 世纪 90 年代，天津港在更加市场化的大环境中奋力争先，不断增强竞争力，缔造了我国港口发展的新纪录：建成国内首家商业保税仓库，打开了我国港口保税贸易新业态的发展之门；设立我国第一个中外合资的码头公司，率先推进了国企和外资合作经营的实例，推进了港口经营的现代化和国际化；开创了港口企业股份制改革进程，国内首个港口类的上市公司便是"津港储运"；建成了国内首个港口 EDI 中心，推动了港口信息化。从 1993～1997 年，天津港每年的吞吐量按照一千万吨的规模逐级增加，展示了喜人的良好状态。

1997 年，国务院对天津做出"天津市是环渤海地区的经济中心，要努力建设成为现代化港口城市和我国北方重要的经济中心"的明确定位。2001 年，天津港成为我国北方首家亿吨大港，步入了在更高水平上发展的阶段，而且天津港对城市的牵动作用也日益强大。

天津港自身成长之中，认真研究和使用直接融资，并且积极联络和利用国际市场，20 世纪 80 年代便使用世界银行贷款来投资项目。1992 年，天津港对旗下的储运公司完成股份制改造，发行了股票。1996 年，"津港储运"在上海证交所正式上市，这标志着天津港具备了首个融资平台。1997 年在香港联交所，天津

---

① 由上海港机厂 1978 年建造，1982 年正式投入运行。

港发行了红筹股，随后于 2006 年在港单独上市，成为天津港国际融资的新标志。2007 年，天津港启动把主体资产注入 A 股上市公司，把其塑造为天津港的领军平台。

按照腹地的产业结构和货主要求，天津港适时增加货源种类范围，现已形成"四大货种支柱"，分别是集装箱、铁矿石、煤炭、原油及制品，另有钢材、粮食等重点货种作为补充，从而形成了多样、均衡的货种结构，使港口的吞吐量获得了快速提升。天津港大力修筑深水码头及配套航道，以更好地满足船舶大型化的趋势和要求，集装箱、煤炭、铁矿石码头都实现了专业化。天津港目前仍然是我国北方的煤炭输出港，虽然近几年已经明显减量，但煤炭仍是其支柱货类之一。煤炭业务是 20 世纪 80 年代末的时候，天津港努力揽来的，华能、中煤等集团也给天津港的煤炭业务提供了助益。后来，天津港开始把煤炭模式进行推广，成功吸引了铁矿石、石油等大宗货种，为天津港创造了丰富的货源。

天津港不断改造集装箱和散货在一个码头上混合作业的安排，构建了"南散北集"的空间体系。也就是在南疆港区布局大宗散货码头群，主要从事煤炭、原油、矿石等货种，同时经由南疆散货物流中心来保障辅助性服务。在天津港北疆港区主要布局集装箱码头群，并配建了集装箱物流中心。

近年来，由于进出港船舶数量增加，船舶在天津港航道通行时存在着进出港交叉、大小船混行的情况，影响了主航道的能力发挥。2011 年，天津港投入大量资金推进 30 万吨级航道项目。这个项目以 25 万吨级航道为支撑，继续拓宽加深，把天津港主航道的设计底标高从 –19.5 米提到 –21 米，能够使得 30 万吨级船舶可以乘潮出入。航道项目的二期工程则是在此水平上进一步升级，将底标高从 –21 米加到 –22 米，这样吃水不足 21 米的船舶便可以进出港。2015 年，30 万吨级航道工程全面完工。天津新港开港后，通过长期努力，在荒凉的盐碱滩涂打造了卓越的人工深水港。当下，天津港的主航道长度为 44 千米，底宽为 260 米，25 万吨级货轮能够随时通行。

天津港的吞吐量在 2013 年达到了 5 亿吨，成为中国北方沿海的首家 5 亿吨港口，同年的港口集装箱吞吐量超过 1300 万标箱。天津港是典型的综合性大港，功能非常齐全，现有泊位 176 座（万吨级以上的为 122 座）。天津港 2016 年的吞吐量突破了 5.5 亿吨，居全球港口第 5 名；集装箱吞吐量达到 1450 万标箱，居全球港口第 10 位。2017 年，受汽运煤炭集港叫停的影响，天津港吞吐量同比有所下降，完成约 5 亿吨。

目前的天津港具体包括：北疆、南疆、东疆、高沙岭、大沽口、北塘、大港和海河港区。其中东疆港区属于天津自由贸易试验区的主力片区，承担着北方国际航运中心的平台功能，以国际航运服务、融资租赁、邮轮等为主打方向，正在大力促成跨境电商、航运金融等新兴领域的培育。北疆港区和南疆港区依托传统海运和基础设施条件，着力推动海运贸易、船代货代、大宗货物贸易等，积极推动港口高质量发展。大港港区的东部是天津港空间规划布局的新范围，正在接纳散货运能的迁转，争取实现散货运输的绿色发展。

天津港集团从天津港务局发展演变而来，天津港务局隶属于交通部。1952年至1984年，天津港务局对天津港进行经营管理，性质是政企合一的。1984年，天津港下放到天津市后，实行了"中央与地方双重领导、以地方为主"的港口管理体制。天津港务局在 2004 年 6 月改制为天津港（集团）有限公司。天津港（集团）有限公司是天津市国资委监管的大型国企，在上海和香港证券市场有两家上市公司。

在中国北方沿海，天津港在港口群的整体格局中占有一定优势：一是区位优势。在环渤海经济圈的众港口中，天津港与中西部腹地是相对最近的，并且有京津两个直辖市为基本支撑。二是腹地优势。在我国北方沿海，天津港是最具综合性的传统大港，中远程腹地辽阔。三是开放优势。东疆保税港区是我国第二个保税港区[1]，提升了天津港在全球集装箱运输网络中的能级和影响力。2014 年 12月，则进一步于天津建立了自由贸易试验区，其中涵盖天津港片区。天津港的劣势则主要体现在海域水深条件较差，港口航道的日常维护运行成本较高。

在港口城市及临港开发区的建设方面，天津在各种外部环境因素的影响下经历了一定的波折（见图 6-1），这里面涉及相关规划的指向和效率。新中国成立后，国家的发展导向使天津市从过往的商贸型改成工业型，这对天津港的作用和

---

① 第一个是上海洋山保税港区。

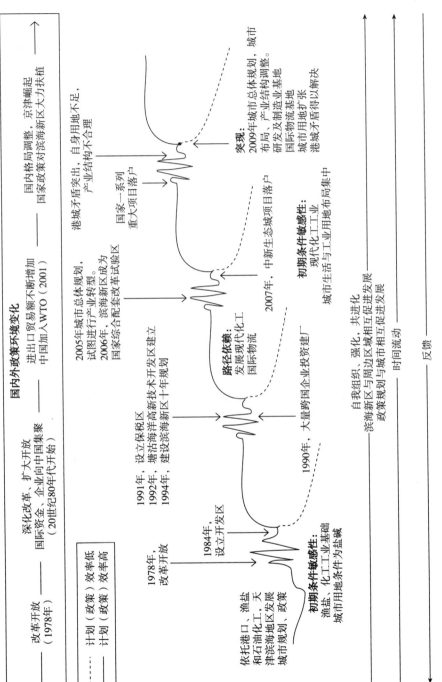

图 6 - 1　天津港口城市演变

资料来源：赵勇健，等．复杂适应系统下东北亚港口城市政策演变 [J]．商业经济研究，2015 (15)：133 - 136.

职能有一定约束。1986 年的《天津市城市总体规划方案》设计了天津市的港城关系指向，谋划了"两级一轴"的总安排。此后，港口在城市发展中的效果得到强化，港口和城市相互共生发展的效果愈加明显。天津市分别在 2004 年和 2005 年两度举行港口工作会议，指出天津市最大的比较优势和核心战略资源即为天津港，非常明确地将"建设世界一流大港"作为城市战略，要求举全市之力促进港口进步，推动了天津港的更进一步发展。

港口及港口城市的发展具有初期条件敏感性，即初始状态的不同可能导致未来结果的较大差异，还具有路径依赖性，即一旦进入某个状态，因为有惯性而不容易改变其路径和状态。天津建港及建设港城的自然条件不算优越，初期将滩涂规划开发为工业开发区和新城区，在一定程度上实现了人口积聚，这是一种相互影响共进化的过程，自组织程度提高。在一段时期，外商直接投资的增长和国家的专门支持，使得天津滨海新区呈现繁荣景象，占天津市经济总量的比重超过一半。同时，港口城市发展也逐渐积累了很多问题，如初期敏感性条件的影响犹存，盐碱地的城市开发成本高，产业结构依赖重化工业和普通制造业，港口物流和临港产业发展的用地空间受限，港口集疏运交通穿越割裂城区等，这一系列现象构成了天津港口城市发展的不稳定条件，今后需要更多地考虑港城关系的治理。

第 七 章

河北省港口的资源整合与跨区协同

河北省东临渤海、内环京津，下辖 11 个设区市，其中秦皇岛、唐山、沧州三市拥有海岸线，三市的港口均跻身亿吨大港序列。由于行政区划之牵碍，河北省的秦皇岛港、唐山港与南侧的黄骅港之间坐落着天津港。这使得河北省沿海三市及港口没有在空间上连为一体，也意味着河北省沿海三港与天津港天然地形成了一个地理空间毗邻、互动影响强烈的港口群。在京津冀协同发展的大框架下，港口的跨区协同可以作为先行突破口，发挥引领全局协同发展的标杆效果。河北省港口发展的时序轨迹基本沿着海岸线自东向西推进。前面几章对各家港口的独自考察属于历时性向度，揭示的是表层结构，而统筹考察各港之间复杂关系的共时性向度，则是剖析省域港口发展史的深层结构。

第一节　津冀港口群的规模差异化分析

本节选择标准差、基尼系数、首位度和赫芬达尔系数四个指标来研究津冀港口群的规模差异情况。这四项指标中，标准差和基尼系数主要反映津冀港口群规模差异的均衡度，其数值越大说明区域均衡性越小，港口规模差异越大。首位度和赫芬达尔系用来分析津冀港口群的集中度，其数值越大，反映出区域港口规模越集中、发展越不均衡。

一、指标含义

1. 标准差

标准差（VOC），也称均方差，是反映地区绝对均衡度的指标，能衡量区域港口群规模的绝对差异。具体公式为：

$$VOC = \sqrt{\frac{1}{n}\sum_{i=1}^{n}(x_i - \overline{x})^2} \tag{7-1}$$

其中，n 为样本数，x_i 为样本值，$\overline{x}$ 为样本平均值。

2. 基尼系数

基尼系数（G）介于 0～1，数值越接近 0，说明越趋向均衡；数值越接近 1，说明差距越大。一般认为，$G > 0.6$ 时，表示规模分布极不均衡。该指标可以用于测量港口体系集散趋势，这里可以反映出津冀各港口规模的变化规律。具体计算公式为：

$$G = 1 + \frac{1}{n} - \frac{1}{n^2\overline{y}}(y_1 + 2y_2 + 3y_3 + \cdots + Ny_n) \tag{7-2}$$

其中，n 为样本个数，$\overline{y}$ 为样本平均值，y_1，y_2，$\cdots$，y_n 为从大到小样本值。

3. 首位度

首位度（S）是测度变量规模分布状况的常用指标，它是指在区域内指标排名第一的与其他排名指标和的比例关系。首位度指数基本代表了区域内该指标在首位港口的集中程度，具体公式为：

$$S_2 = P_1/P_2$$
$$S_4 = P_1/(P_2 + P_3 + P_4) \tag{7-3}$$

其中，S_2 为 2 港指数，S_4 为 4 港指数。P_1，P_2，P_3，P_4 为港口群按照某一指标从大到小排序后，某序位港口的货物吞吐量。2 港指数为 2，4 港指数为 1 是港口规模结构的理想状态。首位度过高，反映出首位港口与其他港口发展规模差距很大，过度集中使得结构不平衡；首位度过低，则反映出中心港口的地位不突出，港口群缺乏枢纽和核心。

4. 赫芬达尔指数

赫芬达尔指数（H_n）介于 0 ~ 1，可以用于测度区域港口的绝对集中度。数值越接近 1，说明集中度越高，领导港口的市场势力就越强；数值越接近 0，说明区域集中度就越低。计算公式如下：

$$H_n = \sum_{i=1}^{l} p_i^2 \qquad\qquad (7-4)$$

其中，p_i 为港口 i 的年吞吐量占整个区域港口群总吞吐量的比例。

二、数据选取与结果分析

这里选取总货物吞吐量为基本指标，主要是考虑到港口吞吐量指标具有较强的可靠性、统计口径一致性和可比性。津冀各港口的货物吞吐量的原始素材如表 7-1 所示，来源于中国港口年鉴及相关城市的统计公报，上述各指数的运算结果如表 7-2 所示。

表 7-1 2000 ~ 2017 年津冀地区港口货物吞吐量 单位：亿吨

年份	秦皇岛	唐山	黄骅	天津	津冀地区
2000	0.97	0.09	0.01	0.96	2.03
2001	1.13	0.11	0.01	1.14	2.38
2002	1.12	0.15	0.17	1.29	2.72
2003	1.26	0.21	0.33	1.62	3.42
2004	1.50	0.26	0.46	2.06	4.29
2005	1.69	0.34	0.67	2.41	5.11
2006	2.05	0.52	0.81	2.58	5.96
2007	2.49	0.68	0.83	3.09	7.09
2008	2.52	1.09	0.80	3.56	7.97
2009	2.49	1.76	0.84	3.81	8.90
2010	2.63	2.46	0.94	4.16	10.20
2011	2.88	3.13	1.13	4.53	11.66
2012	2.71	3.65	1.26	4.77	12.39
2013	2.73	4.46	1.71	5.01	13.91

年份	秦皇岛	唐山	黄骅	天津	津冀地区
2014	2.74	5.01	1.76	5.40	14.90
2015	2.53	4.93	1.67	5.41	14.54
2016	1.87	5.21	2.45	5.51	15.03
2017	2.45	5.73	2.70	5.01	15.89

表7-2　津冀港口群发展规模差异变化

年份	标准差	基尼系数	首位度		赫芬达尔系数
			2港指数	4港指数	
2000	0.4593	0.8571	1.0185	0.9242	0.4551
2001	0.5391	0.8565	1.0059	0.9124	0.4547
2002	0.5275	0.8265	1.1558	0.9034	0.4005
2003	0.5984	0.8134	1.2881	0.8993	0.3726
2004	0.7416	0.8131	1.3712	0.9272	0.3698
2005	0.8211	0.8020	1.4242	0.8917	0.3534
2006	0.8511	0.7806	1.2572	0.7623	0.3317
2007	1.0422	0.7821	1.2438	0.7742	0.3364
2008	1.1165	0.7776	1.4106	0.8077	0.3286
2009	1.0879	0.7607	1.5280	0.7491	0.3098
2010	1.1391	0.7454	1.5824	0.6896	0.2999
2011	1.2096	0.7371	1.4490	0.6353	0.2930
2012	1.2858	0.7406	1.3084	0.6261	0.2931
2013	1.3234	0.7296	1.1228	0.5630	0.2862
2014	1.5249	0.7357	1.0784	0.5683	0.2919
2015	1.5749	0.7422	1.0977	0.5929	0.2970
2016	1.6159	0.7387	1.0586	0.5786	0.2962
2017	1.4242	0.7206	1.1441	0.5643	0.2821

1. 标准差分析

从表7-2和图7-1可知，2000～2017年间津冀港口货物吞吐量标准差总体呈现出扩大趋势，标准差从 2000 年的 0.4593 增加到 2017 年的 1.4242，18 年上涨了 210%。说明津冀地区四座港口间规模差异较大，港口货物吞吐量的差距正在逐渐拉大，离散性越来越高。

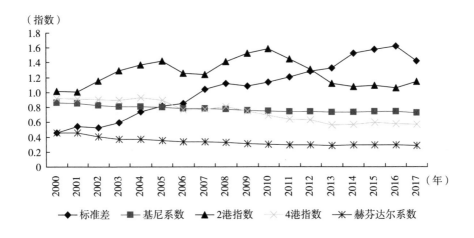

图 7-1 津冀港口发展规模差异变化的各项测度指数值

2. 基尼系数分析

计算结果显示，津冀港口群的基尼系数均大于其临界值 0.6，一直在 0.72 ~ 0.86 变动，港口发展规模分布极不均衡，港口之间的规模差距大。但港口货物吞吐量的基尼系数呈现出缓慢下调情形，从 2000 年的 0.8571 下降到 2017 年的 0.7206，说明津冀港口的不均衡程度小幅度下降，出现均衡发展的趋势，但不是十分明显。这一趋势的出现对于津冀港口的协作共赢，发挥"组团"力量确立了基础支撑。

3. 港口首位度分析

经对比图 7-1 中的 2 港指数与 4 港指数的变化轨迹，可以得出 2000 ~ 2007 年津冀港口首位度的演化情况。2 港指数、4 港指数均大幅低于首位度的标准值 2 和 1，说明津冀地区首位港口的规模相比其他港口并不突出。并且，津冀地区港口货物的 2 港指数经历了上升（2000 ~ 2005 年）、下降（2006 ~ 2007 年）、上升（2008 ~ 2010 年）、下降（2011 ~ 2017 年）的交替变化，而 4 港指数则从

0.9242 稳步下滑至 2017 年的 0.5643。

这反映出津冀港口群首位度的两个特点：第一，港口首位度 2 港指数长期低于标准值，而且呈现出强烈的波折和反复局面，说明在津冀地区，首位港口的地位不够突出和稳固，前两名港口对头名的位置争夺激烈。前段是由天津港和秦皇岛港竞争首位，后段则是由天津港和唐山港竞争首位。这种格局非常明显地表露出津冀港口群的"双核"特征，两家大型港口共同带领港口群的壮大。第二，涵盖津冀全部港口的首位度 4 港指数有一定下行趋势，此为津冀港口在腹地货源和临港产业方面综合竞争的结果，在趋近指数标准值的同时也反映出各港口综合化的共同目标强化了独立发展的路径。

4. 赫芬达尔系数分析

2000 ~ 2017 年间，津冀港口群的赫芬达尔系数呈现下行态势，最高值为 2000 年的 0.4551，2017 年赫芬达尔系数下降到近 20 年的最低值 0.2821。并且 2010 年以来，赫芬达尔系数波动不大，一直徘徊在 0.29 左右。该指标再次印证了津冀港口群正在逐渐趋向相对均衡。

综合各项指数分析可见，津冀港口群的绝对规模差异比较显著，港口发展不太均衡。天津港作为港口群首位港口的作用没能充分体现，北方国际航运中心的建设缺乏与周边港口的科学分工和良性互动。但同时通过时间序列的动态观察可以看出，津冀各港口之间的发展规模差距正在逐渐缩小，均衡程度有一定提高。未来非常需要津冀港口群内的各港口加强协同互动，谋求共赢。

第二节　河北省港口资源整合

河北省位于环渤海的核心位置，海岸线长数百千米，从北到南顺序坐落着秦皇岛、唐山、沧州三个沿海城市。20 世纪 90 年代前，河北仅有秦皇岛港这个归交通部直管的煤炭专用输出港，此外再没有具备商贸交往功能的出海口了，"拥海岸但缺大港"使得河北的开放度和知名度大幅滞后于国内其他沿海省份。

一、河北省港口资源整合——背景和需求

秦皇岛港是河北省的首家港口，是国家煤炭调运的首要基地，曾是全球范围内能源输出之最大港口。正是因为这样的功能定位，秦皇岛港被称作我国的"北煤南运蓄水池"和"煤炭价格稳定器"。在经历了管理体制改革后，现在秦皇岛港的主体运营商是秦皇岛港股份有限公司。唐山港两个港区和黄骅港都属于后起之秀，虽然开港运营时间不是很长，但是增长势头都很迅猛。当下，河北省沿海的港口资源已经得到了相当程度的开发，问题是港口建设运营的区域独立性比较强烈，各港对规模体量和综合程度的普遍追求意味着同质竞争严重，煤炭、矿石等货种较为典型。

因为黄骅港连接起了准池铁路和朔黄铁路这条运煤大动脉，具有运输距离短、全供应链的成本低等优势，变成内蒙古煤炭外运的首选出海口，已经有很多货源从原来的秦港转到黄骅港下水。自从准池铁路在 2015 年下半年投产运营，北方沿海港口的煤炭运输形势即出现了很大改变。从内蒙古通过准池及朔黄铁路、从黄骅港下水的通道，相比通过大准及大秦铁路、从秦皇岛港装船的通道，大约能缩短 200 千米的运距。黄骅港神华煤炭码头并不是封闭运行，不属于神华集团的煤炭货源从黄骅港装船也是没有问题的。低廉的运费和庞大的运输能力吸引了大量煤炭。身为传统选项、中国煤炭调运领先通道的大秦线被大量分流，煤炭运输业务收缩。于是传导到港口领域的结果是，与大秦铁路相配套的煤炭输出港（秦皇岛港、唐山港）运量下滑。低价争抢的背后显露出的是运能过剩，津冀港口对煤炭运输的纷争总体比较明显。

2016 年，我国煤炭调运的总规模收缩，北方沿海港口均面临货源不足的压力，竞争加剧。其中既包括大秦线及配套港口和朔黄线及配套港口之间的供应链之争，也包括每条线路内部各下水港之间的竞争。北线各港口交替降低费用标准，以竞争经由大秦线输送的煤炭货源。2016 年 3 月 31 日，唐港铁路公司降低了迁曹线地方铁路的价格，使得与迁曹线对接港口的煤炭运输成本比秦皇岛港要低。鉴于此，秦皇岛港在 2016 年 4 月 18 日修改了煤炭专用场地优惠方案，降低了港杂费标准，这样秦皇岛港的内贸煤港杂费调到了 22.5 元/吨、外贸煤港杂费

调到了 24.7 元/吨。4 月 26 日，国投交通公司在唐山港两个港区的煤炭码头随之下调港杂费，使得综合费用低于秦皇岛港，港口间的价格战愈演愈烈。受此影响，2016 年秦皇岛港的货物吞吐量出现大幅下降，排名全国第 20 位，这应该是自新中国成立以来的最低名次。

二、现有省域范围的港口资源整合——河北港口集团

1. 组织建构

河北港口集团有限公司组建于 2009 年 7 月 8 日，以秦皇岛港务集团为基础，统筹谋划河北港口资源，推动河北省港口功能拓展和结构优化，进而增强河北省港口的整体竞争力。河北省委、省政府确定河北港口集团为省属国有独资的综合性企业集团，牵头开发省内的新增港口岸线和设施。推动河北省港口构建科学布局、合力发展的强大港口群，并依托各地的资源、区位、政策等优势，努力吸纳和培育各类港航衍生服务业，实现高质量发展和协同发展。

2013 年 4 月设立了河北港口集团国际（香港）公司，这是河北港口集团第一个位于境外的全资子公司。作为河北港口集团的窗口平台单位，香港公司主要从事基于港口业务的大宗散货跨国贸易，特别是煤炭和矿石。河北港口集团发挥香港在税务筹划、外汇结算、法律风险防范及信息资源等方面的优势，重点担负航运、国贸、金融等衍生事务。

2013 年 11 月，河北港口集团的总部由石家庄调整到曹妃甸，这有利于实现和当地的互动共赢。在曹妃甸开发之初，河北港口集团的前身秦皇岛港务集团主导建成通岛路等基础设施和矿石码头一、二期工程。2015 年 5 月，在曹妃甸组建了唐山港口投资开发有限公司。这家公司是由河港集团下属的秦港股份联合多家单位共同设立的公共码头企业，意向主导唐山新增港口资源开发，意图改变以往曹妃甸港区以货主码头为主的格局，争取达到一体规划、统筹建设、公共经营的状态。

2. 主要业务板块

现在，由河北港口集团掌控的经营地域范围包括秦皇岛港的全部、黄骅港综合港区的大部分和唐山港曹妃甸港区的部分码头。河北港口集团走出了一条"以

港为基、跨区经营、开放多元"的发展新路，从一家传统的港口企业发展成业务类型广泛的大型集团。2017年，河北港口集团的吞吐量达到3.81亿吨，是全球最大的干散货港口运输企业。截至2018年初，河北港口集团总资产为587亿元，员工人数超过1.4万，包括全资、控股、参股等各类企业51家。

第一，物流板块。依托秦唐沧三大港区和供应链体系，河北港口集团旨在形成高度集成的物流服务基地。秦皇岛海运煤炭交易市场的业务范围涵盖现货贸易、第三方结算、指数研发等，我国煤炭交易领域具有较大影响。作为集团开放窗口的香港公司和多个贸易商战略协作，构建境内外衔接、海陆协同的港口物流系统。河北港口集团主持建设了邯郸国际陆港，并和黄骅港便捷对接，集多种运输方式于一身。邯郸国际陆港公司于2015年在上海股权交易中心（中小企业股权报价系统）上市。

第二，金融板块。河北港口集团在2016年的投资收益是12.5亿元，使得金融板块变成了推动港口综合实力增强的重要支柱。2014年组建了河北港口集团财务公司，此为河北省首个非银行港口金融机构，提升了对资金的系统化管控水平，从某种程度上也支撑着河北港口集团多元化转型的重要方向。秦港股份2013年发行H股，顺利走过了申报、审批、发行等各个步骤，时间只用了半年。尤其是在国际路演阶段，向中国香港、英国、美国和新加坡等地的投资者推介，按照11倍市盈率定价成功。12月12日，秦港股份在香港联交所主板上市，实际募集资金30.88亿元人民币，这是香港股票市场第一个主营干散货运输的港口企业。2015年，河北港口集团透过对各方面形势的综合研判，重新推动了秦港股份的A股上市。2017年6月，证监会核准秦港股份发行A股，8月16日在上交所主板挂牌，这是河北省国企中第一个同时拥有A+H股双资本平台的企业。

第三，跨区板块。以秦皇岛港为大本营的河北港口集团是省属企业，从开始组建之时便被认为承担协调河北省港口资源的任务。目前，河北港口集团在除了唐山港京唐港区的省内其他港区都有运营项目。在唐山港曹妃甸港区控股经营实业港务公司和煤炭港务公司，包括四个铁矿石泊位、五个煤炭泊位，参股了国投交通公司的十个煤炭专用泊位。河北港口集团旗下的冀港煤炭港务、冀港通用港务和唐山港口投资开发公司，都可以投入今后的项目实践。河北港口集团在黄骅港控股渤海港务公司的八个泊位和黄骅矿石港务公司的两个泊位。

三、河北省港口资源深化重组的需要和设想

1. 河北省港口格局变迁的过往和前景

煤炭是河北省港口的第一大货源，下面以煤炭为例做出说明。因为前几年港口建设力量比较集中，曹妃甸港区的煤炭码头步入了运能集中投产阶段，若干个大型煤炭码头相继投产，蒙冀铁路也已运营。新铁路专线投产和新投产港口运能，都会促使曹妃甸港区的煤炭市场份额扩大。省内各港新建的煤炭、铁矿石码头使得总产能趋于过剩，同质化竞争仍然激烈。在2019年2月16日召开的河北省沿海经济带建设工作会议上，明确提出秦皇岛港要重点发展集装箱运输和邮轮母港，而曹妃甸港区则要进一步提高煤炭接卸中转能力，这就为将煤炭运能从秦皇岛港向唐山港曹妃甸港区迁移下达了任务书。

黄骅港的煤炭码头属于神华集团所自有，是与朔黄铁路配套的煤炭装船港，目前的设计通过能力是每年1.83亿吨。2015年，因为市场需求端收缩等多方面原因，黄骅港的煤炭吞吐量只有1.17亿吨，比上年减少了2000万吨。由于准池铁路的运营，使得经由朔黄线至黄骅港的大通道拥有了成本优势，使黄骅港在煤炭运输市场的地位明显上升，2018年黄骅港与秦皇岛港的煤炭吞吐量基本相当。

2. 河北省港口主导运营商改革重组

在河北省经营港口服务的企业类型复杂、数量较大，一方面有国家开发投资公司、神华集团、首钢集团、华能集团、华电集团等中央企业，另一方面有河北省建设投资公司、河北钢铁集团、开滦集团等省属非港口企业，还有本省专门的港口企业，如河北港口集团、唐山港集团、曹妃甸港集团等。因为河北省港口的建设运营主体过多，使得存在缺乏开发主导、岸线低效利用等问题，抑制了全省港口的总体竞争力。比如，域外机构到河北省投资港口项目时主要集中在大宗散货方面，一度造成了码头运能的过剩和激烈竞争，稀缺的深水岸线并没有进行高效利用。域外机构对集装箱、件杂货等对当地经济贡献大的码头关注不多，难以推进港口货源结构的优化升级。而且这种情况压低了本土港口企业的影响力，使得省市政府不容易实施引导和调控。

虽然河北港口集团在 2009 年便已成立，而且肩负着统筹开发运营省内港口增量的责任，但是在后面的操作中却碰到很多问题。由于考虑到三个沿海城市及各个港口经营主体的各自发展诉求，河北省的三港四区并没构建适当的联动方案，岸线资源在现实中不容易达到统筹使用，三个港口的转型升级、结构优化都存在不确定性。不同行政区划间存在利益纷争，给港口群建设设置了障碍，增加了协同发展的制度成本。因此，各港口及各城市单打独干、侧重通过增加投资来简单谋求吞吐量规模的粗放型路径是不能持续的。

　　最近一个时期，国内沿海各省正在掀起整合港口资源的新一轮热潮，辽宁省港口集团、江苏港口集团、浙江省海港委员会和海港集团纷纷组建，广东省的沿海港口整合也在快速推进。为此必须深入改良河北省港口资源配置，强化使用效率意识，尽量化解港口或者港区间的简单同质化竞争。必须着力培育源于本土的大型港口运营商，发挥公共主导力量的作用，并在各主力板块全面布局。具体来看，首先应该推进完成市域范围的港口企业整合重组，打造整体品牌，防止对外形象割裂①。接下来再考虑推进省域范围的港口运营商改革重组，鉴于现有河北港口集团以秦皇岛港为根基的主体背景和公众认知，以及秦皇岛港在集团组建之初到目前的地位变化，很难再依靠当前的河北港口集团履行整合全省港口资源的重任。可以对河北港口集团在保留名讳、股权调整的原则下，进行实质性的产权重组，改变以往的河北港口集团即秦皇岛港的片面观点，全面均衡地构建统领全省的港口公共运营商。

第三节　津冀港口群协同发展

　　津冀共有 640 千米海岸线，河北境内为 487 千米，天津境内为 153 千米。天

---

　　① 2018 年，唐山市成立了港口发展领导小组及办公室，在年底的新一轮政府机构改革中新设立了唐山市海洋口岸和港航管理局。完成了《唐山市口岸发展规划》《唐山市港口条例》等编制工作，并进入了审定程序。制定了《唐山市港口资源整合重组实施方案》，计划分两阶段将唐山港口实业集团和曹妃甸港集团战略重组为唐山港集团有限责任公司，目前新集团组建的各项工作正在有序推进。

津港与河北省港口同处渤海湾，空间距离很近，港口腹地多有交叉，外海锚地也有重叠，竞争在所难免。多年来，双方在航道规划、腹地开拓、集疏运补贴等方面激烈竞争、相互制衡。所以，积极促进津冀港口协同发展，建设强大的一体化港口群，是贯彻京津冀协同发展这一国家战略的先导事项和重要标志。

一、津冀港口的优势特征

天津港地处我国北方沿海的核心地带，是首都的海上门户，是京津冀城市群的首席出海口。天津港腹地广阔，航线密集，货源充足，海陆空交通网络发达，但由于航道自然水深不够，需要不断疏浚拓宽，提高了营运成本。天津港是功能完备的传统大港，外贸运输长期排各港口前列。天津港是直接依托中心城市的综合性大港，在临港地区聚集了相当成熟的航运服务业部门和各类工商业企业。所以相对于河北省港口来讲，天津港的配套条件、邻近城区环境、航运服务业成熟度等各方面都占据明显优势。

观察天津港近几年的数据，集装箱货源的80%来自北京、天津和河北三地。在内陆港项目方面，天津港已在"三北"的12个省市建立了25个内陆港，其中在北京、河北两地的内陆无水港达到了10个，是无水港布局最密集的区域。因为各环节总运输费用及班期导致的时间成本的原因，天津港占有了较大份额的河北省货源，是河北省外贸商品的主要口岸。

以大宗散货为货种主体的河北省港口腹地包括了煤炭、钢铁和化工生产重心。唐山和黄骅港发展速度很快，各类型运能迅速扩大，曹妃甸港区拥有靠泊40万吨级铁矿石船舶的资质。对于原油运输方面，唐山港已经建成了30万吨级原油码头，原油接卸能力和天津港基本差不多。秦皇岛港近些年的能力扩充有限，煤炭运量在维持原规模的情况下有所下滑，集装箱等其他货种比例小。

2005～2014年，津冀港口群的煤炭运量一共增加了3.6亿吨，其中河北省港口增加3.3亿吨，占据总增量的92%。整个港口群的铁矿石吞吐量增加了2.7亿吨，其中河北省港口增加了2.1亿吨，占据总增量的77%。总的来说，最近十多年来津冀港口吞吐量总增量里边大概七成源自河北省三家港口。

目前，天津港的吞吐量增长趋于放慢甚至出现下降，主要是因为唐山港和黄骅港在煤炭、铁矿石等大宗干散货运输方面实现了快速增长，抵消了天津港的部分相关业务。河北省三大港口的强项是：第一，都是我国煤炭调运的基本输出港，总体份额很大；第二，河北省港口，尤其唐山港是国外矿石的重要接卸港，同时也是本地生产的钢铁产品的输出中枢；第三，河北省港口的深水岸线和土地资源富集，可供大规模开发建设；第四，干线铁路等港口集疏运设施的进步和大型专用码头的投产运营助力了煤炭和矿石吞吐量的快速提升。然而一直没能得到改变的是在吞吐量结构方面，货种品类仍然比较单调，航运服务业和相对高端一些的物流活动还是处在起步阶段。以唐山港与天津港作比较，初始起步时，唐山港的规模几乎相对忽略不计，但是经过近些年的膨胀，已经在吞吐总量上实现对天津港的赶超（见图 7 - 2）。

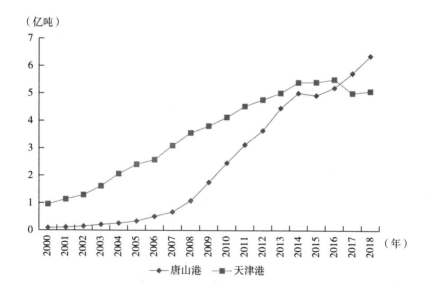

图 7 - 2　唐山港、天津港货物吞吐量对比

相比较而言，天津港的集疏运设施处于弱势，和所依托城区的摩擦比较明显，而且缺少连通中西部内陆的铁路走廊，所以在大宗干散货的转运中排名并不居前。天津港距离内陆腹地相对较近，公路集疏运成本低，不过以前天津港具有优势的煤炭公路集港已经由于环保要求的提高而变成劣势。由于受煤炭汽运集港

禁令的影响，天津港的煤炭运量明显下降。河北省沿海三大港口的集疏运能力相对占优，各港都有专业化的铁路运煤专线来链接"三西"地区，占据着总运输费用低和直通直达的优点。大秦线是和秦皇岛港、唐山港配套的，而朔黄线、邯黄线连通着黄骅港，这就显得天津港的铁路集疏运系统不够发达。可见在大宗干散货的铁路集疏港角度，河北省三大港口占据上风，天津港较为不利。

集装箱运输对港口集疏运成本高低的依赖性不强，其所看重的主要是城市环境、商务服务、通关便利性、班轮航线密度等条件。这样对于集装箱运输，天津港毫无疑问地占了领先位置，各方面的优势显著。特别是在外贸集装箱领域，天津港更是津冀港口群的中心。2014年，天津港集装箱吞吐量为1406万标箱，占据了津冀港口群总量的88%，国际航线集装箱吞吐量的份额更是达到99%。津冀港口集装箱吞吐量在2005～2014年增长了1096万标箱，仅天津港便占据增量的85%，特别是国际航线集装箱吞吐量增量中天津港占据98%。虽然河北省港口在集装箱运输方面做到了更快的增长，但因为集装箱运输的内在特点和原有基础的限制，在外贸货源和国际航线方面，还是比较羸弱的，港口集装箱业务的盈利状况仍不乐观。

决定港口地位的因素还包括供应链管理、高端航运服务、自由贸易区等政策地位和功能层级。尤其在各港口加快推进高质量发展的大环境中，这些因素会更加对港口的竞争力和品牌力产生影响。在优惠政策上，目前天津港比河北省各个港口都要有优势，尤其是自贸试验区、国际航运中心等主题。最近，天津市的几次重大发展机遇都为天津港转型升级、扩展功能、延伸影响提供了优越的环境，包括滨海新区开发、北方国际航运中心建设和天津自贸试验区等。例如，以天津港为发展依托的滨海新区已成为天津市的经济重心，然而唐山港各港区所在的南部沿海仍没有成为唐山市最有经济分量的空间，更难以撑起省域增长极的目标。河北省港口在大宗商品的现货及期货交易、航运服务业体系化构建等高阶功能上尚很薄弱。河北省沿海港口在软件配套、商业成熟度等方面基础薄弱，明显落后于天津港。

二、津冀港口谋求协同发展的现实需要

从港口经济理论角度说，并不是所有想建港口的地方都可以建港口，建港必须要满足自然条件、货源条件、交通联系条件等严格的要求，所以港口竞争是与其地理位置和区域关系紧密相关的。港口作为"瓶颈"环节，其区域垄断特征在很大程度上是从资源稀缺的角度提出的。陆地交通联系的便捷和港口数量的迅速增加，使得港口间竞争也日益加剧，交叉腹地的范围不断扩大。至此，区域垄断和竞争成为港口共同的发展特征①。

港口在某个地理区域内具有一定的垄断性，这有利于规模经济的获取和对稀缺资源的利用，但由此诱发的市场势力却会导致福利和效率损失。区域内多个邻近港口之间的直接竞争虽然可以刺激效率提高及产生竞争活力，但若过度分散则会干扰规模经济效应，也可能造成资源浪费。港口有效竞争是一种各项因素相互协调的理想状态，目标是通过对"度"的合理确定，使净效应达到最大化。有效竞争一方面要求有足够的港口数量和竞争强度，另一方面也规定不能过于损害规模效应，需要防止重复建设和过度竞争。

基于一般规律，地理相邻的港口间容易存在同质竞争和简单竞争，津冀港口群也是这样。主要由于行政区划和隶属关系的问题，津冀港口之间的关系格外复杂和多元。受到行政分割和利益博弈的影响，津冀港口的竞争此起彼伏。这深刻透视出津冀两地深度博弈背后的利益纠葛，而结果则是资源浪费，损害津冀港口群的综合竞争力。长期以来，由于津冀港口群行政管辖的纠葛，规划建设自成体系，腹地交叉、同质化竞争加剧、港口业务结构趋同、岸线设施利用率低、港口价格激烈竞争等诸多问题。尽管津冀港口的自然属性特征存在差异，历史轨迹和

---

① 塞洛普（Salop）提出的圆周模型对于分析港口的区域垄断与竞争行为非常恰当。我们来考虑港口具有的空间结构特性，每家港口在地理空间中都有确定的位置，并直接毗邻水域。这种属地化特征意味着两家港口的地理位置越接近，那么它们提供的港口服务便越具备替代性。同时，分布于广大经济腹地的港口用户也都在空间中有具体位置。这样，用户离港口越远，货物的集疏运成本就越高，用户选择该港口作为门户所获取的剩余就可能越少。所以，为了节省陆地集疏运费用，用户往往倾向于选择较为邻近的港口来提供服务，即使在一定程度上邻近港口的费率标准并不占优势。这样，港口便容易在自己周边腹地拥有市场力量。

积累也明显不同，然而因为地理邻近，便产生了面对面的竞争关系。

由于津冀缺乏协同合作机制，港口岸线相连、腹地重叠的两地港口基本处在自说自话的状态。例如，天津港在很长一段时间内，将发展重点放在作为人工港的劣势领域，包括铁矿石、煤炭码头等，和邻近的唐山港曹妃甸港区重叠，谋划的南港港区和黄骅港石化码头相类似。在这种背景下，对唐山港曹妃甸港区的大规模开发，天津港一度严阵以待，而且拟推出相应举措。

由于港口对区域经济的强有力带动效果及以市场化为原则的港口改革，港口管理权限地方化之后，各地举全域之力支持港口建设的劲头很足，于是，邻近港口之间的过度竞争和业务重叠就成了大概率事件。在津冀沿海港口群中，由于区位相近、腹地交叉、航线重合及城市产业门类重叠等因素，津冀港口间的竞争日益凸显，争抢货源现象时有发生，两地港口面临产能过剩等诸多结构性难题。

在行政区划分隔的形势下，在京津冀三地中处于经济弱势地位的河北省为了实现经济发展水平的提升，试图依靠综合性港口建设来进行推动，特别关注全省港口的体量扩大和提档升级。然而，由于没有充分估量城市环境对支撑港口提档升级的重要作用，使得河北省港口尚未在发展软环境、吸纳航运相关企业、推动从大转强上取得突破。总之在以往很长时间，行政体制分割令河北和天津两地港口难以协调配合，基本上是单打独斗，协同效果未能显现。津冀港口实现协同发展，需要脱离原来的博弈困局，做到个体利益和整体利益的兼顾。

三、河北沿海港口与天津港的合作进展

通过空间区位、内陆腹地范围和竞合关系来看，津冀港口均为一个紧密联系的港口群。河北省港口的自然条件能够支撑天津港在这方面的欠缺，同时天津港的成熟经验和口岸环境能够引领河北省港口的进步。若可以打破行政隶属的固有习惯，在协同发展的指向下密切合作，完全可以共建我国北方航运中心。当前，急需把握京津冀协同发展契机，引入委托经营、资本合资等具体办法，促进天津港集团和河北省领军港口企业之间的各领域联系，适当整合津冀的港口资源。

1. 河北港口集团

2014年，河北港口集团和天津港集团的合资成果——渤海津冀港口投资公

司设立，出资额共 20 亿元，各占 50%，标志着两地港口企业在资本层面的直接融合。合资公司将统筹规划利用津冀两地的港航要素，以持续调整津冀港口之间的分工格局和经营秩序，避免重复建设。这是在京津冀协同发展战略正式发布以后，双方促动交通一体化、合作双赢之重要举措。

2017 年 5 月 17 日，河北港口集团与沧州渤海新区管理委员会、天津港（集团）有限公司三方签署《落实京津冀协同发展战略，加快黄骅港集装箱发展的框架协议》，三方将加大对黄骅港集装箱运输的投入力度，确定由渤海津冀港口投资发展公司统筹开发，这是津冀港口合作的一项重要进展。根据协议内容，由这家合资公司来收购天津港高沙岭港区新兴建材产业基地通用码头（一期）和黄骅港综合港区多用途码头 3～4 号泊位的部分股权，以此促动津冀港口的互动合作。

2. 唐山港集团

2016 年 12 月，由唐山港集团和天津港集团共同出资的津唐国际集装箱码头有限公司宣告组建。这就大跨度推进了两港集装箱运输业务的集成发展，是京津冀协同发展的重要成果。该公司注册资金 5 亿元，唐山港集团公司处于控股地位，专司京唐港区的集装箱码头，通过收购原京唐港国际集装箱码头公司资产来担负京唐港区的集装箱运输。根据协议分工，京唐港区的这家合资公司着重发展环渤海、华东、华南的内贸航线和日本、韩国、东南亚的近洋外贸航线，而欧美货源则先经过内支线喂给到天津港，再并入天津港的欧美集装箱远洋干线。

四、津冀港口协同发展指向

以港口为重点组成部分的交通运输属于京津冀协同发展的先行军，这一国家战略为津冀港口的高质量发展提供了很好的契机。在我国的国土开发和经济发展大格局中，河北和天津的港口在满足当地货物运输需要的同时还要给广大的中西部内陆地区提供对外开放的窗口平台。面对这一要求，津冀港口群应由以往的各自为战变成以密切分工、优势整合为要义的协同互动。

前述的津冀港口企业在京津冀协同发展大框架下积极开展合作，并且已经推进到资本层面，激发了两地港口之间的协同前进，给形成港口群的整体格局打下了初步基础。河北省沿海三港要把握好个体发展与津冀协同发展之间的程度。有关各方要积极探索津冀港口群的区域治理机制，在中央行业主管部门的协调下，改变原有的行政区划分隔思维，统筹协调各方的利益诉求，在双赢原则下谋求津冀港口间的真正协同。

2017年，交通运输部、天津市政府、河北省政府制定了《加快推进津冀港口协同发展工作方案（2017~2020年）》。其基本原则是：加强顶层设计，优化港口群功能分工，形成津冀港口布局规划"一张图"、统筹建设"一盘棋"的格局。以资本为纽带，在集装箱、散货等码头功能分工、资源整合等方面率先取得突破。发展目标是：以天津港为核心、以河北港口为两翼，布局合理、分工明确、功能互补的世界级港口群，先行示范带动港口资源跨省级行政区域整合，为更大范围的协同发展创造条件。

该方案指出的主要任务有：第一，优化津冀港口布局和功能分工。打造天津港综合性门户枢纽，以集装箱、商品汽车滚装和邮轮运输为重点，加快现代港航服务要素集聚，提升航运中心功能。河北港口以大宗物资运输为主，大力拓展临港工业、现代物流等服务功能，与天津港错位发展、有效互动。强化天津港集装箱干线枢纽港地位，河北港口发展支线和内贸运输，加强津冀港口间集装箱干支联动。发挥河北港口在大宗干散货运输中的主通道作用，依托大秦、朔黄、蒙冀等铁路大通道，以秦皇岛港、唐山港、黄骅港为煤炭主要装船港，以天津港、唐山港、黄骅港为矿石主要接卸港，控制天津港煤炭运输规模。外贸原油运输以天津港、唐山港为主要接卸港，适时发展黄骅港。第二，加快港口资源整合。综合考虑现有同类码头能力利用等因素，严格港口岸线合规性和合理性审查，防止重复建设和岸线资源浪费。依托已成立的津冀港口合资公司，统筹开展新增项目建设。按照"先经营管理统一、再资产统一"的模式，扩大津冀港口间现有集装箱码头、航线领域合作的广度和深度。

第四节 津冀港口及城市的偏移—分享模型分析

津冀地区的港口发展历史悠久，港口经济与城市发展之间互相促进，港口和城市在有限的空间地域范围内实现了共生共荣。以下运用偏移—分享模型对津冀地区四个港口及所在城市规模展开偏移增长分析，确定四座港口及城市的集聚或离散形势，刻画出津冀地区四座港口及城市之间的竞争演化过程，这对促进津冀港—城良性互动及转型等具有现实意义。

一、模型的基本形式

偏移—分享法是由 Creamer 在 1942 年最早提出并应用于国家资源与产业结构调整研究的，而后 1997 年 Notteboom 将该方法运用到集装箱港口系统演进的研究。该方法认为，在某个期限中，区域中某一指标的增长可以划分成分享增长和偏移增长。分享增长是指某一指标按照整个研究区域该指标的增长量增长时所获得的增长量；偏移增长是指某个指标对分享增长量的偏差大小。对于增速快的指标而言，偏移增长量是正的；对于增速较慢的指标而言，偏移增长量是负的。具体模型如下：

$$SHIFT_i = ABSGR_i - SHARE_i = N_{it1} - \left(\sum_{i=1}^{n} N_{it1} \middle/ \sum_{i=1}^{n} N_{it0} \right) \cdot N_{it0}$$

$$VOLSHIFT_{intra} = \sum_{j=1}^{m} VOLSHIFT_{intraj}$$

$$VOLSHIFT_{intraj} = \frac{\sum_{i=1}^{r} |SHIFT_{ij}| - \left| \sum_{i=1}^{r} SHIFT_{ij} \right|}{2}$$

$$VOLSHIFT_{inter} = \sum_{j=1}^{m} \left(\frac{\sum_{i=1}^{r} |SHIFT_{ij}|}{2} \right)$$

$$VOLSHIFT_{total} = \sum_{i=1}^{n} |SHIFT_{ij}|/2 = VOLSHIFT_{intra} + VOLSHIFT_{inter} \qquad (7-5)$$

其中，n 为城市体系或港口体系内城市或港口的个数；$SHIFT_i$ 表示 i 城市或 i 港口在（t_0，t_1）时间段内的偏移增长量；$ABSGR_i$ 表示 i 城市或 i 港口在（t_0，t_1）时间段内的绝对增长量；$SHARE_i$ 表示 i 城市或 i 港口在（t_0，t_1）时间段内的分享增长量；N_{it0} 和 N_{it1} 分别表示 i 城市或 i 港口在（t_0，t_1）时间段内的某一指标的值；$\sum_{i=1}^{n} N_{it0}$ 和 $\sum_{i=1}^{n} N_{it1}$ 分别表示在 t_0 和 t_1 时城市体系或港口体系某一指标的总值；$VOLSHIFT_{intra}$ 表示同一城市群或港口群内不同城市之间或不同港口之间的偏移增长量；m 为城市体系或港口体系的城市群或港口群数量；$VOLSHIFT_{intraj}$ 表示城市群或港口群 j 内不同城市之间或不同港口之间的偏移增长量；$VOLSHIFT_{inter}$ 表示不同城市群之间或不同港口群之间的偏移增长量；$VOLSHIFT_{total}$ 表示整个城市体系或港口体系的偏移增长量；r 为城市群或港口群 j 内的城市数量或港口数量。

若 $SHIFT$ 值为正数，则表示该城市群或城市（港口群或港口）拥有竞争优势，且增速较快；若 $SHIFT$ 值为负数，则表示该城市群或城市（港口群或港口）竞争不利，增速较慢。

二、指标选取及数据处理

河北省和天津市同属环渤海湾西岸，包括四座港口及所在城市。下面需计算出 $SHIFT_i$ 的值，即确定津冀城市间、港口间偏移增长量及正、负偏移城市、港口，具体公式如下：

$$SHIFT_i = ABSGR_i - SHARE_i = N_{it1} - \left(\sum_{i=1}^{n} N_{it1} \Big/ \sum_{i=1}^{n} N_{it0} \right) \cdot N_{it0} \qquad (7-6)$$

选择 2000～2017 年间津冀地区四座港口城市的相关数据进行分析，具体指标如表 7-3 所示，原始数据主要来源于各城市的年度统计公报。用熵值法确定各指标的比例，进而基于加权值得出港口和城市的总规模。

表 7-3 港口与城市的代表指标

港口指标		城市指标				
港口货物吞吐量	集装箱吞吐量	GDP	第三产业增加值	第二产业增加值	固定资产投资额	社会消费品零售额

需要注意的是，黄骅港集装箱码头在2012年才正式运行，这就造成了港口系统部分指标的真实性缺失，因此在计算各项指标的权重时，对所选取的横截面数据进行分段讨论，即2000～2011年为一个时间段，2012～2017年为一个时间段。先计算得到两个时间段的指标权重，再算出每一指标的加权值，进而计算港口规模与城市规模。继而求得津冀地区港口、城市单独的综合偏移增长量，于是可以对津冀地区港口和城市的集聚或离散状态做出解释，具体结果如表7-4和表7-5所示。

三、结果分析

表7-4显示，津冀港口总规模在2000～2017年间偏移增长量均为正值，标志着有朝部分港口集聚的趋势。具体来看，始终保持正向偏移的港口只有唐山港和黄骅港，两者均在该段时间内实现了稳步增长。但2009～2017年港口总规模偏移增长量比2000～2008年更明显，该时间段内偏移正增长量主要体现在唐山港和黄骅港的较快发展中，其中唐山港的偏移增长量为64.64，黄骅港的偏移增长量为20.81。

表7-4　津冀港口总规模偏移

	2000～2008年	2009～2017年
津冀地区不同港口间的偏移增长量	25.56	85.45
正偏移港口	秦皇岛14.83，唐山10.36，黄骅0.37	唐山64.64，黄骅20.81
负偏移港口	天津-10.65	秦皇岛-4.24，天津-81.21

秦皇岛港口规模由集聚状态演变为扩散状态，在津冀港口中处于相对竞争劣势的状态。天津港在2000～2017年间一直呈现出明显的负值状态，意味着天津港在与河北省港口的体量竞争中处于守势。

如表7-5所示，与港口规模相似，2000～2017年津冀城市总规模偏移增长量也是正的，总体表明港口已经成为城市发展的重要支撑，港口要素在引领京津冀地区沿海经济带的发展方面发挥了独特作用。具体来看，2009～2017年城市总规模偏移增长量比2000～2008年愈发显著，该时段内偏移正增长量主要体现在天津市及沧州市的快速发展上，其城市规模偏移增长量分别为 773.68、207.86，呈现出明显的区域竞争优势。总体来看，津冀地区四座港口城市的偏移增长方向并不稳定，这说明该区域内港口城市竞争的动态性和复杂性。

表 7 - 5　津冀港口城市总规模偏移

	2000 ~ 2008 年	2009 ~ 2017 年
津冀城市间偏移增长量	314.54	981.53
正偏移城市	唐山 314.54	沧州 207.86，天津 773.68
负偏移城市	秦皇岛 -258.8，沧州 -20.6，天津 -35.15	秦皇岛 -201.8，唐山 -779.73

　　秦皇岛城市规模的偏移一直处在负偏移区间，在津冀港口城市中缺乏竞争力，自 2000 年来一直处于劣势。这主要是由于在该地域范围内，秦皇岛的经济总量一直较小，工业基础较弱，外地煤炭过境式的港口运输模式对所在城市的拉动作用不明显，同时城市综合环境对港口提档升级的支撑也不足。

　　唐山市则未能延续 2008 年之前的势头，在最近十年相对退步，在津冀范围的城市格局中明显处于竞争劣势的状态。唐山港的强势位置和所处城市的薄弱形成了强烈对比，这一方面说明唐山港两个港区在运输大宗散货上的综合优势，另一方面说明唐山市由于在经济新常态形势下传统产业去产能、调结构所带来的困境，反映出近年来唐山经济不佳的景气程度。

　　沧州市所属的黄骅港在区域内一直表现为向该地集聚的趋势，而其城市在 2009 ~ 2017 年也显现出较大的竞争优势，城市与港口发展呈现出良好的耦合态势，港口、产业和城市之间的链条呈现出良性互动的情形。

　　天津作为津冀港口城市内综合基础最好的样本，其港口规模偏移增长量一直处于负值状态，城市竞争力则展示出突飞猛进的景象。这说明天津港虽然仍被认为是天津市的核心资源，但作为特大城市的天津在经济发展方面更加多样化和综合化，对港口要素的依赖程度有所下降，才会表现出港口偏移情况和城市偏移情况的分置。这恰恰说明，在津冀港口群的竞争、合作与协同的大格局中，天津港完全可以将更多的适合于由河北省港口承担的货运份额疏解至河北省港口。

第 八 章

河北省港城互动发展分析

近年来，河北省港口发展和城市发展均较为迅速，港口壮大在带动城市经济水平提高方面作用显著，所在城市的经济实力和综合环境也从多个方面影响着港口在各个发展阶段的情况。只有从港城互动的视角加以专门审视，才能更深层次、更全方位地认识和理解河北省港口的发展史。本章首先对河北省港城互动的进展和存在的问题进行分析，然后再从城市经济总量和城市产业结构两个层面对河北省港城互动进行实证考察。

第一节　河北省港城互动的进展和成效

一、港口经济水平不断提高

港口吞吐量和港口集装箱吞吐量，是衡量港口发展规模的两大重要指标。从整体上看，近年来河北省的港口吞吐总量逐年上升，集装箱吞吐量提升也较为迅速，港口经济发展水平不断攀升。同时，港口发展水平的提高对河北省港口城市经济发展也做出了较大贡献。

秦皇岛港在港口吞吐量与集装箱吞吐量方面，发展速度相对比较平缓，但稳中有升，近两年由于受到宏观经济下行压力加大、煤炭行业下行及周边港口竞争的影响，秦皇岛港煤炭货运量出现较大的"断层"。2014～2016 年，秦皇岛港口煤炭吞吐量由 2.4 亿吨下滑至 1.59 亿吨①。在政策的调配下，2017 年秦港货物吞吐量才有所回升。唐山港自 2008 年以来，港口吞吐量呈现直线上升状态，京唐港区和曹妃甸港区分别在 2009 年和 2010 年港口货物吞吐量突破 1 亿吨大关，港口经济贡献能力进一步增强。2014 年后唐山港整体吞吐量情况趋于平稳，且其集装箱运输业务自 2012 年后也处在快速上升的阶段。黄骅港吞吐量明显上升，2012 年黄骅港集装箱泊位正式投产，当年集装箱吞吐量即完成 10.2 万标箱，至 2017 年集装箱运输量将近达运营初始年的 6.5 倍，集装箱运输业务成为黄骅港主营业务之一。

随着世界贸易的扩大，港口作为重要的海上运输枢纽，其货物中转运输的职能更加凸显。河北省港口吞吐量逐年增加，港口不仅在运输腹地商品货物方面发挥着重要作用，还在引进外来商品货物、高新技术产品等方面发挥着有利优势，港口明显成为促进港口城市经济增长的关键支柱。

二、港口有效提高城市就业率

港口相关产业具有一定的劳动密集特征，产业正常运转需大量劳动要素。港口发展之初，必然要投入大量劳动力进行港口建设，这就提供了大量的就业岗位。相关资料显示，鹿特丹港、香港港和神户港及相关行业在其港口所在城市的就业占比为 20%～21%。可以看出，一个发达的大型港口能为城市创造大约 20% 的就业机会。港口运营不但自身需要大量的劳动者，而且港口带动起来的相关产业也给城市带来了大量的就业机会，可以助力解决港口城市的就业问题。

秦皇岛港是河北省发展历史最为悠久的港口，其自开埠建港起，就带动了当时清朝政府大量的劳动就业，使秦皇岛地区居民从以渔业为生，转而向港口就业。随着秦皇岛港及其地区经济的不断发展，港口规模扩大，港口不再是单纯的

---

① 导致秦皇岛港 2016 年煤炭吞吐量出现大幅下滑的主要原因，是大秦铁路煤炭运输量的下滑和黄骅港的竞争所致。

物流中转站，原创性地带动了相关产业的发展。如以"耀华玻璃"为主要代表的玻璃制造行业，以造船业为主体，修船业、船配业为辅的"中港船舶"等港口相关行业，都提高了港口所在城市的就业率。

唐山是拥有近代工业化传统的重工业城市，港口的建立给该市的钢铁、陶瓷等商品对外贸易带来了极大便利。同时，较快地提高了唐山当地的就业人口，增加了船舶运输、物流的就业人口，扩展了港口区域其他相关行业的就业渠道。典型案例就是，因政策、环境、运输等多方原因而搬迁至曹妃甸港区周边的钢铁冶炼等重型工业企业，有效地改善了曹妃甸港区周边居民的就业问题，使曹妃甸附近居民都能够在"家门口"找到称心如意的工作。沧州拥有丰富的石油、天然气、盐田等资源，港口的出现又使沧州成为我国"西煤东运"的重要集结地。开采丰富的能源资源本就需要大量的劳动人口，港口的基本建设及运营更需要劳动力的支持，这明显提高了沧州人口的就业率。

三、城市为港口发展提供保障

港口为城市发展注入新鲜血液，城市为港口发展提供基本架构。港口在提高城市经济水平方面发挥了重要作用，而城市发展水平和环境也会为港口规模的扩大提供坚实后盾。城市经济发展水平是决定城市港口发展规模的重要因素之一，河北省三座港口城市的地区生产总值中，唐山、沧州体量较大，秦皇岛相对较小，因此，三座城市的港口规模也各有不同。

秦皇岛市工业企业较少，城市发展多侧重旅游及其相关产业，城市经济发展水平在河北省港口城市中相对较低，城市对秦港扩大规模等方面的力度稍显不足。但因秦皇岛港拥有百余年的发展历史，秦皇岛市又定位为旅游型城市，生态基础相对较好。这为秦皇岛实现从煤炭运输大港转型为集中转运输、休闲娱乐、金融服务等于一体的综合型服务大港，提高港口旅游功能，拓展港口服务业务，着力打造国际型邮轮母港等提供了坚实的保障。

唐山市工业基础雄厚，经济实力在河北省沿海三市中最强。港口体量的扩张离不开城市在产业、基础设施等方面的大力支持。曹妃甸港区的建立运营是唐山市大力支持港口发展的有力证据，曹妃甸建港条件优越，但因交通不便等原因一直没有正式开发。唐山市政府抓住国家政策的有利机会，先后修建青林公路和唐曹高速公路，方便了港口货物的往来运输，后又修建唐曹铁路，为出入曹妃甸创造了便利的交通条件。

沧州的石油、天然气等资源比较丰富，是国家化工和能源的保障基地，经济基础在河北省港口城市内相对雄厚。自 2011 年沧州市港口货物吞吐量突破亿吨大关后，沧州的港口固定资产投资不断提高，这与沧州市地区生产总值的提高是分不开的。并且，黄骅港作为"西煤东运"的重要枢纽，沧州市在烟尘粉尘的治理过程中给予经济与技术支持，使得港口达到"无烟港"的标准。

第二节　河北省港城互动中存在的问题

港口与城市是密不可分的，港口发展与城市发展之间有着全方位的关联。港口体量的壮大对城市发展既有有利的方面，又存在着消极的影响，如城市生态环境问题及交通堵塞问题等。

一、港口与城市发展契合度不高

建设港口的基本诉求就是利用港口的货物转运机能，服务所在城市的物流需求。河北省港口规模一直攀升，这一点是毋庸置疑的。但与国内其他沿海省份相比，港口活动在带动城市经济发展方面的力量仍然显得不足，且整体上临港产业的技术水平不高、差距不小。

秦皇岛的临港产业多为劳动密集型产业，科技水平相对较弱，缺乏高新技术产业的强势入驻。唐山港的建立与发展在促进唐山钢铁、水泥等对外贸易方面，发挥了不可替代的作用。在国家政策和地方扶持等多方力量的共同努力下，曹妃甸港区周边产业多处在落户的初级阶段，潜力仍然尚待开发。沧州油气资源及农副产品相对丰富，港口的开发运行对贸易的展开提供了便利的交通运输条件，但其临港产业化学工业相对较多，劳动密集型产业比例高。

二、港口集疏运结构亟待完善

整体而言，河北省经济发展情况在全国范围内并不占有优势，甚至远低于其他沿海省份。在地理位置上，河北省内环京津，且处在我国经济水平相对发达的东部地区，城市交通网络相对健全。但是对于建设沿海经济强省的目标来说，现行的交通网络还未能完全满足该目标的要求，河北省仍需进一步完善港口与城市之间的交通运输通道。

公路、铁路是连接港口与城市之间的主要交通运输方式，但河北省内的公路、铁路与港口之间缺少有机联系，缺乏通畅运输方式，未达到科学合理布局，与安全、高效、快速、便捷的运输网络仍存在较大差距，给港口和港口城市都造成了一定的消极影响。

从公路网络看，省内各城市公路交通网缺乏有机衔接。港口运输多以重载运输为主，公路通行能力有限，腹地向港口运输货物或港口向腹地运输商品的过程中，二者难以做到高效衔接。再看河北省的既有轨道运输，河北省的铁路分布十分不均衡，铁路网络相对集中于东部和南部地区。河北省内铁路集疏运的比例还不高，公路运输还占主流，港口配套铁路网络仍需进一步完善，集疏运方式急需由公路运输转向铁路运输，以实现港口货物运输的科学分流，减小城市道路交通压力。不够合理的港口集疏运结构给省内港口城市的道路交通安全、污染、拥堵等方面造成不利影响。

三、港口建设规划欠缺科学性

港口建设规划的科学性对于港口未来发展来说是十分重要的，秦皇岛港分为东西两个港区，西港区属老港区，由清政府开辟商埠后逐渐形成今日的港口规模。由于近代港口初步建设条件有限及现代港口不断扩大的趋势，港口的承载能力与港口发展规模之间的矛盾，港口规模与城市化进程之间的矛盾越发明显。港口过多地侵占城市用地，秦皇岛市民多年来一直居住在"只闻海浪声而不见海"的环境中。秦皇岛港为适应港城空间关系在新时代的变迁需求，已经启动了"西港东迁"工程。但这一工程从本质上看，历史原因还是港口建设规划缺乏科学性，导致港口大规模迁徙现象的出现。

唐山港与黄骅港虽未出现港区迁移的现象，但唐山港，尤其是曹妃甸港区同样存在规划科学性相对欠缺的问题，如港区距离新城较远、通勤联系不快捷、临港新城的商业功能和社会功能严重滞后等，这些问题都影响着港区对人口的吸引力。沧州市本身是一个缺乏淡水资源的缺水型城市，但黄骅港周边盐化产业聚集，这类企业运转需大量的淡水资源，给本身缺水的沧州造成了更大的压力，这亦是港区规划建设缺乏科学性的又一表现。

另外，河北省港口建立之初，未能有效评估港口城市的环境承载力及港口建设对城市环境所造成的影响。随着港口规模的不断扩大，临港产业的聚集，城市自身的资源、环境都难以承受其压力，造成港城矛盾增多。尤其是相关临港产业对港区生态环境造成的影响是十分恶劣的，如化工企业排出的有害气体、不达标污水等行为，严重损坏了港区及近海海域的空气及水域环境。城市发展过程中对环境保护规划的制定具有相对滞后性，缺乏一定的预见性。以前河北省港口对港口在建设期和运营期的环境污染防治缺乏精准性和前瞻性。

四、港口城市环境问题紧张

港口与城市环境是密不可分的，港口基础设施建设及港口日常运行对港区周边环境乃至城市环境都造成一定的影响。港区作业无可避免的噪音对港区周边居民的正常生活造成了较大影响，长期居住在噪音环境中会对身体健康造成严重隐患。港口建设运营及临港产业引起的环境污染，给城市环境带来很大压力。

港口基本运营主要是发挥其物流中转功能，河北省港口货种结构较为单一，煤炭、矿石等资源型货源占比较高。如表 8-1 所示，秦皇岛港煤炭吞吐量占秦港总吞吐量的 87.76%，黄骅港的煤炭吞吐量占总吞吐量的 71.48%。唐山港货物吞吐量基数较大，煤炭吞吐量仅占总吞吐量的 30.95%，但就唐山港煤炭吞吐总量来看，其在河北省港口运输总量中仍占较大比重，并且唐山港的矿石吞吐量占据了 43.16%。总的来看，河北省内货物运输的 90% 左右多属煤炭、矿石等大宗干散货，不便集装箱运输，货物的运输及装卸过程都会对城市生态环境造成一定程度的污染。

表8-1　2017年河北省港口货类结构统计　　　　　　单位：亿吨

	秦皇岛港	唐山港	黄骅港
港口货物吞吐量	2.45	5.73	2.7
煤炭吞吐量	2.15（87.76%）	1.77（30.95%）	1.93（71.48%）
矿石吞吐量	—	2.47（43.16%）	0.43（15.93%）

注：因秦皇岛港矿石吞吐量占比低于10%，故不在统计范围内。

　　河北省港口货源多以省内和中西部地区的大宗干散货为主，港口集疏运方式多为铁路、公路运输，这无形中也增添了环境的承载压力。河北省高速公路网络相对密集，且三大港口均有铁路干线与之相连，港口地区的交通网络相对健全。但是过高的公路集疏运比例，大大加重了城市生态环境的承载压力。这不仅仅是货物装卸过程中造成的烟尘、粉尘污染，还有服务港口货运的重型汽车长途负重，城市道路的使用寿命也相对缩短，而且汽车尾气造成严重的大气污染。若对这类基本的港口集疏运过程不加以整治，将对城市生态环境造成十分严重的影响。

　　整体来看，河北省港口城市的生态环境基础劣势明显，尤其是唐山和沧州两地，工业产业居多，城市生态环境本身就相对较弱。港口建设产生的噪音污染、海域污染和大气污染[①]较为严重，港城间生态环境矛盾增多。如港口基础设施建设，各种机械设备、车辆运转及车船交通信号灯的干扰，对港区周边居民的影响十分严重。唐山港近年来建设步伐加快，尤其是曹妃甸港区的建设运营后，其规模不断扩大。曹妃甸通过吹沙填海，从小沙岛变成当今的形态，势必会产生对原生态的强烈侵扰。例如，在强夯作业过程中，沙土溅到空中十余米高度，加之曹妃甸海风较强，港区建设过程中因吹填等引起粉尘微粒悬浮在大气中，加大了城市生态环境压力。

---

　　①　鹿特丹港为实现港口城市环境协调发展，采取的措施十分值得河北省借鉴。如利用太阳能清洁能源为港区提供发电，对大排放量的船舶限制进出，有效减少了CO_2等空气污染物的排放。

第三节 河北省港城互动发展的实证研究 I：经济总量

港城互动在经济总量、产业结构、生态环境及空间等多个维度，联系都十分紧密。接下来分别从经济总量和产业结构维度，进行河北省港城互动发展的实证研究。首先运用灰色关联度模型计算河北省港城经济互动的关联程度，对河北省港城经济总量互动情况进行实证研究。

一、灰色关联度模型及其适用性

灰色关联度是指两指标间关联性的大小，即两者的相对变化情况，若相对变化基本一致，则说明两者关联度大，反之则小。港口经济系统与城市经济系统均为十分复杂的经济系统，包含的经济变量也十分广泛。不同指标也在不同程度上代表着港口系统与城市系统的发展水平，再由于各类指标数据的可收集程度和可获取途径的不同，以及代表港城经济发展情况指标的非唯一性，进而导致能够代表港口经济和城市经济系统的信息具有"灰色"的特征。

因此，本书在港—城系统众多指标中选取具有代表性的主要指标来进行关联度分析，说明港城经济总量的互动关系。该模型不仅可以判断港城间经济总量的互动情况，还可以对所选指标的关联程度进行排序，明确港口与城市经济之间关联紧密的方面。灰色关联度模型具体步骤如下：

（1）整理原始数据，列出基础矩阵，形如公式（8－1）所示：

$$X = \begin{bmatrix} X_1 \\ X_2 \\ X_3 \\ \vdots \\ X_m \end{bmatrix} \quad\quad\quad (8-1)$$

其中，$X_i = \{ X_i^1, X_i^2, X_i^3, \cdots, X_i^n \}$ 表示 n 年内各指标的原始数据。

（2）对选取的数据进行初值化，用行中的每一个数据除以该行的第一个数据，使各数据无量纲化。具体如公式（8-2）所示：

$$X'_i = \{ X_i'^{(1)}, X_i'^{(2)}, X_i'^{(3)}, \cdots, X_i'^{(n)} \} = \left\{ \frac{X_i^{(1)}}{X_i^{(1)}}, \frac{X_i^{(2)}}{X_i^{(1)}}, \frac{X_i^{(3)}}{X_i^{(1)}}, \cdots, \frac{X_i^{(n)}}{X_i^{(1)}} \right\}$$

$$(8-2)$$

进而，得到初值化后的矩阵，形如公式（8-3）所示：

$$X = \begin{bmatrix} X'_1 \\ X'_2 \\ X'_3 \\ \vdots \\ X'_m \end{bmatrix}$$

$$(8-3)$$

（3）求离差矩阵，将其他行与第一行作差，得到离差矩阵，具体如公式（8-4）所示：

$$X' = \begin{bmatrix} ABS(X_2^{(k)} - X_1^{(k)}) \\ ABS(X_3^{(k)} - X_1^{(k)}) \\ ABS(X_4^{(k)} - X_1^{(k)}) \\ \vdots \\ ABS(X_m^{(k)} - X_1^{(k)}) \end{bmatrix}$$

$$(8-4)$$

（4）计算各年某两个指标间的关联系数，具体如公式（8-5）所示：

$$\gamma(X_j'^{(k)}, X_1^{(k)}) = \frac{minX_j'^{(k)} + \rho maxX_j'^{(k)}}{X_j'^{(k)} + \rho X_j'^{(k)}}$$

$$(8-5)$$

其中，$\rho = 0.5$；$k = 1, 2, 3, \cdots, n$；$j = 1, 2, 3, \cdots, m$。

（5）计算指标之间的关联度，其值越接近 1 代表相关性越好，具体如公式（8-6）所示：

$$\gamma(X'_j, X_1) = \frac{1}{n} \sum_{k=1}^{n} \gamma(X_j'^{(k)}, X_1^{(k)})$$

$$(8-6)$$

二、模型计算

运用灰色关联度模型对港城经济总量的互动关系进行研究，选取2005～2017年河北省各港口的货物吞吐量①与其所在城市的 GDP、人均 GDP、外贸出口总额、社会消费品零售总额四项指标。构建港—城经济灰色关联度分析的评价体系，说明河北省港口和城市在经济总量方面的互动关系。原始数据来源于秦唐沧三市历年的《国民经济和社会发展统计公报》及秦唐沧各城市年鉴，具体如表 8 - 2 ～ 表 8 - 4 所示。

表 8 - 2　秦皇岛港口经济系统与城市经济系统指标值

城市	年份	GDP（亿元）	人均 GDP（元）	外贸出口总额（亿美元）	社会消费品零售总额（亿元）	港口货物吞吐量（亿吨）
秦皇岛市	2005	496.79	17920	18.40	147.04	1.72
	2006	571.56	20443	19.60	167.81	2.05
	2007	665.08	23591	21.45	198.14	2.49
	2008	808.95	28426	31.30	240.15	2.52
	2009	877.01	30606	16.18	283.25	2.49
	2010	930.49	31195	18.84	334.98	2.63
	2011	1064.03	35489	22.22	394.45	2.88
	2012	1139.17	37797	24.88	453.81	2.71
	2013	1168.75	38530	24.18	508.97	2.73
	2014	1200.02	39282	28.54	571.28	2.74
	2015	1250.44	40746	29.78	631.33	2.53
	2016	1339.54	43755	29.34	699.8	1.87
	2017	1506.01	45488	31.95	775.18	2.45

数据来源：秦唐沧历年统计公报及城市年鉴。

---

① 港口经济发展能够带动城市经济总量的提升，这一点是毋庸置疑的，能够代表港口经济发展水平的重要指标就是港口货物吞吐量及港口集装箱吞吐量。就河北省港口发展的整体而言，若以 2005 年为基准年，到 2017 年为止，河北省港口货物吞吐量增长率已经将近达到 300%；港口集装箱吞吐量也从十几万标准箱增加到近 400 万标准箱，但因河北省港口整体上开展集装箱运输业务较晚，所以该指标相对缺乏代表性和解释力，因此本节没有对集装箱吞吐量进行研究。

表 8 - 3　唐山港口经济系统与城市经济系统指标值

城市	年份	GDP（亿元）	人均 GDP（元）	外贸出口总额（亿美元）	社会消费品零售总额（亿元）	港口货物吞吐量（亿吨）
唐山市	2005	2027.64	28466	11.97	468.59	0.34
	2006	2361.68	32947	19.72	544.28	0.52
	2007	2779.14	37734	28.25	648.83	0.68
	2008	3561.19	48190	49.43	809.76	1.09
	2009	3781.44	50706	19.19	958.56	1.76
	2010	4469.08	59667	29.24	1119.45	2.46
	2011	5442.41	71626	38.92	1334.8	3.13
	2012	5861.63	76000	43.18	1518.52	3.65
	2013	6121.21	79588	56.12	1724.61	4.46
	2014	6225.30	80655	87.75	1957.11	5.01
	2015	6103.10	78354	85.20	2138.20	4.93
	2016	6306.02	80617	70.31	2371.10	5.21
	2017	7106.10	90290	55.05	2617.20	5.73

数据来源：秦唐沧历年统计公报及城市年鉴。

表 8 - 4　沧州港口经济系统与城市经济系统指标值

城市	年份	GDP（亿元）	人均 GDP（元）	外贸出口总额（亿美元）	社会消费品零售总额（亿元）	港口货物吞吐量（亿吨）
沧州市	2005	1130.80	16581	6.29	250.10	0.67
	2006	1281.67	18658	8.87	288.35	0.81
	2007	1485.69	21361	11.15	338.99	0.83
	2008	1716.16	24168	15.80	415.94	0.80
	2009	1900.00	26481	11.20	490.70	0.84
	2010	2203.00	37978	13.92	573.00	0.94
	2011	2600.00	36053	18.82	674.40	1.13
	2012	2811.9	38949	20.98	779.50	1.26
	2013	3013.00	41406	20.80	886.20	1.71
	2014	3133.38	42676	23.42	996.99	1.76
	2015	3240.60	43739	21.42	1104.30	1.67
	2016	3353.40	47274	21.17	1227.80	2.45
	2017	3816.90	50522	24.00	1355.20	2.70

数据来源：秦唐沧历年统计公报及城市年鉴。

依据原始数据及公式（8－1）～公式（8－6）计算出港口与城市各指标间的灰色关联度①，秦唐沧三地港城两两指标间的灰色关联度，如表8－5所示。由此可知，各指标间的灰色关联度均达到了0.5以上，可以证实河北省港口发展和城市经济总量之间是相互影响、相互制约的关系，并且各个经济指标对港口吞吐量的影响大小也不同。

表8－5　河北省港城指标灰色关联度

灰色关联度	秦皇岛	唐山	沧州
港口与城市 GDP	0.6423	0.5926	0.5554
港口与城市人均 GDP	0.6608	0.5924	0.6631
港口与城市外贸出口总额	0.5591	0.6165	0.5614
港口与社会消费品零售总额	0.6635	0.5759	0.5853

三、结果分析

河北省港口发展情况与城市经济发展体系中不同方面都具有较强的互动性，港口与城市在经济总量方面存在着密切的联系，以下按照各港口城市进行具体分析。

1. 个体分析

（1）秦皇岛。秦皇岛市港口货物吞吐量与城市社会消费品零售总额之间的关联度为0.6635，秦皇岛港口规模的扩大、港口经济的提高有效地带动了本地居民消费水平的提高。虽然港口货物吞吐量与人均 GDP 和 GDP 之间的关联程度排在第2名和第3名，但其关联度依然达到0.6以上，同样说明港口经济在拉动城市经济总量增长上有着不可忽视的作用，而城市经济在这两方面对港口规模的扩大及经济水平的增长也发挥着重要作用。引起我们注意的是，秦皇岛港作为一个百余年历史大港，其港口货物吞吐量与外贸出口总额之间的关联程度却排在第4位，关联度数值与其他指标相比仍然较低，但不可否认的是，港口发展与拉动城

---

① 根据现有的方法论基础和研究积累，尚没有完全统一的判断关联程度强弱的标准，多数研究选取0.5为标准，因此本书也以0.5为判断标准。

市经济增长的马车之一（出口）是存在相互促进作用的。

秦皇岛港口发展历史悠久，港口发展经验相对充足，但港城间土地、生态矛盾依旧紧张。现今，秦港正处于转型的关键阶段，其不断开发港口的服务功能，如游船码头、海上乐园等港口休闲娱乐设施①。这些相关服务活动的运行离不开城市平台的支持，同样这些港口服务也会给城市带来较大的经济效益。所以，港口运行需要依托城市，城市的发展也需要有港口的支撑。

（2）唐山。就唐山市而言，港口货物吞吐量增长与城市外贸出口总额的关联程度最高，达到了0.6165，这说明唐山市港口发展与城市外贸出口之间存在着较为高效的促进、支撑关系。唐山市工业发展水平相对较高，第二产业是促进城市经济增长的主要力量。由于唐山港这些年的建设运营，唐山市的钢材、铁矿石等商品才得以更便捷地进行贸易往来。因此，港口的存在为城市各行业的产品提供了有利的运输、销售保障。唐山港真正发挥了带动地区贸易的作用，通过港口的运输中转功能，将唐山的钢铁、陶瓷等本地货源销往国外，带动城市经济总量的提升。城市出口等其他经济活动，通过港口运输，给港口增加吞吐量的同时也带动了港口辅助行业规模的提升。

同样，唐山市港口货物吞吐量与地区生产总值之间也有较为紧密的联系，其与GDP、人均GDP之间的关联度排在第2位和第3位。港口吞吐量的提升促进了城市经济总量的增加，而城市经济实力的增强为唐山港扩大规模、提高港口层级等方面提供了很大的经济支撑。

虽然港口发展与本地居民消费之间关联程度在四对指标之间较低，但两者之间仍存在着较大的互动关系，如通过港口而流入的进口商品，在促进城市居民消费方面起到一定的作用。

（3）沧州。沧州市港城经济间的互动关系同样较为紧密，港口经济活动的活跃对城市经济水平的提高，和城市产业发展对港口规模及水平的提高，都是相互促进、相互影响的。沧州市的石油、天然气等资源相对丰富，并且已初步形成

---

① 这一点无疑证明了前面章节所述的"港城互动过程理论"。当港口与城市发展到一定阶段后，滨水区域则成了港城发展的"抢手地带"，港口附加功能不断被开发，游艇码头、水上乐园、海边餐厅、购物商场等港口相关服务行业不断聚集在港口周边。

了具有化工、石油、机械、建材等门类的新型工业城市。其经济基础在河北省港口城市中较为雄厚，对黄骅港的投资建设资金相对充足，港口基础设施的逐渐完善也为港口向前发展提供了充分的保障。

沧州市港口发展与城市经济指标之间的关联程度却出现了较为特殊的情况，港口货物吞吐量与人均GDP之间的关联度排名第1名，其数值达到0.6631，而与GDP之间的关联度排名却在第4名，其数值为0.5554。出现这种情况，可能与沧州人口基数较大有关。同时，沧州市港口发展与城市社会消费水平、外贸出口之间都存在着紧密的联系，其关联程度的数值分别达到了0.5853和0.5614，港口经济不仅拉动消费和出口的增长，反过来，消费额和出口额的提高也同时促进了港口规模的扩大。

2. 省域整体分析

总体来看，河北省港城互动在经济总量方面的互动情况比较乐观，港口发展与城市经济发展的各个方面都存在着较强的互动性。港口良好的效益在提升城市经济总量、扩大就业范围、带动产业集聚等方面都发挥着重要的作用；而城市经济发展水平的提升，在加大港口及相关产业的投入力度、提供强有力的货源保障、完善港口集疏运体系等方面，都提供了有力的后方资金保障。

就河北省港口发展的整体情况与河北省港口城市经济总量的互动情况来看，港口发展与代表港口城市经济总量的各个方面都有较为紧密的联系。河北省港口发展情况与代表城市经济总量的几个主要指标的关联程度均处在0.56~0.66，证明港城间经济总量方面的互动关系较为紧密。尤为突出的是，河北省港口发展在促进社会消费品零售总额的提升上，发挥了相对重要的作用，两者之间的互动性较强。

现实情况中，河北省港口发展确实在促进城市经济总量的提升方面起到了不可忽视的作用，港口经济已经成为提高城市经济总量的支柱之一。港口经济效益提升，港口经济总量不断攀升，港口城市经济产出增加，城市经济实力增强，河北省对港口领域的投资有了坚实的经济保障，使得河北省港口能够获得更多的资源注入，港城间在经济方面形成良性互动。这种良好的港城互动关系，不仅为港口发展打下了经济基础，而且有助于港口城市形成强有力的支柱产业。河北省必须把握住港城良性互动的发展趋势，在保证各有发展的基础上，达到更高层次的互动，两者必然会紧密衔接，互为补充，达到港城双赢、共同发展。

第四节　河北省港城互动发展的实证研究Ⅱ：产业结构

一般来讲，港口建设运营后，基础设施不断健全，港口带动的相关产业也逐渐增多，势必会引起城市产业结构的变化，而城市产业结构的变动亦会影响到港口的货源结构。河北省三个港口城市的产业结构各有不同，港口发展与城市三次产业发展的互动程度不同，下面运用港产 RCI 模型对河北省港口和其对应城市三次产业增加值进行计算分析，确定港口规模与城市三次产业规模之间的关系。

一、RCI 模型及其拓展

RCI 指数又称相对集中指数（Relative Concentration Index），是评价港口与城市发展关系的指标，原本是指在某个区域内，某一港口吞吐量比重与该港口所在城市人口比重之间的比值。运用计量模型对港口发展与城市产业的互动情况进行实证分析的研究明显较少，本书引用港产 RCI 指数，即港口货物吞吐量比重与城市各产业增加值比重的比值，来反映河北省港口发展与三次产业之间规模相对大小的互动关系。该模型有效反映了港城产业结构方面的互动情况，根据港口及三次产业间相对规模的不同，绘制关系矩阵图，进而确定港产发展类型。具体如公式（8-7）所示：

$$港产 RCI = \frac{T_i}{\sum_i T} \bigg/ \frac{I_i}{\sum_i I} \tag{8-7}$$

其中，T_i 表示第 i 年港口货物吞吐量，$\sum_i T$ 表示某一区域内所有港口货物吞吐量的总和，在本次实证分析的过程中，$\sum_i T$ 即为河北省秦唐沧三座港口城市的港口货物吞吐量总和。I_i 表示某一产业增加值，$\sum\limits_i I$ 表示该区域内所有港口城市的产业增加值总和，在本次实证过程中，即为秦唐沧三市某一产业增加值的总和。

港口规模与产业规模在量化分析上，和港口规模与城市规模的分析具有一定的相似性，因此在以下的分析过程中，同样也遵循 RCI 指数的划分方法。港产 RCI 指数的具体数值分布区间不同，对应的港—产规模水平也不同。具体为：

（1）当港产 RCI ≤ 0.33 时，产业规模明显高于港口规模，港口对城市产业的贡献很低，城市产业发展基本不以港口为依托。

（2）当 0.33 < 港产 RCI ≤ 0.75 时，产业的发展规模相对高于港口规模，城市产业自身发展高于港口发展，对港口的依赖性不高。

（3）当 0.75 < 港产 RCI ≤ 1.25 时，在该区域内港口与产业规模处于相对均衡的状态，港口发展与城市产业发展之间互为依托，协同共进。

（4）当 1.25 < 港产 RCI ≤ 3 时，港口的发展规模相对高于产业规模，港口对提升城市产业增加值具有一定的带动作用。

（5）当港产 RCI > 3 时，港口规模明显高于产业发展规模，港口与城市产业之间发展严重不均衡。

另外，存在三种特殊情况：当港产 RCI = 1 时，说明港口与产业的规模相当；当港产 RCI→0 时，表示港—产系统中产业的地位相对重要；当港产 RCI→∞ 时，港—产系统中港口的地位趋于重要。具体情况如图 8 - 1 所示。

二、模型计算

根据港—产 RCI 模型的相关数据需要，特选取 2005 ~ 2017 年河北省港口城市的港口货物吞吐量及对应城市的三次产业增加值进行实证分析，原始数据来源于秦唐沧三地城市历年《国民经济和社会发展统计公报》，具体情况如表 8 - 6 ~ 表 8 - 8 所示。

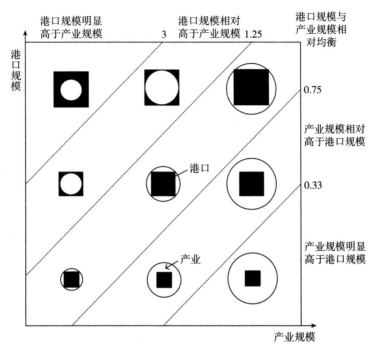

图 8 - 1　港口与产业 RCI 关系图

表 8 - 6　秦皇岛港口货物吞吐量及城市产业增加值情况

年份	产业增加值（亿元）			港口货物吞吐量（亿吨）
	第一产业	第二产业	第三产业	
2005	51. 27	195. 49	249. 52	1. 72
2006	71. 92	218. 59	281. 05	2. 05
2007	77. 84	256. 94	330. 30	2. 49
2008	91. 12	327. 96	389. 87	2. 52
2009	100. 16	323. 00	453. 85	2. 49
2010	126. 52	366. 31	437. 75	2. 63
2011	141. 19	419. 47	503. 38	2. 88
2012	147. 58	447. 68	543. 90	2. 71
2013	171. 46	447. 57	549. 72	2. 73
2014	174. 66	447. 68	577. 68	2. 74
2015	177. 63	445. 09	627. 72	2. 53
2016	195. 94	461. 62	681. 98	1. 87
2017	200. 02	520. 68	785. 31	2. 45

表8-7　唐山港口货物吞吐量及城市产业增加值情况

年份	产业增加值（亿元）			港口货物吞吐量（亿吨）
	第一产业	第二产业	第三产业	
2005	236.19	1161.73	629.72	0.34
2006	255.22	1347.41	739.05	0.52
2007	286.08	1595.55	897.51	0.68
2008	340.01	2113.29	1107.89	1.09
2009	360.18	2111.97	1309.29	1.76
2010	387.84	2632.43	1448.81	2.46
2011	486.53	3269.89	1686.00	3.13
2012	531.65	3470.96	1859.02	3.65
2013	563.43	3593.40	1964.39	4.46
2014	558.70	3595.75	2070.85	5.01
2015	569.10	3365.40	2168.60	4.93
2016	599.00	3411.20	2296.00	5.21
2017	600.70	4081.40	2424.00	5.73

表8-8　沧州港口货物吞吐量及城市产业增加值情况

年份	产业增加值（亿元）			港口货物吞吐量（亿吨）
	第一产业	第二产业	第三产业	
2005	133.10	618.20	379.50	0.67
2006	142.02	699.49	440.16	0.81
2007	181.06	765.15	539.48	0.83
2008	201.41	866.94	647.81	0.80
2009	215.30	868.70	816.00	0.84
2010	252.60	1117.10	833.30	0.94
2011	295.80	1358.66	945.50	1.13
2012	318.67	1479.05	1014.17	1.26
2013	345.96	1578.27	1088.76	1.71
2014	317.74	1626.52	1189.12	1.76
2015	321.30	1602.50	1316.80	1.67
2016	308.60	1748.70	1476.10	2.45
2017	307.70	1904.50	1604.70	2.70

根据公式，计算出 2005～2017 年河北省港—产 RCI 指数，具体如表 8 - 9 所示，并分析港口与各产业间的互动情况，对河北省港城产业结构方面的互动进行结果评价。

表 8 - 9　河北省港口与城市产业互动 RCI 指数值

年份	秦皇岛市			唐山市			沧州市		
	第一产业	第二产业	第三产业	第一产业	第二产业	第三产业	第一产业	第二产业	第三产业
2005	5.1747	6.3747	3.1824	0.2191	0.2093	0.2460	0.7775	0.7863	0.8162
2006	3.9539	6.2818	3.1492	0.2811	0.2571	0.3022	0.7960	0.7804	0.7994
2007	4.3580	6.3414	3.3305	0.3221	0.2774	0.3329	0.6275	0.7132	0.6829
2008	3.9750	5.7760	3.1512	0.4582	0.3856	0.4770	0.5687	0.6911	0.5998
2009	3.3071	5.0144	2.7861	0.6474	0.5399	0.6799	0.5165	0.6260	0.5203
2010	2.6417	4.8965	2.7076	0.8065	0.6376	0.7656	0.4749	0.5763	0.5105
2011	2.6393	4.8559	2.5129	0.8323	0.6769	0.8153	0.4934	0.5871	0.5239
2012	2.4051	4.2886	2.2347	0.8982	0.7442	0.8796	0.5191	0.6050	0.5586
2013	1.9312	3.8462	2.0078	0.9619	0.7841	0.9197	0.6005	0.6843	0.6360
2014	1.7354	3.6522	1.9157	0.9914	0.8309	0.9765	0.6110	0.6438	0.5961
2015	1.6676	3.3731	1.8174	1.0136	0.8687	1.0244	0.6068	0.6166	0.5702
2016	1.1044	2.3879	1.2807	1.0073	0.9011	1.0607	0.9195	0.8266	0.7759
2017	1.2490	2.8166	1.3817	0.9721	0.8399	1.0463	0.8925	0.8465	0.7433

三、结果分析

港口发展与城市产业结构之间存在着紧密的联系，河北省港口发展与城市产业之间的互动关系并未达到稳定的协调发展状态。

1. 个体分析

（1）秦皇岛。秦皇岛因港口的建立而兴起，港口成为带动地区发展的重要因素。随着港口规模的不断扩大，而城市发展的空间规模十分有限，港城之间的矛盾涌现，出现了"港大城小"的局面。秦皇岛港口发展规模相对高于第一、第三产业规模，且明显高于第二产业的发展规模。在港口与三次产业的互动关系上也证实了秦皇岛"港大城小"的事实。秦皇岛市利用临海及港区发展的区位优势开发建立了海上娱乐设施等旅游娱乐资源，在带动相关产业发展过程中发挥了本身具有的优势。然而，秦皇岛三次产业结构虽然处于较为优化的状态，但在三座港口城市中整体发展水平却较低，各个产业对港口经济发展的拉动作用不明显。

从第一产业与港口发展的互动情况来看，秦皇岛市在2000~2009年，港口的规模明显高于产业的发展规模；2010~2015年，港口的发展规模相对高于产业规模，港口对秦皇岛市第一产业的发展稍稍有一定的带动作用，但带动力不强。自2016年后，秦皇岛市港口发展与城市第一产业互动情况逐步进入均衡状态，港—产RCI数值在0.75~1.25。从2005~2017年秦皇岛市港—产RCI值的发展趋势来看，其数值不断缩小，并逐渐接近于港产均衡状态的边界值1.25，港口发展规模与第一产业规模之间不断接近相对平衡的状态。

从第二产业与港口发展的互动情况来看，秦皇岛市自2005年以来，港口规模一直处于第二产业规模的上风，且互动水平一直处于港口明显高于第二产业的状态，港口与第二产业发展明显不平衡[①]。2016年之后，秦港发展情况与该地第二产业规模之间的差距有缓和趋势，港—产RCI步入1.25~3。

第三产业的发展水平在相当程度上代表着城市的发达程度，就秦皇岛市港口与第三产业的互动情况来看，2005~2008年，秦皇岛市的港口规模明显高于第三产业发展规模，互动情况不明显。不过自2009年以来，港口与第三产业的互动情况一直处于港口规模相对高于产业发展规模，港口对第三产业的发展有一定的贡献力。

从秦皇岛的发展历史与产业布局观察，秦皇岛历史文化悠久，河北省将其定位为旅游城市，而港口旅游业的兴起对秦市第三产业增加值的提升起到了很大促进作用，所以秦皇岛第三产业的比例相对较大。而秦皇岛煤炭港的定位，既有当年运输唐山开滦煤炭的背景，又有后来一步一步的对煤炭业务的锁定，但煤炭港的运营更多的是发挥其运输中转功能，实际带来产业及经济的提高作用有限。因

---

① 究其原因，这与秦皇岛港口的定位与发展是分不开的，秦皇岛港更多的是为其他城市提供物流运输，大部分属于通道功能，对秦皇岛市第二产业发展的贡献度十分有限，故造成了港口与第二产业之间互动效果不佳的现状。

此，秦港的运营给秦市第二产业增加值的提高贡献相对有限。

（2）唐山。唐山市以工业而闻名，第二产业是促进城市经济增长的主要力量，每年钢铁冶炼行业的产量占河北省较大比重，甚至在全国范围内来说都是工业大市。由于唐山港的建立与运行，唐山市钢铁、矿石等支柱产业产品得以顺利进行运输贸易，这为唐山市经济增长提供了坚实的外销与运输等方面保证。城市三次产业增加值的不断提高与发展，对港口基础设施建设、吸引投资集聚等方面发挥了不可忽视的作用，如首都钢铁的落户、中日韩循环经济示范区的设立。

从唐山市港口规模与城市第一产业规模来看，自 2005 年到 2007 年，第一产业的发展规模明显高于港口规模，二者互动效果不强，港口与第一产业之间基本处于分离状态。2008～2009 年唐山市的第一产业规模相对高于港口的发展规模，港口发展对城市第一产业的带动力不足。2010～2017 年唐山市港口规模不断扩大的同时，第一产业生产能力也不断增强，港口与第一产业的互动效果逐渐增强，港口规模与第一产业发展规模呈现出港产均衡的状态。

唐山市 2005～2012 年，港口与第二产业的互动情况一直是处于产业规模高于港口规模的关系，这与唐山市本身就是重工业城市有关，港口虽然对第二产业的发展发挥了一定的拉动作用，但对比其本身第二产业的发展，其力量相对薄弱，互动效果不明显。2013～2017 年，随着港口投入增加与城市产业结构的调整，唐山市港口发展规模与第二产业的发展规模互动效果加强，处于港—产相对均衡的发展水平。

从第三产业与港口发展的互动情况来看，唐山市港口发展与第三产业互动情况自 2005 年以来一路好转，从产业明显高于港口规模严重不均的情况发展成产业规模相对高于港口规模的情况，2010 年后唐山市港产关系转为相对均衡状态，港口与第三产业发展水平相对协调。

唐山市综合发展实力在河北省港口城市中相对较强，尤其是在唐山大地震后，震后经济发展速度不断提升，产业发展速度较快，以钢铁为特色的唐山市第二产业增长尤为突出。同时，随着国家供给侧结构性改革的实施，河北省不断下发有力举措，唐山市积极响应国家、省政府的号召，去钢铁行业的产能、库存，并不断发展文化产业，打造工业旅游城市，提高唐山市第三产业增加值。加之唐山港口在资金、规模、政策等各方面的发展优势，以及在国家、省市政府的不断努力下，唐山市产业结构与港口经济之间逐渐形成了如今相对均衡的局面。

（3）沧州。就港口发展与城市产业结构的互动情况来看，沧州市的三次产业规模均明显高于港口的发展规模，港口对城市三次产业的拉动作用不明显。沧州市第二产业较为发达，大部分是因其石油、天然气等自然资源丰富，但黄骅港运输货物多为过境煤炭、矿石等资源，对城市产业发展的牵引力不足。

从沧州市港口发展与城市第一产业规模的互动情况来看，2005～2006年呈港产均衡状态，港口在促进第一产业发展方面产生了良好的效果。但2007～2015年间，沧州市的第一产业规模就相对高于港口的发展规模，港口对第一产业发展的促进作用稍弱，互动效果不明显。2016～2017年沧州市港口规模与第一产业规模之间又出现了均衡发展趋势的转折，这对第一产业的长远发展及港口规模的扩大都有一定的促进力度。

从第二产业与港口的互动情况看，沧州市2005～2006年处于港产均衡状态，但自2007年以来，沧州市港口与第二产业的互动发展情况却出现了弱化，第二产业的发展规模相对高于港口的发展规模①。在2016～2017年，沧州市港口发展规模与城市第二产业规模间又转为均衡状态。总体来看，沧州市港口与第二产业规模之间一直处于港—产均衡发展的边缘，但发展趋势尚未稳定。

从沧州市第三产业与港口的互动情况看，在2005～2006年港产发展相对均衡，但自2007年后，第三产业的发展规模逐渐高于港口的发展规模，而这期间，在2016年沧州港口发展与第三产业之间出现均衡状态，港口发展与第三产业规模相当，这种情况的出现与沧州市的产业结构调整是分不开的。

相对而言，沧州市同样是第二产业较为发达，因其能源丰富，开发历史相对较长，相关行业在带动沧州市经济水平的提升方面，和港口在促进能源贸易、运输等多方面都发挥着不可替代的作用。近年来，在河北省政府对沧州定位不断调整升级的过程中，沧州文化服务产业逐渐兴起壮大，带动了城市第三产业规模的

---

① 这与其"西煤东运"运输枢纽的海上地位是分不开的，更多的是发挥其运输功能，港口对第二产业的贡献率小。

提升，而根据河北省对三大港口的发展侧重，黄骅港口服务业规模及贡献率也逐渐提升。

2. 省域整体分析

在河北省三座港口城市中，秦皇岛市产业结构演进相对较好，属于"三二一"的产业结构，唐山市及沧州市的产业结构现状都是"二三一"，工业色彩较为浓重，产业结构有待进一步优化。

通过实证分析发现，河北省港口发展与城市产业结构之间并未达到稳定的协调发展状态，只有唐山市近几年港—产相对协调，两者的互动关系仍尚待加强，但省内整体趋势走向相对乐观。分产业来看，河北省港口发展与港口城市第一产业的互动情况相对比较乐观。城市借助港口便捷的交通条件，将城市第一产业的相关产品运往外地，进行农业贸易，互通有无，达到港口与城市第一产业之间的有效互动。

第二产业和第三产业在全省范围来讲，并未达到高水平互动状态。虽然港口在起步阶段对钢材等建筑材料需求量大，对城市第二产业的提升起到了一定作用；但城市第二产业制成品多笨重，给港口提供的适箱货源相对较少。因此，河北省在未来发展过程中更要注重产业发展与港口集装箱运输的有效结合。第三产业水平的高低是决定城市水平高低的重要因素，而从现实情况看，河北省港口发展与城市第三产业之间并未达到协调状况，临港服务业与城市其他服务业职能相比相对落后，港口在带动第三产业发展方面力量稍显不足。

整体而言，河北省港口发展与城市产业之间协调互动发展的趋势是比较乐观的，但发展过程不是一蹴而就的。尤其是河北省出台相关政策措施，意欲搬迁秦皇岛煤炭码头后，城市三大产业与港口规模之间会逐渐改善秦皇岛"港大城小"的现实情况，港产之间形成相对均衡的发展水平。唐山和沧州两地，在国内、省内、地区产业和港口发展的政策背景下，港口与城市产业之间同样会形成相对均衡的发展模式。

因此，河北省港口在未来发展过程中应注重临港服务业的培育，带动城市第三产业增加值的提高，进而改善城市产业结构向"三二一"的方向发展。港口城市的产业结构在不断优化的过程中，更需考虑到本地港口的优势，尽可能发挥出港口的最大优势，以推动城市产业结构优化升级，增强港口发展与城市产业之间的有效互动。根据港口城市产业发展侧重，发挥各个港口的多种功能，促成港口规模与城市产业规模之间形成良性互动。

第九章

河北省港口发展的经济史规律

史料，最终都是要进入话语的，经济史研究既要有建立在对直接和间接信息集纳基础上的史料考证，又要有针对性的经济理论分析和提示。本书在对河北省各个沿海港口的发展轨迹进行单独追溯的基础上，下面将展开对经济史规律的整体提炼，分析河北省港口发展的驱动因素，归纳阐释省域港口群的演化特点，以对当下及今后的河北省港口发展提供启示。

第一节　多样性的港口制度变迁

港口的造就、演进及今后发展始终有历史的痕迹，向历史去寻觅其发展要义，从纷繁的多个约束条件中甄别出核心条目，是考察港口经济主题需要注意的。历史的重要性远远不限于我们能够从过往汲取所需，更重要的是当下及将来是透过制度积累和以前接续的，背景情况必须是在被看成制度变迁时方能认识到位。河北省港口从诞生至今，时间区间已达 120 年，于是就应该专门体察港口史的制度维度。下面按照新制度经济学中的制度变迁逻辑，从变迁主体和变迁动力入手，考证港口管理体制改革、地主港模式等强制性和诱致性制度变迁在河北省实施的背景、进程和效果，争取为今后的港口发展谋求历史参照。

一、制度变迁的基本原理及在港口范畴的运用

诺斯在《制度、制度变迁与经济绩效》这部著作中，把制度分为正式规则及非正式规则，认为不能把"组织"涵盖在制度的理解范围里面。组织和制度有着相互关系：制度算是"基本规则"，该规则在缔造机会的同时亦会构成约束，组织则是在确定的条例下意图利用上述机会进而达到某些目标的结构。组织的形成及演进肯定受制度的引导，同时组织亦会影响制度①。

制度既能依靠正规条例和非正规准则习俗，对市场机制产生影响；还能依靠护卫财产权，对技术进步和企业家精神的发挥产生作用，用以铺垫微观经济平台。政治经济原则等正式制度、社会习俗等非正式制度，政界商界这些制度变迁主体，都影响着港口的发展绩效。可见，把制度的演进当成内生变量的分析范式是适合研究港口发展史的，并且可以对港口发展历史轨迹得出相对真实全面的还原。

港口发展必然是受到了在历史进程中累积的多方面制度条件影响的。我们虽然观察到了各地表现出的港口发展轨迹丰富多彩，不同港口在具体路径方面存在差异，但是港口发展也存在着某些趋同。所以，我们在探讨河北省港口如今和以后的发展主题时，必须将各港口曾经度过的制度背景纳入分析框架。分离制度与其他因素（港口技术进步、腹地运输需求等）的综合关联肯定使得研究视角存在偏颇。那么，于制度变迁与港口各项事业发展间建立直接指向，便可以追踪制度问题与港口发展间的逻辑内核。

制度变迁是制度形成、演进及可能被更替的情形。制度变迁的需求因素包括：第一，要素和产品相对价格变化。如果一类生产要素的相对价格提高了，那么拥有该类要素的主体即可相对获利较多。如果一类商品价格提高了，那么亦会使得主要投入该商品的生产要素更有价值。第二，外部利润的形成。各种潜在风险、外部性、规模经济和交易成本是生成外部利润之诱因，制度再组织可以让外

---

① 新制度经济学家们对制度概念的认知差异，大多缘由其技术路线的差异。康芒斯和科斯等将组织包含于制度里面是因为他们觉得交易为制度考量的最小单元，所有的制度都能视作各种形式的交易。诺斯的路径就不一样，他将制度研究建立于"规则"之上，突出的是当成游戏规则的制度。

部性实现内在化。第三，技术变迁。这是诱致制度变迁的一个强有力因素，技术创新能够让规模报酬递增，出现经济活动于时空维度上的凝聚。

制度变迁的供给因素则包括：第一，政府和企业家。如果他们想通过制度变革来平衡各利益相关方，如果判断通过制度变革获取的好处大于制度变迁耗费的成本，制度创新即能得到供给。第二，文化禀赋。文化禀赋可以降低制度变迁的费用，亦可增加其他制度变迁的费用。能够改变制度变迁的牵头者组织制度变迁集体行动的难度。第三，社科发展。制度变迁的备选集合与社科认知有关，可能受其牵碍。就算制度变迁的决策者想推动某项制度创新，亦能因为社科认知的局限而难以实现。社科的进步会扩大可以促进制度创新的知识存量，因此能够使得制度创新趋于便利。

"搭便车"等集体行动的困难使得制度变迁主体不容易实现组织化[1]。这样就会出现，制度变迁组织成本太大，或者根本没有可行性。但是政府作为公共力量就不存在搭便车的动机，如果有制度变迁的实际需要，行动力会更强，改革的成本会相对低。能够依靠政府的权威作用来实施制度变迁，也就是强制性的制度变迁。在港口发展中会有制度的非均衡，其中有的能够通过各类诱致性制度变迁来解决。然而另一部分制度不均衡因为推动制度变迁会面临社会得益和私人得益的偏离而难以化解，这就应该引入政府的强制性制度变迁来解决。

"路径依赖"意味着在制度选择的时候，最初的选项决策能在很大程度上影响今后的制度变迁路线。选择本身是能显现出惯性特征的，而且能累积加强，这样就一直锁定在开始的选项上。某个制度出现以后，就可能随之出现和该体制共存共荣的利益团体。鉴于专门需求，该力量会尽量保留加固该项制度，以求让其永续存在。同时，集体学习对知识是全时序的处理过程，包括积淀和传播等，同时也是理念认知发生变更的轨迹，能一直对各方的制度认知产生影响，这也印证了制度变迁的渐进特征。

---

① 诺斯认为，"搭便车"解释了历史上基本制度结构的稳定性。在许多情形下，即使现行制度的缺陷显露，但它仍然延续很久。原因是人们都不愿意自己去承担制度变迁的成本，而让其他社会成员从变迁后的新收入流中获利。

二、河北省港口的改革史：制度变迁视角的解读

伴随中国的经济改革进程，市场的作用越来越具有决定性。在港口改革的市场化进程中，交通部与所属港口企业政企分开。通过移除价格规制，大幅强化了市场结构中的竞争成分，增加了港口供给能力、提升了生产效率，市场化转型推进了一大步。作为制度安排的港口市场包含供求机制、价格机制、竞争机制等。市场经济可以通过制度安排对港口企业绩效赋予利益，而且它又对决策人有相应的条框，即需要后果自负。

在 1984 年，除了秦皇岛港之外，原有的所有其他中央直属港口均下放到地方，执行双重领导、以地方为主的管理体制。这样，秦皇岛港作为一段时期内唯一中央直属、没有下放的港口，计划经济的成分较大，港口处于既要保证完成国家计划，又要参与市场竞争的交织状态。20 世纪 90 年代中期以后，在越来越市场化的外部大环境中，秦皇岛港虽然在煤炭运输设备设施方面有优势，但作为交通部唯一的直属港口，在运用政策的灵活性上不如其他港口。

港口市场的竞争机制是增加运输供给、缓解"瓶颈"制约的根本手段。市场化及民营化转型为世界范围内的港口发展创造了宽松有利的环境，使一度陷入困境的港口部门重现生机。市场对高服务质量的要求使得港口企业环境日益敏感，使得港口企业必须遵循客户导向并据此开展所有工作。但行政型的管理框架和工作理念，使秦皇岛港不能很好地适应市场要求的快速反应和灵活性。决策迟缓及议事日程的烦杂影响了制度变迁的进度，制度创新受到达成一致的成本、外界压力及中央政府的效用目标函数等因素的影响。秦皇岛港长期在高度计划经济的体制下运行，国家拥有港口的全部产权，港务局的工作目标就是按照国家计划组织生产、完成上级下达的任务，这种政企合一的港口组织不具备追求外部利润的前提基础。这就相当于在外部环境和同业主体快速推进改革的浪潮下，秦皇岛港被束缚在传统制度的壁垒之内，维持着原有的业务循环，在这种制度框架下很难激发和磨炼出港口组织的市场化经营能力及意识。

尽管如此，在 21 世纪初的新一轮全国港口管理体制改革时，生存在传统制度束缚下、缺少市场实战化经验的秦皇岛港仍然在体量上居于高位，在河北省港

口圈呈现出相对庞大的架构和天然的领军潜质。也主要是基于该现状，河北省对秦皇岛港委以重任，先期主持曹妃甸港区的开发，并随后组建成立了以秦皇岛港为基核的河北港口集团。这就打破了河北省港口既有的制度均衡，使得秦皇岛港及河北港口集团获得了河北省港口资源的优先开发权，属于强制性制度变迁。政府主导的此次调整，在一定程度上实现了统筹整合省域港口资源、实现一体化发展的初衷。但是鉴于港口独特的强地域范围属性及唐山、黄骅各港的个性化发展历程，该制度安排提高了河北省沿海城市港口发展的交易费用，抑制了相关港口的自主性和积极性。

制度变迁中不存在单一的选择均衡，某些制度安排的优化特征也可能是短期的，面对当下的一些制度不均衡情况，河北港口集团需要考虑进行改组。当然，港口制度安排的选择集合受到社会科学知识的局限，港口改革是对认知的动态调整过程，可以在不断的探究中优化对港口改革的认知。社科认知的缺乏会提高制度变迁的难度，使得制度的更新产生时间上的错后。制度变迁的各个参与方因为其背景和角色不同，所以对制度创新的需要也会有不同观点，对制度变迁的潜在收益也会有差异化的划分方式。

除了政府发起强制性的制度变迁，很多时候港口企业也会自主发起诱致性变迁。如果港口的制度结构出现了不均衡，那么港口企业便会提出制度创新的要求，以图捕捉收益机会。诺斯曾指出，可以通过产权界定和制度安排，使得个体行为的私人与社会收益率相近。就算港口在技术层面维持现状，也能依靠制度变迁激发潜能，能够提高港口生产率。各种技术均存在生产可能性边界，实际的港口生产活动一般是达不到边界位置的，而制度变迁却能激发潜能的发挥。

地主型港口是世界范围内港口管理的主流体制安排，其核心是港口活动的垂直分离，将基础设施环节和运营生产环节根据不同的经济特性而划分，然后在经营环节推行民营化操作。河北省成了地主港模式实践探索的先行地，地主港的制度框架和核心思想在河北省港口得到了较充分的展开。最先取得地主型港口模式成功实践的是唐山港京唐港区，该港区从起步建港开始就具有更多的市场因素，一直前进在市场化的环境中，相对更能凸显地主型港口的特征。作为港口制度变迁的探索者和积极推动力量，京唐港区较早对某些港口经营环节实行民营化改革，此为典型的透过诱致性的制度变迁，来获取外部利润，来释放港口经营潜能。

京唐港区成功的探索得到了官方确认，从而使得地主港的制度安排从诱致性变迁转化为与更大地域的强制性变迁配套，使得模式得以在省域范围推广。2010年3月，河北省决定在黄骅综合大港按照地主型港口推进相关工作。在省市的安排下，由沧州港务集团投入52.18亿元回购了黄骅综合大港的公共基础设施，包括防波堤、进出港航道等。2012年1月1日开始实施的《河北省港口条例》，提出采用"地主型港口"的开发模式，并指出其吸引力在于既能够稳固港口基础设施建设的投融资渠道，还可以增强政府对港口发展的治理能力。河北省的各级政府和港口企业通过多样化的制度变迁，努力地适应着外部环境，努力地进行着自我调适和优化，这是港口发展绩效的重要保障。

第二节　市场化导向的港口组织机制建构

很多国家越来越通过引入市场力量来改善港口部门的绩效，并且取得了比较广泛的成功。在这样的改革进程中，民营化特征的制度变迁扮演着重要角色，私人力量在世界范围内的港口领域呈现出越来越强的积极作用，大多实现了提升经营业绩、提高运营效率的目的。我国港口建设曾经长期由中央政府承担，这是在当时计划经济体系下的必然情况。受政府财力的约束，所以在港口部门的投资强度往往不高。进入20世纪80年代以后，在国际贸易快速扩张的形势下，港口建设进度难以回应来自经贸的需求。于是推动了港口投融资体制的变革，实行"以港养港，以收抵支"政策，激发了地方政府和港口企业的发展热情，促进了港口建设投资。从此，建港投资来源开始多元化，货主、船公司等也都成为投资主体，港口投资增长率迅速提高，港口设施的瓶颈状况逐步缓解，市场化逐渐成为中国港口建设投资和组织架构的主旋律。

在港口的市场化改革中，竞争机制的构建和民营化进程应该配套推动，因为产权结构和市场竞争程度的保障均为港口业绩的影响因素。因此，港口部门的竞争性领域是实行民营化的重点方向，而竞争性差的部分则需要努力增强可竞争性。根据港口的经济功能与项目构成的实际情况，港口的基础设施部分具有公益特征，应主要由政府投资；港口的岸上设施主要用于经营，所需资金应由港口企业自行筹措。面对巨额的投资需要，应该在对港口设施具体分类的框架下统筹运用政府与市场方式。对服务于公共利益的港口细分项目，政府应该保持适宜的投资强度。除了公益类别需要财政支持，要争取最大程度释放市场活力，降低民营企业的准入壁垒，在港口领域构建和谐的公私伙伴关系（Public – Private Partnership，PPP）。

在河北省三个港口中，唐山港的发展是最为市场化的。唐山港（京唐港区）在最初起步时，距离大地震刚过数年，各方面的建设需求非常迫切，建设港口能投入上亿元是异常紧张的。在这种形势下，唐山港在起步期的相关领导和建设人员展示了卓越的攻坚克难意志，摸索出上下游行业、邻近省市、各产权类型的主体大范围联合建港的市场化模式。一方面融通了建设投资，加快了港口发展速度，另一方面也有扩大港口的知名度和对外影响的效果。京唐港区 1992 年国内通航，18 年后的 2009 年吞吐量达到了一亿吨，而随后从一亿吨增加至两亿吨只有四年，彰显了新兴港口的强劲发展动力。

2003 年正式改制以后，京唐港的组织体制可以被凝练成"两分三立"。两分是指政企分开和企业的投资与经营分开，三立是指打造三个独立主体，即作为行政管理方的唐山市港航管理局、作为港口基础设施投资方的唐山港口投资有限公司和作为经营核心的京唐港股份有限公司[①]。以上各主体相辅相成，能够保障港口的良性成长。唐山港口投资公司和京唐港股份公司的具体功能定位是：投资公司负责港口土地开发和基础设施建设，股份公司主要从事业务经营。具体来讲，唐山港口投资公司在市政府的委托下，管理京唐港区的国有资产，相当于特许经营。将土地和吹填陆域资源开发后出租，向港口公共基础设施的受益方来计收维

---

① 唐山港口投资公司和京唐港股份有限公司后来分别更名为唐山港口实业集团有限公司和唐山港集团股份有限公司。

护费或租金。京唐港股份公司则按需配备各类经营性设施，随后又把部分业务外包给民营企业。

唐山港口投资公司在这个"两分三立"的框架里处于居间位置，首先代表着建港前期由政府投资港口形成的资产，然后还持续发挥着港口规划建设的主导权，以避免港口改制之后出现各码头完全分散经营、粗放发展、资源闲置等情形。从而一方面可以推进市场化改革进程，另一方面又能保证港口的有序发展；一方面可以全面提供港口基础设施和公共服务，另一方面可以充分利用港口经营性环节的商业特性。

多年来，京唐港务局（以及改制后的两个公司）对业主泊位的服务与管理，实行"三统一、六服务、一协调、一监管"的管理模式。其中的"三统一"是指：港务局对岸线利用、码头功能布局进行统一规划；对各个业主码头的船舶挂靠、火车装卸、汽车集疏倒运进行统一调度；对收费标准进行统一规定，以免过度竞争。"六服务"是指港务局为业主泊位供给引航、通讯、供水、供电等收费服务。"一协调"是指港务局协调港区内各泊位、堆场、集疏运等设施设备的配置，协调业主码头的关系。"一监管"是指由港务局对业主码头做出适当监管，以利于港区的总体发展。

从改制前后开始，京唐港区于部分港口经营领域引入了"协力制"，通过推行服务外包吸纳了大量民间资本到港口领域，改变了以往完全由自有资金采购港口机械设备的惯例。实行"服务外包"的经营模式后，引进的民间资本担负了港内运输装卸的任务，推动了港区范围内部倒运的市场化运作，达到了通过无形市场换有形能力的目标。通过在港口生产架构积极推动市场化，累计吸引外部资金数亿元，增添了大量的专业设备，激发了港口生产的潜在空间。承接港口现场货物倒运和装卸船、接卸火车等生产作业，不仅为社会资金找到了投资机会，而且提供了大量就业岗位。目前，唐山港京唐港区的堆场装卸和短途倒运等生产活动均是外协的民营企业完成。股份公司则重点从事运营调度、大型设备管理、财务管理等核心事项，从而令港口业务更加精干，缩减了主体单位的资源配置压力，升级了总体经营效果。

河北省各港口港区的运营主体各具特色。秦皇岛港的运营商主要是河北港口集团旗下的秦港股份公司，唐山港京唐港区的主导运营商是唐山港集团股份有限公司，这两地的港口运营比较集中，牵头运营商分别由省、市国资委属辖，而且都是上市公司。在黄骅港，由沧州港务集团担负地主港的运作主体，神华黄骅港务及河北港口集团的多个经营实体是运营单位；在唐山港曹妃甸港区，设有政府性质的港口物流园区管委会，然而各类码头主体有20多家，过于分散，特别是货主码头多、满足公共运输的能力不强。在河北省的三个沿海港口中，只有秦皇岛建港早，唐山港和黄骅港都算后起之秀，可以直接采用先进的技术和管理模式，而且员工队伍较为年轻、冗员少，显示出了较大的后发优势。

在港口运营商的模式选择上，河北省港口既有京唐港区的经验①，也有曹妃甸港区的教训。从河北省港口的发展史来看，港口运营商的培育和选择必须同时满足两个条件，即本土性和领军型。其具体含义，一是港口发展必须建基在源于本土成长的企业身上，而不能过于依赖跨境企业的投资活动，这既是对港口经济地域属性的体察，也是对非本土企业投资流动规律的回应；二是港口发展必须突出对领军型运营商的重点培育，而不能仅仅是众多企业的分散经营，否则很难体现统筹力和整合力。

另外，从目前来看，河北省港口在行政管理的组织机制方面仍然不够完善和先进，力量较为薄弱。虽然河北省沿海各市均成立了港航行政管理部门，但具体机构设置、名称和隶属关系是不一样的。秦皇岛港航局是交通局直属部门；唐山市原在市交通运输局设置了港航局，在2018年底的政府机构改革中将相关职能合并组建了唐山市海洋口岸和港航管理局，办公地点拟设置在曹妃甸；沧州市港航局的编制在交通局，而由市政府直接领导，在黄骅市办公。和国内兄弟沿海省份相比，河北省市级港口管理机构的级别和编制尚不能完全满足实际需要，与河北省已经排名全国前列的港口体量和日益多样化的监管需求不相匹配。从以后的组织变革方向上说，可以考虑的要点包括：提升市级港航管理机构的职级、增加人员配备；借鉴沿海先进城市的大港口、大口岸管理机构经验，设立涵盖多种相

---

① 京唐港务局（以及改制后的两个公司），是唐山港京唐港区的拓荒者，在京唐港区投资、建设、运营中发挥着主导作用。

关职能的综合性管理部门；将办公地点向港口迁移，以便更好地贴近服务。在这方面，唐山市已经取得了显著进展。

由于港口部门市场化程度和对外开放程度的不断提高，以及港口经济活动的日益活跃，港口组织机制必须做出调试，方能持续满足港口经营的最新形势。包括河北省在内的各个沿海地区，都越来越将组织机制作为提高港口竞争力的重要途径。河北省需要借鉴国内兄弟沿海省份设立港口协会的经验做法，也早日成立省级和市级的港口协会，同时组建港口发展专家咨询机构。迅速构建以港航管理机构为引导，行业协会为纽带，大型港口企业做支撑，临港居民积极参与的港口治理框架。

港口商业性和公共性的平衡历来是研究焦点。港口属于准公共产品，普遍服务的水平是需要坚持的，港口活动的效果更多的是体现在社会效益上。因此，一方面要进一步推动港口的市场化改革，但另一方面也应防止侵蚀或取代港口部门一定程度的公共特征。河北省港口在市场经济条件下，不断地进行探索和实践，取得了较大的成功，特别是通过地主港模式，找到了科学组合政府与市场力量、兼顾港口商业性和公共性的解决方案。因此，系统构建并不断优化的港口组织机制是河北省港口在市场经济环境下能够发展壮大的重要保障。

第三节　基础设施建设的科学性和系统性

各类基础设施是港口建设运营之硬件支撑，为不可或缺的工作条件。港口本体与保障性基础设施共同构成一个大系统，相互之间可以是促动的，也可能是制约性的。基础设施的科学建设能够助力港口的综合竞争力，但滞后的、超前的或者不协调匹配的基础设施也必然会严重限制港口发展。港口有明显区别于其他经济部门的特征，主要包括资本密集性与沉没成本、港口服务的国际性与大系统性、港口需求的快变性与港口供给的慢变性等，这都对港口基础设施的建设设置了更加严格的目标基准。

河北省的三大港口中，唐山和黄骅两港都属于新建港口，基本没有原来的依托和束缚，比较适宜按照整体规划集成推进各项基础设施建设。从实际效果来看，虽然也有失误，但总体是较为满意的，支撑河北省港口建设运营的铁路、公路、航道等基础设施担当了重要角色，创造了历史功绩。秦皇岛港的发展历来以铁路基础设施的配套为关键环节，这也直接影响港口之间乃至整个供应链之间的竞争关系，特别是建设大秦铁路为塑造秦皇岛港能源转运枢纽地位发挥了至关重要的作用。唐山港京唐港区在最初起步时，就系统性地配套建设了坨港铁路，时序方面做到了同步建成投产，为港口的长期壮大创造了优势条件。

在曹妃甸，通岛公路是全面开发的铺垫性工作，如果没有这一工程，人力物力就难以通达岛上。所以，这条通道是实现宏伟建设目标的第一步，是必由之路。当时，河北省没有把"宝"都押在铁矿石码头项目的复议上，而是在争取深水码头项目立项的同时，积极打好"外围战"。2002 年 6 月，曹妃甸通岛公路项目经河北省计委批准立项。随后，通路工程于 2003 年 3 月动工，2004 年 5 月建成。几乎同时，青林公路（连通唐港高速公路青坨营和林雀堡，长度为 52.3 千米）于 2002 年 9 月开工，2005 年 10 月贯通运营。

在推动道路连通之后，曹妃甸投入了更多的巨额资金以获得广阔的陆域面积。曹妃甸最初的沙岛沙质较好，吹填输送管道短，造地成本低；在向北推进时，则由于淤泥较多、处理成本高等原因，造地成本高企。现在来看，当初一次性确定的填海造地的规模偏大，速度偏快，造成了资金还本付息压力和生态修复压力。码头的布局考虑到对深水岸线的利用而有其空间必然性和不可替代性，但产业和城市的布局就不一定也要依靠吹填造地了。所谓的临港产业并不一定非要紧邻港口码头，而只是比较靠近，能够做到比较低成本、比较快捷的运输条件就可以了。临港工业的布局一定要谨慎权衡短途倒运费用和填海造地费用，相应的城区组团的布局也要统筹居民的意愿偏好和客观条件，起步期不要太过分散，不应脱离实际情况。制定宏大的规划目标是可以的，但需要把控好开发的节奏和时序，把控好资金成本与现实需求之间的关系，分阶段推进基础设施建设。当前曹妃甸开发面临的一些问题，明确地提示我们，历史上的很多决策及所造成的结果是不可逆的，可能会对某地的发展产生挥之不去的影响。这也提示曹妃甸今后及其他地区在基础设施建设中务必强调科学性和系统性。

进出港航道对于港口来讲是至关重要的，航道能力直接限制了港口的靠泊等级，进而基本限定了港口规模和层级。随着船舶大型化的持续显现，港口建设高等级航道成为必然方向。鉴于此，航道和挡沙堤建设一直得到河北省各港口的高度重视，特别是河北省港口主要服务的大宗散货运输船舶更加需要深水航道的配套。

2003年10月，京唐港发生50年一遇的强风暴潮，使航道突然淤积，给运营生产带来严重影响。唐山港口投资有限公司委托中交一航院来综合分析十几年来京唐港航道泥沙资料，提出了相关的研究方案并编制完成工作大纲。2004年10月，7万吨级航道工程开工，总长7300米，深－15米。后来在2008年10月，举行了京唐港区10万吨级航道专家审核会。该工程以原有的7万吨级航道为支撑来组织施工，长度为10千米，水深为－15.5米。进一步地，京唐港区20万吨级航道工程2013年6月通过验收，长度为16.7千米。这些航道工程较好地满足了船舶大型化的技术经济规律和竞争态势，使航道设施与码头泊位的能力水平得以匹配，增强了京唐港区的整体服务质量。

2016年初，河北省发改委批复了京唐港区25万吨级航道及四港池25万吨级航道两个项目，共投资约26亿元。京唐港区拟建的这两个航道项目是在现有20万吨级航道基础上，通过延长和浚深来实现的。建成后将达到20万吨级以下船舶全天候、30万吨级船舶减载进出港的技术能力，从而满足京唐港区25万吨级铁矿石码头的靠泊需求。2017年3月，交通运输部同意补助京唐港区两个25万吨级航道项目共8亿元，可为工程建设提供有力保障[①]。

2009年5月，黄骅港启动双向航道拓宽，2011年10月完工，2012年6月双向试通航。2016年，黄骅港的散货港区和煤炭港区获批为"国家重点港区"，这意味着国家面向黄骅港基础设施投资的补助额度从25%增加为50%，这就能够

---

① 港口设施的公益部分投资既不是由中央政府单独支付，亦不由地方担负所有职责，各级政府的定位是不一样的。地方政府相对掌握本地的产业实况和需求，鉴于此信息优势，地方政府应该主要负责与当地经济发展直接关联的港口设施建设。同时因为不同地区间需要协调，于是中央政府便要发挥作用。总之，依据港口设施的受益范围，应该由中央及地方政府在港口公共基础设施建设上进行分工，以提供有效供给。

减轻地方政府负担，可以助益港口的可持续发展。建设中的黄骅港 20 万吨级航道长度是 56.8 千米，投资 37.6 亿元，可以实现 20 万吨级船舶单向满载乘潮进出港。对于该项目，交通运输部已两次安排拨付补助款，分别为 8.395 亿元和 4.142 亿元。

第四节 港口—产业—城市的交互作用

港口产业城市的交互协同是沿海经济发展的基本逻辑。河北省的沿海三港中，秦皇岛港的历史悠久，市区直接沿海临港，港区与城区汇聚在一地。唐山港及黄骅港都是新建港口，而且所属城市的市区均不沿海，港区与主城区相距数十千米至近百千米，因此这三地在港口、产业与城市的互动中展示出不同的特征事实，可以分别凝练出不同的经验教训。下面以秦皇岛和曹妃甸为例，分别进行说明。

秦皇岛港始建于 1898 年，壮大为全国长距离煤炭调运的中枢，是全球首个每年两亿吨级的煤炭输出港。秦皇岛港为所在城市的发展付出了很大力量[①]，长期缴纳城建费和煤粉尘排污费。虽然秦皇岛港转运的货物主要是"通过性"的外地煤炭，杂货运输比例较低，但毕竟也可以做到为当地经济服务，能够满足秦皇岛市的货物外运需求。虽然秦皇岛市的制造业基础较为单薄，作为全国首批对外开放城市的地位也没能充分带动外向型加工贸易的兴起，但毕竟也在一定程度上聚集了一批临港产业，毕竟能为港口运输提供基本的腹地支撑。

因此，从整体上看，秦皇岛在港产城互动融合方面具备了初步水准，与国内先进港城相比差距较大。仅从港口发展的视角考虑，临港产业和港口城市综合发展素质的瓶颈必然会制约港口本身的转型升级，制约港口的档次提升。港口影响

---

① 港口创造的经济效益有相当大一部分体现在其他行业，提供了大量交叉补贴；而其创造的社会效益更是以正外部性的形式为经济社会发展做出贡献。

力的可持续增长特别是集装箱运量的扩大，需要临港产业特别是先进制造业的充分支撑，需要所在城市的魅力对高端生产要素的吸纳。在这方面，包括秦皇岛在内的河北省沿海港口城市，都在过去没能很好地解决，需要以后着重考虑。

随着秦皇岛城市与港口的共同扩张，其港城融合一体的特征出现越来越多的矛盾。特别是建港最早的西港区，在秦皇岛海港区耗占了约 4.55 千米海岸线，束缚了城市地理空间延伸及布局的调整。为此，已经开始实施西港搬迁，附近的老城区将被更新和再开发，建设成包括观光、度假、会展、居住等在内的滨海新城。秦皇岛港东部港区的建设将可以扩大发展空间，提升港口竞争力。西港搬迁还能促进现代临港产业的发展升级，加大港产城之间的经济联系力度，实现三者之间的协调联动。

曹妃甸因海而生、因港而兴，正向"世界新港、协同新区、渤海新城"的目标迈进。但目前的曹妃甸港区基本属于"通过型"货运，高端增值服务培育不充分。煤炭、铁矿石、原油和钢铁的吞吐量约占到曹妃甸港区的 90%。集装箱运输体量小，与大型综合性港口差距很大，制约了曹妃甸对高加工度制造业的吸引力。虽然曹妃甸在港口维度已经发展到较大规模，但其对临港产业的拉动作用不强，对本地经济创造的价值相对有限。十多年前，曹妃甸曾成为产业投资热土，但如今一些蓝图并未变成现实。签约、动工及建成的企业不少，但实现规模化生产的比较有限。曹妃甸最为倚重的临港制造业发展不快，产业聚集尚处在低级阶段，对港口运输和城市发展的回馈支撑不足。

从经济原理来看，港口—产业—城市之间的关系是多维互动的，既可能是相互增强的正反馈，也可能是相互弱化、相互掣肘的负反馈。作为河北省传统大港、港城一体的代表，秦皇岛正在经历破茧重生的重塑过程，正在复制很多发达国家城市港区更新再生的经验做法。作为新兴大港、港口与中心城区分离、临港新城全新布局的代表，曹妃甸还需要在港产城良性互动的道路上做更多的探索和创新，以谋求更好地平衡港口功能升级、临港产业生态化发展、临港新城人口聚集等目标。

在世界范围内，港口是国际贸易流的交汇中心，是更大地域的开放窗口。从全国经济版图来看，临港区域已经成为前沿地带和大型基地。但是在港口经济快速崛起的过程中，也存在着资源和生态负荷过重等很多问题。这种情况在以大宗散货码头和重化工业为主体的曹妃甸范围内，表现得更加典型。为避免港口及临港产业活动形成沿海污染带①，为力争促成港口—产业—城市的全面高质量发展，必须找寻港产城互动的更好方向，探索产业共生。产业共生是一种可以同时实现经济、环境及社会收益的生态发展模式，临港产业共生就是曹妃甸实现临港产业转型升级的有效途径。各临港企业及机构之间依据某种特定的联系结成共生体，并根据内部条件和外部环境的变化不断自我调节，形成不同的共生模式和新的共生能量。

临港产业共生作为一种经济组织现象，能够实现系统由低级向高级、由无序向有序的演进。对于曹妃甸来讲，临港产业共生是在港口区域产业集聚的基础上，临港的企业、政府部门、教育科研机构通过进行物质、能量、信息的交换，建立知识共享和技术创新体系，从而实现经济和环境的双重收益，进而实现临港产业可持续发展的目标。临港产业共生的收益只有利益相关方在设定的目标下共同行动，对于项目优先权和活动内容达成普遍一致的情况下才能获得。因此，曹妃甸在推进临港产业共生时需要注意两点：一是选择有效的治理方法来协调和平衡各个利益相关方，推进集体行动；二是基于临港产业共生系统的生命周期特征和阶段性差异，根据所处阶段制定相对应的政策和目标并不断调整。

在城市维度，唐山属于"港口—主城区"空间分离的类型，而沿海一线的城区板块发育迟缓，缺乏人气，城市功能对临港产业的直接支撑作用较弱，港产城三个维度的能级梯次递减，正向互动远未形成。城市发展水平和承载能力制约临港产业的问题已经非常明显，亟待解决。需要今后在沿海城区发展上给予更多关注、投入更大力量，考虑行政部门向一线临港区位聚拢，进而激发优质生产要素的集聚。特别是按照构建"一港双城"的战略部署，将曹妃甸新城打造为标志性成果，从而充分发挥城市带动作用，实现港产城交互共生。

---

① 港口面临的各方面威胁包括：港口间的国际竞争，周边低教育水平人群缺少足够的就业机会，空间资源的缺乏，港口活动的负担和风险。临港厂商与当地居民的关系具有矛盾特性，居民在从港区找到工作岗位的同时，也在承受着这些厂商对生活环境带来的干扰。对于港口及邻近区域的未来发展而言，最重要的两难困境是如何实现港口物流规模扩大与改善环境质量之间的结合。虽然港口对区域经济非常重要，但同时也产生了很大的环境影响和资源压力。

参考文献

［1］安娜，张雪曼，吴迪．大型港口临港工业与物流协同发展研究——以河北省黄骅港为例［J］.财会通讯，2012（33）：154－157.

［2］曹敏然．黄骅港发展史大事记［A］.2012.

［3］道格拉斯·诺斯．经济史中的结构与变迁［M］.上海：上海三联书店，1991.

［4］丁敏，张志霞，刘健，等．唐山港曹妃甸港区转型升级发展的思路［J］.港口科技，2016（7）：39－43.

［5］董宪军．黄骅港的战略地位与河北省及我国中西部地区的发展［J］.地理学与国土研究，1999（3）：11－14.

［6］范晓红．秦皇岛港煤炭运输竞争环境与对策［J］.统计与管理，2009（3）：44.

［7］淦学甄，刘虎．黄骅港港口竞争力分析［J］.物流工程与管理，2010，32（7）：110－111.

［8］高磊，张新未，涂晶．京津冀协同发展形势下京唐港区集装箱运输分析［J］.港工技术，2018（S1）：113－117.

［9］高宗祺，昌敦虎．基于改进相对集中指数的港口城市发展模式实证分析［J］.生态经济，2010（8）：63－67.

［10］郭建科，陈园月，于旭会，等．1985年来环渤海地区港口体系位

序——规模分布及作用机制［J］.地理学报，2017（10）：1812 – 1826.

［11］黄景海．秦皇岛港史（现代部分）［M］.北京：人民交通出版社，1987.

［12］金一，郭建科，韩增林．环渤海地区港口体系与其城市经济的偏移增长及重心耦合态势研究［J］.地理与地理信息科学，2017（1）：117 – 123.

［13］金颖．唐山港探索转型升级新思路［J］.中国港口，2015（11）：27 – 28.

［14］金颖．"十一五"时期唐山港经济运行分析［J］.统计与管理，2012（1）：61 – 62.

［15］李杰，赵雅洁．唐山港京唐港区建设发展回顾与展望［J］.综合运输，2009（2）：53 – 56.

［16］李美桂．区域内港口竞合关系的博弈分析——以天津港和曹妃甸港为例［J］.石家庄铁道学院学报（社会科学版），2010（1）：32 – 35.

［17］李南．公共财政框架下水运基础设施投融资研究［J］.财政研究，2005（8）：47 – 48.

［18］李南，李文兴．港口的区域垄断和竞争：圆周模型［J］.中国航海，2007（1）：93 – 96.

［19］李南，郑忻鹿．哥伦比亚港口民营化改革的实践与经验［J］.改革与战略，2007（3）：14 – 16.

［20］李南，梁洋洋．临港产业共生的国际经验及启示［J］.经济研究参考，2017（25）：54 – 59.

［21］李南，沈兆楠，刘嘉娜．京津冀协同框架下河北港口集装箱运输发展对策［J］.铁道运输与经济，2017（12）：86 – 90.

［22］李南，梁洋洋．临港产业共生系统的动态演进：机制构成与生命周期［J］.改革与战略，2018（4）：87 – 92.

［23］林雄威，金一心．黄骅港建港中若干重大问题的论证［J］.水运工程，1996（10）：70 – 77.

［24］刘利祥．秦皇岛港杂货运输发展战略与对策研究［J］.港口科技，2009（10）：10 – 13.

［25］刘平．京唐港优势与发展潜力探析［J］．天津师范大学学报（自然科学版），1999（4）：59－63.

［26］龙登高，龚宁，孟德望．近代公共事业的制度创新：利益相关方合作的公益法人模式［J］．清华大学学报（哲学社会科学版），2017（6）：170－182.

［27］罗倩倩，肖鹏飞．港区更新的港城融合策略研究——以秦皇岛港西港区为例［J］．城市规划学刊，2010（S1）：165－171.

［28］吕洪文．周恩来号召"三年改变港口面貌"中的秦皇岛港［J］．党史博采（纪实），2016（11）：60－62.

［29］马建章．京唐港探索地主港模式的成效与改革发展对策［J］．城市，2016（10）：8－12.

［30］马建章．河北港口管理体制改革面临新挑战［J］．中国港口，2015（11）：29－32.

［31］马瑜，栾维新，张睿．秦皇岛港转型升级路径研究［J］．海洋经济，2016（2）：20－25.

［32］齐海娟，陈冬梅．秦皇岛港日本"军管"时期外文档案概述［J］．兰台世界，2016（2）：17－19.

［33］单敏飞，王杰，王桐岳．黄骅港带动腹地经济发展存在的问题及对策研究［J］．现代商业，2011（18）：59－60.

［34］司玉军．唐山港曹妃甸港区集装箱码头发展战略研究［D］．天津：天津大学，2010.

［35］宋子龙．黄骅港物流竞争力分析［J］．现代商业，2015（25）：14－15.

［36］孙淑存．唐山港绿色港口建设浅论［J］．河北企业，2011（1）：65－66.

［37］唐山市档案局．唐山港京唐港区史（1984～2008）［M］．北京：中国档案出版社，2009.

［38］王建红．曹妃甸港与千叶港的比较及其借鉴意义［J］．港口经济，2007（10）：32－34.

［39］王玖河，夏炎，方淑芬．秦皇岛港向国际化物流港发展的策略［J］．燕山大学学报（哲学社会科学版），2006（2）：106－109.

［40］王力群．加快秦皇岛港煤炭运输发展的对策［J］.综合运输，2005（8）：67-70.

［41］王立新．曹妃甸［M］.石家庄：河北教育出版社，2006.

［42］王庆普，张国铭．秦皇岛港口志［M］.大连：大连海事大学出版社，1996.

［43］王冉．唐山港"绿色港口模式建设"研究［J］.中国水运，2013（1）：32-33.

［44］王新华．1898年清政府自主开放秦皇岛港背景探析［J］.海交史研究，2004（1）：70-74.

［45］王印杰．关于黄骅港、渤海新区与内陆腹地互动发展的调查与思考［J］.河北企业，2009（12）：35-37.

［46］魏红江．关于新亚欧大陆桥黄骅港出海通道的研究——兼论渤海新区"桥"牌战略［J］.河北省社会主义学院学报，2010（4）：40-45.

［47］魏丽华．津冀港口群一体化在京津冀协同发展中的定位、困境与路径选择［J］.中国流通经济，2016（4）：72-77.

［48］吴晓松．秦皇岛港沧桑百年［J］.中国地名，2009（10）：52-59.

［49］徐爽，陈继红，邹晶，等．京津冀协同发展背景下唐山港的发展优势与对策［J］.港口经济，2014（7）：22-25.

［50］薛红卫，朱明新．黄骅港实施地主港管理模式的探讨［J］.港口经济，2010（8）：57-59.

［51］姚风霞．谈港口史的编撰方法及现实意义［J］.世界海运，2010（7）：22-25.

［52］叶承宗，高其勋，张建．秦皇岛港煤炭运输面临的挑战和对策［J］.交通企业管理，2009（5）：20-21.

［53］于春元，程占忠．浅谈黄骅港建设中的几个方针性问题［J］.水运工程，1992（10）：25-27.

［54］于晶．唐山港更名为京唐港的前前后后［J］.中国港口，1995（1）：24-25.

［55］张存湉，孙秋生，王立中．京唐港港口腹地和物流分析预测［J］.地理学与国土研究，1996（2）：35－38．

［56］张明．津冀港口群协同发展实施策略研究［J］.港口经济，2015（4）：16－18．

［57］章强，王学锋．治理理论视域下中国港口行政管理体制研究［J］.西安电子科技大学学报（社会科学版），2016（1）：13－19．

［58］张云．曹妃甸港与天津港协同发展构想［J］.交通企业管理，2009（2）：9－10．

［59］赵若银，张昌霖．曹妃甸港物流经济的发展［J］.企业研究，2011（12）：135．

［60］赵晓勇．秦皇岛港发展战略研究［J］.中国港口，2007（8）：9－11．

［61］赵勇健，宋晓铉，李金钢，等．复杂适应系统下东北亚港口城市政策演变［J］.商业经济研究，2015（15）：133－136．

［62］朱朝阳．秦皇岛港集装箱运输现状及发展对策［J］.中国物流与采购，2006（23）：74－75．

后　记

　　本书为作者2017年承担的河北省社会科学基金项目"河北省港口发展史（1898～2017）"（批准号：HB17LJ006）的研究成果。在此，感谢河北省哲学社会科学规划办公室对该项目研究的认同和资助。课题组成员包括：李南、李忠华、龙和、尹景瑞和沈兆楠，本书是全体成员共同努力的成果，是我们在港口经济史领域的初步尝试。

　　感谢北京大学城市与环境学院贺灿飞院长、唐山市社科联王力主席、唐山市政协经济建设委员会马进主任为我们提供的专业研究机会，感谢唐山师范学院李文荣教授和唐山学院佟继英副教授对本书内容的关注和建议。感谢华北理工大学经济学院的领导和同事对研究工作的长期支持。本书在写作过程中，查阅借鉴了大量相关研究成果和图片资料，除了参考文献列出的外，可能还有遗漏，在此请各位读者批评指正。